Sherri Mitchell
Weh'na Ha'mu' Kwasset – Die das Licht bringt

Aktivismus heißt Verbindung

Indigene Weisungen zur Heilung der Welt

Übersetzt aus dem US-amerikanischen Englisch
von Jen Theodor

w_orten & meer

Sherri Mitchell / Weh'na Ha'mu' Kwasset (Die das Licht bringt)
Aktivismus heißt Verbindung. Indigene Weisungen zur Heilung der Welt
Übersetzt aus dem US-amerikanischen Englisch von Jen Theodor

1. Auflage, Hiddensee: w_orten & meer, 2020
ISBN 978-3-945644-19-5

Lektorat/Korrektorat: Ja'n Sammla
Gestaltung/Satz: zankoloreck.de
Coverbild: Ausschnitt aus einem Bild von Jean Bartibogue

Druck: Oktoberdruck GmbH, Berlin
Papier: Circle Offset Premium White, 100% Recycling aus Altpapier,
FSC-zertifiziert mit Blauem Engel

Printed in Germany

w_orten & meer GmbH
Verlag für verbindendes diskriminierungskritisches Handeln
Süderende 86, 18565 Insel Hiddensee
Email: kontakt@wortenundmeer.net
www.wortenundmeer.net

Bibliografische Information der Deutschen Nationalbibliothek: Die Deutsche Nationalbibliothek verzeichnet dieses Publikation in der Deutschen Nationalbibliografie; detaillierte bibliografische Daten sind im Internet über https://portal.dnb.de/ abrufbar.

Originaltitel:
Sacred Instructions. Indigenous Wisdom for Living Spirit-Based Change

Ich widme dieses Buch in Liebe meinen ersten Lehr*erinnen, meinen Großeltern Theodore und Eleanor Mitchell. Sie lehrten mich, wie ich ein gutes Familienmitglied sein kann. Sie zeigten mir ihr Leben lang auf wunderbare Weise Herzlichkeit, Güte und Verantwortung und ließen mich so meine Rolle in meiner Familie, in meiner Gemeinschaft und in meiner Umwelt erfahren und verstehen. Sie haben mich in meiner Leidenschaft und Überzeugung inspiriert, diese Welt zu einem liebevolleren und harmonischeren Ort für alle zu machen.

Ich widme dieses Buch zudem in absoluter Verehrung meinen größten Lehr*erinnen, meinen Kindern Theodore Kyran and Kortney Laine. Sie haben mich gelehrt, bedingungslos zu lieben, indem sie jeden Fehler, den ich in meinem Wachsen mit ihnen gemacht habe, erlaubten, annahmen und vergaben.
Es vergeht kein Tag, an dem ich nicht dankbar bin für das unglaubliche Geschenk, dass sie mir die besondere Ehre erweisen, ihre Mutter zu sein.
Kci Woliwon, Mishuns, Komac Koselmol.

Inhalt

TEIL III – UNS DEN WEITEREN WEG VORSTELLEN

TEIL IV – VORWÄRTSBEWEGEN UND AUS VERGANGENEM SCHÖPFEN

Danksagung

Diesen Abschnitt zu schreiben, fiel mir nicht leicht. Wie kann ich mich für mein lebenslanges Lernen bedanken und dabei wirklich an alle denken? Ich werde hier sicher einzelne Menschen vergessen. Ich bitte um Verzeihung und hoffe auf euer Vertrauen in meine Liebe zu euch.

Mein Leben hat mich mit unfassbar tollen Lehr*erinnen, Mentor*innen und Unterstütz*erinnen beschenkt. Sie alle haben mein Verständnis und meine Wahrnehmung der Welt mitgeprägt. Von Beginn an hat sich mein Leben um jene herum gestaltet, die mich liebten, ernährten und meine Existenz ermöglichten. Wenn ich versuchen würde, sie alle einzeln aufzuführen, wäre diese Danksagung länger als das Buch. Daher würdige ich hier die wichtigsten Menschen, die mir geholfen haben, zu der Person zu werden, die ich bin, und die so zur Entstehung dieses Buches beigetragen haben.

Zuerst danke ich meiner Familie – sowohl den unterstützenden als auch den kritischeren Verwandten. Sie alle haben mein Suchen, Lernen und tieferes Verstehen meiner Selbst und meiner Umwelt angeregt. Meine Großeltern waren meine ersten und stärksten Unterstütz*erinnen. Sie liebten mich, wie nur Großeltern es können. Sie konnten mein wahres Wesen erkennen und benennen, lange bevor ich selbst es konnte. Meine Großmutter war das Herz der Familie. Sie lehrte mich, gütig und aufmerksam zu sein. Sie hinterfragte meine Entscheidungen und Handlungen und ermutigte mich, zu bedenken, wie mein Handeln sich auf andere auswirkt und welche Gefühle es bei ihnen verursacht. Sie verkörperte auf lebendige Weise Mitgefühl und bedingungslose Liebe. Als sie starb, wurde ihr Leben in ihrer Trauerrede als ein Ausdruck der uneigennützigen, allumfassenden, göttlichen Liebe im Sinne der Agape bezeichnet. Und das stimmte. Wenn meine Großmutter das Herz der Familie war, dann war mein Großvater das Rückgrat. Er war der stärkste Mann, den ich je gekannt habe, doch zugleich war er sanft und freundlich. Er beschützte mich und wies mir meinen Weg im Leben. Er gab mir ein Zuhause und behütete mich vor dem, was sonst eine sehr raue Wirklichkeit gewesen wäre. Und er machte mich mit allen Elementen meiner Existenz bekannt. Er war immer mein Nordlicht, ein Talisman gegen die Dunkelheit. Die letzten zusammenhängenden Worte, die er zu mir sprach, lauteten: »Du sollst wissen, dass ich dich sehe. Ich habe immer gewusst, wer du bist. Jetzt ist es an der Zeit, dass du als dieser Mensch in die Welt gehst.« Meine Großeltern gaben mir durch ihr Sprechen die Stärke und Erkenntnis, die mich auf meinem Weg leiten würden. Ich bin auf ewig dankbar, sie so lange in meinem Leben gehabt zu haben. Sie waren ein großes Geschenk.

Ich möchte meiner Mutter und meinem Stiefvater danken, dass sie meine Rebellion zugelassen haben und mir dadurch ermöglichten, selbstverantwortlich zu handeln. Ich glaube, dass dies eine meiner wichtigsten Lehren war. Sie gab mir den Mut, ich selbst zu sein, jeglicher Missbilligung von allen Seiten zum Trotz. Mit der Zeit lernte ich, mir selbst zu vertrauen. Ich bin auch dankbar, dass sie wussten, wann es galt loszulassen, so dass ich mich wirklich kennenlernen und erfahren konnte – durch all die Veränderungen hindurch, die das Leben zu bieten hatte. Ich danke ihnen, dass sie sich die Zeit genommen haben, den Menschen kennenzulernen, der ich geworden bin, mich zu lieben und zu akzeptieren. Sie sind eine unglaubliche Unterstützung auf meinem Weg – sie sind immer da, wenn ich sie brauche.

Ich habe unzählige Tanten, Onkel, Cousinen und Cousins – und ich liebe sie alle. Sie alle haben auf verschiedene Weisen mein Leben geprägt, viele spielten eine wichtige Rolle auf meinem Weg. Einige waren durch mein ganzes Leben hindurch mit einer konstanten, liebenden Präsenz zugegen, ihnen möchte ich hier einzeln danken. Mein Onkel Carl war eine der treusten Stützen meines Lebens. Er war immer für mich da, ohne Zweifel oder Urteil. Er hat an mich schon als Kind geglaubt und dies mein ganzes Leben lang auf unzählige Weisen zum Ausdruck gebracht. Viele Male wäre ich ohne seine Unterstützung hungrig oder ohne Obdach gewesen. Doch nicht seine finanzielle Unterstützung hatte die größte Auswirkung auf mich, sondern sein fester Glaube an mich als Mensch und seine beständige Stärkung meiner Kraft und Güte. Er hat mir nie erlaubt, zu vergessen, was in mir steckt und woher ich komme. Egal, vor welchen Schwierigkeiten ich stand, erlaubte er mir nicht, in Selbstmitleid zu verharren. Wie mein Großvater hat er durch seinen unerschütterlichen Glauben in mich, meine Talente und Visionen, meine innere Stärke und meine spirituellen

Kräfte genährt und kultiviert. Ich liebe ihn innig und bin sehr dankbar, dass er in meinem Leben ist.

Ich will auch meinem engen Freund und Cousin John Bear danken. Wir sind zusammen aufgewachsen, haben uns gemeinsam die Welt ausgemalt und sie erkundet. Als Jugendliche sind wir gemeinsam abgehauen und haben die Grenze nach Kanada überquert, um dort von den nach den Traditionen lebenden Älteren zu lernen, die uns spirituell unterrichteten und uns in Zeremonien einführten. An meiner ersten Schwitzhütte nahmen John Bear und ich gemeinsam teil. Auch bei meiner ersten Pfeifenzeremonie war er an meiner Seite. Wir saßen zusammen während unserer ersten Schüttelzeltzeremonie und schauten uns mit gleichsam ehrfürchtigen Blicken an. Wir studierten zusammen die Heilwirkung von Pflanzen und ernteten sie gemeinsam auf unserem angestammten Land. Wir paddelten auf dem Fluss und entwickelten eine noch tiefere Liebe für unsere Heimat. Wir erdachten zusammen furchtlos unseren Weg, um die traditionellen Lehren und spirituellen Zeremonien zu erlernen. Dann machten wir uns auf, um uns im ganzen Land mit spirituellen Älteren unzähliger anderer Indigener Gesellschaften zu treffen. Wir hörten zu und lernten von ihnen. Wir teilten dabei unsere Wahrnehmungen und Perspektiven miteinander. Mein ganzes Leben lang war John Bear mein Freund, mein Vertrauter und mein Bruder. Ich schätze unsere gemeinsame Geschichte sehr und bin dankbar, dass er noch immer mit mir auf der Reise ist und wir gemeinsam lernen und wachsen. *Koselmol.*

Meine vielen Lehr*erinnen sind robuste Fäden im Gewebe meines Lebens. Sie alle haben mir Geschenke gemacht, die ich nur dadurch erwidern kann, dass ich sie an andere weitergebe. Ihre Lehren und ihre Weisungen haben meinen Pfad beleuchtet, seit ich ein kleines Mädchen war – und beleuchten ihn weiterhin. Wie wir alle hatte ich zu viele Lehr*erinnen, um sie vollständig aufzuzählen, aber ich möchte hier jene nennen, die eine besonders entscheidende Rolle für mein Wachsen gespielt haben.

Juanita Perley aus der Tobique First Nation führte mich als erste in Zeremonien ein und schenkte mir die Kenntnis der Stärke meiner eigenen Gesellschaft. Sie half mir, mich mit meinen Ahn*innen zu verbinden und zeigte mir den Weg zu einem lebenslangen Lernen, das mich für den Rest meines Lebens stützen würde. Dafür danke ich ihr.

Bennet Lyons, ein wunderbarer Älterer aus der Gila River Indian Community, lehrte mich die Kraft der Sanftheit und die Stärke des Herzens. In den fünfzehn Jahren, die ich mit ihm arbeiten durfte, beobachtete er mich still. Ich hatte die Ehre, über die Jahre hinweg viele Male mit ihm an Zeremonien teilzunehmen. Kurz vor seinem Tod verbrachte ich einen Tag in Zeremonie mit ihm zu zweit, um an der Heilung einiger Wunden meines Herzens zu arbeiten. Da sagte er mir, dass meine Fähigkeit zu lieben meine größte Stärke sei. Er sagte, dass er es an meinen Gebeten erkennen würde, an der Art, wie ich handelte, um meiner Gesellschaft zu helfen und an der Weise, wie ich mich um die Menschen um mich herum kümmerte. Auf sein Drängen hin begann ich, dieses Buch zu schreiben. Denn er verstand, dass er die Übersetzung unserer Lehren in eine schriftliche Form bisher nicht unterstützt hatte. Tatsächlich unterzeichnete er die schriftlichen Dokumente, die wir durch den Kreis der Älteren verfassten, nie namentlich, obwohl er enorm viel Wissen zu den Gesprächen beitrug, die diesen Texten zugrunde lagen. Doch auf irgendeine Weise verstand er, dass Worte meine Gabe waren. Er sagte zu mir, dass ich der Schöpfung gegenüber die Verpflichtung hätte, diese Gabe zu würdigen und diese Worte mit dem Rest der Welt zu teilen. Wenn ich nicht herausbrächte, was in mir war, dann würde mein Körper krank werden. So begann ich dieses Werk und folgte dem Weg, auf den es mich brachte. Ich bin traurig, dass er die Fertigstellung dieses Buches nicht mehr erleben konnte. Doch in meinem Herzen lebt er weiter. Ich habe mein Bestes getan, um ihn mit diesem Werk zu würdigen.

Meine geliebte Freundin Miigam'aghan (Mi'kmaq der Eskinopetij) und ihr Mann Gkisedtanamoogk (Wampanoag der Mashpee) haben mich über all die Jahre zu vieles gelehrt, um es hier alles aufzuführen. Wir haben endlose Gespräche geführt, unzählige Zeremonien abgehalten und einander durch manche schwere Zeit hindurch beim Wachsen geholfen. Seit mehr als zwanzig Jahren sind sie ein fester Bestandteil meines Lebens. Miigam'aghan ist eine meiner nächsten Freundinnen. Zusammen haben wir alle Aspekte unserer kulturellen Wirklichkeit, unseres Frau-Seins und unsere Prozesse der Heilung und Befreiung vom kolonialen Denken geteilt und gelebt. Worte können nicht ausdrücken, wie wichtig sie für mein Leben war und bis heute ist. Ich bin auf ewig dankbar, dass sie in mein Leben getreten ist und entschieden hat, zu bleiben. Sie hat mich durch den gesamten Schreibprozess dieses Buches hindurch unterstützt; mich Abschnitt für Abschnitt vorlesen lassen, um sicherzustellen, dass ich ausgedrückt hatte, was ich zu vermitteln versuchte, und um sicher zu sein, dass ich die

Balance halten konnte: Ich wollte unser Wissen mit einer breiteren Öffentlichkeit teilen und zugleich schützen, was uns am heiligsten ist.

Bobby C. Billie, spirituelles Oberhaupt und Ratsvorsitzender der Original Miccosukee Simanolee Nation, habe ich als Vater adoptiert. Einige der stolzesten Momente meines Lebens waren jene, in denen er mich seine Tochter nannte. Seit mehr als zwanzig Jahren ist er ein unglaublich guter Lehrer, ein unermüdlicher Wegweiser, ein spiritueller Beschützer und ein zutiefst geliebter Freund. Als ich strauchelte und schwach war, kam er zu mir und half mir, mich zu heilen. Er sagte: »Wir brauchen dich und wir lieben dich, also musst du genesen.« Seine Worte und die Liebe darin gaben mir Kraft. Seine Gebete heilten mein Herz und stärkten meine Seele und meinen Körper. Unzählige Male war er für mich da und inspirierte, ermutigte und stärkte mich. Er hat sein Leben dem Schutz der traditionellen Lebensweise seiner Gesellschaft gewidmet. Er hat im Namen der Erde, des Wassers und aller anderen Wesen der natürlichen Welt gesprochen. Er hat mir geholfen, die Bedeutung unserer Sprachen zu verstehen, unserer Zeremonien, unserer Gebete und unseres Bedürfnisses, in einem harmonischen Gleichgewicht mit dem Rest der Schöpfung zu leben. Mehr als irgendeine andere Person hat er mir durch das Beispiel seines eigenen Weges die Schönheit unserer Indigenen Lebensweise aufgezeigt. Meine Liebe für ihn ist tiefer als sie in Worten angemessen ausgedrückt werden kann. Ich hoffe, dass ich dieser Liebe Ausdruck geben kann, indem ich die Arbeit fortsetze, zu der er mich inspiriert hat – mit Anmut und Hochachtung vor allem Lebendigen.

Ich möchte auch Chief Arvol Looking Horse (Keeper of the Sacred Buffalo Calf Woman Pipe) und seiner Frau Paula Horne danken. Es war mir eine Ehre, über all die Jahre mit ihnen im Indigenous Elders and Medicine Peoples Council (Rat der Indigenen Älteren und Medizinleute) zusammenzuarbeiten. Es war mir ein Geschenk, an ihrer sanften Weisheit teilzuhaben und Zeugin der unglaublichen Arbeit zu werden, die sie in der Bewegung des World Peace and Prayer Day machten. Sie haben mich gelehrt, meine Stimme und meinen Geist zu besänftigen und Wege zu Heilung und Einigung zu suchen. Ihre unendliche Hingabe, Frieden zu stiften, ist bemerkenswert. Ich spüre tiefe Liebe und Respekt für die beiden, einzeln und als Paar. Sie sind ein schönes Beispiel für den Weg der friedlichen Krieg*erinnen. Ich bin sehr dankbar, sie in meinem Leben zu haben.

Ich kann diesen Abschnitt nicht schreiben, ohne Shawn Mulford, Diné, zu danken. Er war in den letzten zwanzig Jahren mein Bruder und Gegenüber in der Unterstützungsarbeit für die spirituellen Älteren. Wir haben unzählige Probleme zusammen gelöst, unser Bestes dafür getan, dass die traditionell lebenden Indigenen Älteren wertgeschätzt und angehört werden und dass ihre Weisheit in die Entscheidungsprozesse einfließt, die den Lauf unserer Welt bestimmen. Wir haben mit den Älteren daran gearbeitet, heilige Stätten zu bewahren, Gebeine der Ahn*innen zurückzuführen, die Böden, Gewässer, bedrohten Arten sowie die traditionellen und heilenden Pflanzen zu schützen. Neben dieser Arbeit haben wir auch gemeinsam gebetet, Zeremonien abgehalten, einander unterstützt, Probleme gelöst und viele Lehren und Etappen des persönlichen Wachsens und der eigenen Entwicklung besprochen.

Shawn ist einer der zuverlässigsten Menschen, die ich kenne. Er ist DER BEHÜTER, wenn es um die Älteren geht. Seine entschiedene Hingabe, unsere hoch geschätzten Älteren stärker wahrnehmbar zu machen, ist das beste Beispiel für das, was wir als *kinap* bezeichnen. *Kinap* ist eines der Wörter für Krieg*erinnen, das Schutz und Hilfe beinhaltet. Jeden Tag setzt er sich ruhig und stark für unsere Älteren ein und stellt sicher, dass sie gut versorgt sind und dass es Räume und Momente gibt, in denen sie ihre tiefen Weisheiten teilen können. Er schafft Gelegenheiten, in denen sie von mehr Menschen wahrgenommen werden können und stellt zugleich sicher, dass ihnen mit Respekt begegnet wird. Zudem lebt er sein Leben im Einklang mit den heiligen Lehren, die sie uns vermittelt haben und inspiriert mich auf diese Weise jeden Tag, seitdem ich ihn kenne. Ich bin unglaublich dankbar, dass er mein Freund ist. *Woliwon, nitap.*

Ich möchte auch einige der anderen Älteren würdigen, die mir die Ehre gaben, ihnen zu begegnen und von ihnen zu lernen: Chief Arvol Looking Horse, Joe Medicine Crow, Thomas Banyaca, John Mohawk, Chief Wilma Mankiller, Tom Porter, Audrey Shenandoah, Frieda Jacques, Oren Lyons, Bucky, Sheldon und Emmet. Ich danke auch meinem lieben Freund Robert Staffanson, Gründer des American Indian Institute, der meine erste Begegnung mit diesen spirituellen Älteren ermöglicht hat. Ich verehre ihn als Mensch und für sein lebenslanges Engagement für die Visionen der Indigenen Gesellschaften.

Ich möchte zudem einigen der wunderbaren Frauen danken, die mich auf meinen Reisen durch das Leben geliebt, unterstützt und geleitet haben: Patrisia Ranzoni (und ihrem Mann Ed, die ich als Großeltern adoptiert habe); den Müttern der Wabanaki-Gemeinschaften Jean Bartibogue, Marina Moulton, Alma Brooks, Joann Dana (die schönste Uhkomee aller Zeiten), Brenda Dana, Neana Neptune und Carol Dana; Patrisia Gonzales, Gail Dana, Denise Altvater, Gal Tomah, Maggie Dana, Gina Brooks, Molly Mercer (samt Familie), Shannon Larsen, Phyllis Brazee, Robin Stahl, Jo Ann Deck, Jacquelyn Isis Cross, Barb Carrigan (meine lebenslange Seelenfreundin), Janet Grard, Renee Loring, Jan Paul, Kathy Paul, Rhonda DeContie, Charlene Huerth, Dawn Neptune-Adams, Johanna Farmer, Nichol LeBeau, Erin Wilcox, Tina Grecchi, Melinda Salazar und Diane Brandon. Auch danke ich meinen leiblichen Schwestern: Kimberly, Tiana, Leah und Cheryl. Und meinen großartigen Tanten: Sandra Broschard, Marie Mitchell, Maryellen Sockabasin, Natalie Michele und Yvonne Mitchell. Sie alle waren mir ein Verwandtschaftsgerüst, das mir in verschiedenen Lebensphasen Halt bot. Einige sind weitergereist und fort; andere sind geblieben. Egal wie kurz die gemeinsame Zeit auch gewesen ist: Ohne sie wäre ich nicht die Person, die ich bin.

Und natürlich würdige und danke ich meinem wunderbaren Bruder Joshua Michael.

Ich liebe euch alle. Danke, dass ihr mir geholfen habt, an mich zu glauben.

Einleitung

Wir leben in einer Zeit, in der vieles deutlich wird – in der das Licht der Wahrheit all die dunklen Ecken unserer Leben ausleuchtet. Alles, was in den Schatten verborgen war, wird nun schärfer wahrnehmbar. Manches, was dieses Licht offenbart, ist zutiefst verstörend; manches ist geradezu furchterregend. Viele Menschen fühlen sich deshalb verloren und hoffnungslos oder völlig überfordert von der immensen Aufgabe, die vor uns liegt.

Viele erkennen, dass die jetzige Zeit die Menschheit vor einen Scheideweg stellt. Wir befinden uns in einem kritischen Moment der Entscheidung, der über die Zukunft allen Lebens bestimmen wird. Doch scheinen wir vor Angst erstarrt zu sein, unfähig zu entscheiden, welchen Weg wir einschlagen möchten. Glücklicherweise müssen wir diese Entscheidung nicht in Unkenntnis treffen. Alle Weisungen, die wir brauchen, um den richtigen Weg zu finden, wurden uns bereits gegeben.

Wir alle kommen mit einer Reihe von Weisungen auf diese Welt. Diese Weisungen leiten uns zu unserer höchsten Bestimmung. Sie führen uns zu den wesentlichen Wahrheiten, die wir tief in uns tragen. Diese Wahrheiten sind in unsere DNA eingeschrieben. Sie sind eingebettet in unser genetisches Gedächtnis.

Sie pulsieren in unseren Zellen. Jedes Element des Lebens trägt diese Schwingungen in sich. Jedes Lebewesen schwingt in seinem eigenen Ton. Wenn diese Töne kombiniert werden, dann bilden sie die Stimme der Schöpfung. Wenn wir lernen, genau darauf zu achten, dann können wir anfangen, diese Stimme wahrzunehmen und ihr erlauben, uns auf unseren Wegen durchs Leben zu leiten. Dann können wir beginnen, unsere alltäglichen Handlungen mit unserer höheren Bestimmung zu verbinden und können zu den Menschen werden, die wir zu sein bestimmt sind.

Dieses Buch ist eine Sammlung von Lehren, die mich auf meinem Lebensweg geleitet haben. Sie haben mir geholfen, meine spirituelle Wahrheit mit meiner menschlichen Erfahrung in Einklang zu bringen. Diese Lehren stammen aus unzähligen Momenten des Lernens, des Verstehens und des Nachdenkens, die mir die vielen Indigenen Älteren schenkten, die mein Aufwachsen begleitet haben. Sie halfen mir, mich mit Integrität in dieser Welt zurechtzufinden und mich mit den vielen weiteren Welten zu verbinden. Ich teile diese Gedanken und Überlegungen hier, weil jene Älteren mich dazu ermutigt haben – und ich hoffe, dass diese Lehren auch dir den Weg weisen mögen.

Da wir uns nun durch herausfordernde Zeiten bewegen, sollten wir uns daran erinnern, dass keine*r von uns zufällig hier ist. Wir sind mit dem ausdrücklichen Zweck in diese Welt gekommen, den Wandel zu ermöglichen, dessen Notwendigkeit gerade deutlich wird. Und wir bringen die Fähigkeiten mit, die wir brauchen, um diese Aufgabe zu erfüllen. Wir sind alle zur richtigen Zeit am richtigen Ort. Doch viele von uns sind vom richtigen Weg abgekommen. Der einzigartige Abdruck, den wir hinterlassen, wird das größere Bild, das Muster des Lebens, mitgestalten. Um diese Spur zu hinterlassen, müssen wir unsere persönlichen Begabungen erkennen und sie nutzen, damit sie kollektiv in der Welt wirken können. Nur so können wir die Wunden unserer gemeinsamen Geschichte heilen und einen menschlicheren Weg hinein in die Zukunft gestalten. Wenn wir diese Heilung suchen, sollte uns bewusst sein, dass Einssein nicht bedeutet, gleich zu sein. Es ist wichtig, uns über unsere Unterschiede hinweg zu verbinden und unsere vielfältigen Ausdrucksweisen zu einem Gewebe zu verknüpfen, das wir durch gemeinsame Ziele verfeinern und glätten.

Ich bin davon überzeugt, dass wir eine Welt schaffen können, die mit Hingabe danach strebt, die Integrität allen Lebens in einem harmonischen Gleichgewicht zu erhalten. Auch glaube ich daran, dass in uns allen hier und jetzt heilende Weisungen zum Mitgestalten der Welt bereitliegen, die nur darauf warten, aktiviert zu werden. Dieses Buch bietet eine Einführung in die Weisungen, die die Grundlagen meines Lebens bilden. Vielleicht findest auch du auf diesen Seiten etwas festen Boden, der dich erden kann.

N'dilnabamuk – All meinen Verwandten.

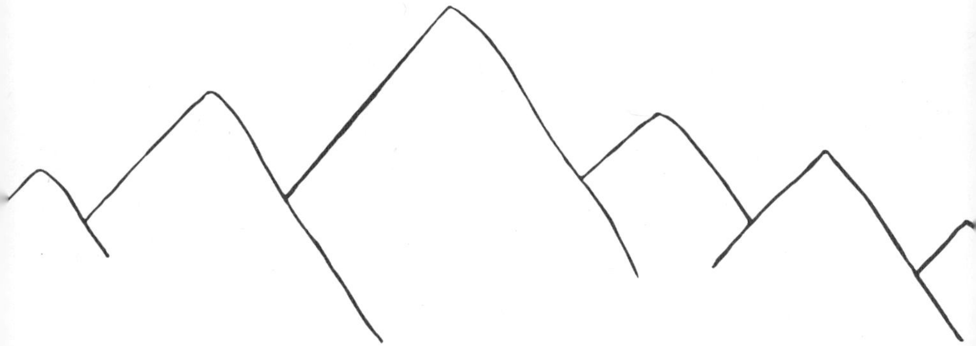

TEIL I
Fundamente legen

1

Lieder von der Entstehung der Welt

Unsere persönlichen Geschichten beginnen mit der Erzählung unseres Entstehens. Meine Schöpfungsgeschichten sind mir in den Lehren meiner Gesellschaft begegnet. Wir sind Penawahpskek, die Penobscot Nation, eine kleine Gesellschaft auf einer Insel im Penobscot River im Osten Nordamerikas. Wir sind die Menschen aus dem Land der Morgendämmerung; wir hüten das östliche Tor. Unsere Verwandten sind die Peskotomuhkati, Wolastoqiyak und Mi'kmaq'i (Passamaquoddy, Maliseet und Mi'kmaq) – und zusammen sind wir die Wahponahki. Unser Land erstreckt sich entlang verschiedener Wasserwege in Maine und in den Kanadischen Seeprovinzen.

Ich wurde als Penawahpskek geboren und wuchs in einem kleinen Reservat mitten in Maine auf. Meine Gemeinschaft lebt auf einer kleinen Insel, die im Osten von einer Reihe von

Wildwasserstromschnellen umgeben ist. Penawahpskek bedeutet wörtlich: der Ort, wo die weißen Felsen aus dem Wasser ragen. Hier habe ich zum ersten Mal von meinem Platz in der Schöpfung erfahren.

Meine Gesellschaft hat mehrere Schöpfungsgeschichten. Jede Erzählung lehrt uns einen anderen Aspekt unseres Daseins. Eine dieser Geschichten erzählt von unserer Schöpfung – als Kluskap, der Mann aus Nichts, einen Pfeil in den Eschenbaum schoss und ein Tor in diese Welt öffnete. Diese Geschichte lehrt uns, dass wir aus denselben Elementen erschaffen wurden wie die natürliche Welt. In dieser Geschichte werden wir aus der Esche geboren. Die Esche ist also mit uns verwandt und sollte ebenso geehrt werden, wie wir unsere menschliche Familie ehren. Noch heute würdigen unsere Gemeinschaften unsere Verwandtschaft mit der Esche, indem wir unsere traditionellen Körbe aus ihrer Faser flechten. Wenn wir diese Körbe herstellen, erinnern wir uns daran, dass wir aus denselben Grundelementen gemacht sind, aus denen alles Leben auf diesem Planeten besteht.

In unseren Zeremonien beginnen unsere Ursprungsgeschichten in den Sternen. Wenn wir die Hütte betreten, lernen wir, dass unsere ursprünglichen Weisungen in der Beschaffenheit dieser Sterne enthalten sind. Sie sind vom Staub der Schöpfung umgeben, der auf der schöpfenden Hand zurückbleibt. Wir lernen auch, dass wir aus dem Leuchten dieses Sternenstaubs geboren wurden und dass dort die große Wanderung der Seelen begann.

Wenn wir in dieses Universum kommen, werden wir in unser erstes Ökosystem hineingeboren, die Gebärmutter. Dort werden wir durch eine Nabelverbindung zum Körper unserer leiblichen

Mutter ernährt und versorgt. Wenn wir in diese Welt hinein geboren werden, wird unsere Nabelverbindung von unserer leiblichen Mutter an die Erdenmutter übertragen. Unsere Nabelverbindung mit der Erdenmutter ernährt und versorgt uns für den Rest unseres menschlichen Lebens.

Obwohl wir eine weite Strecke zurückgelegt haben, scheint das Leuchten dieses Sternenstaubs noch in uns wider. Es handelt sich um die Essenz von etwas Unbeschreiblichem, das in unsere Seelen eingeschrieben ist. Tief in uns ist etwas bewegt. Diese Regung ist ein Ruf des Erkennens, des Erinnerns. Wir werden fortwährend daran erinnert, dass wir auf ewig miteinander, mit der natürlichen Welt und mit einem gemeinsamen göttlichen Ursprung verbunden sind. Beweise für unseren gemeinsamen Ursprung finden sich überall um uns herum. Endlich haben die Naturwissenschaften aufgeholt und wissen nun, was wir immer schon wussten: dass wir alle miteinander verwandt sind. Wir bestehen alle aus denselben Grundelementen. Es ist bloß die Zusammensetzung dieser Elemente, die dem, was wir wahrnehmen, unterschiedliche Formen gibt. Wir teilen DNA mit jedem anderen Lebewesen. Etwa 98 Prozent unserer DNA haben wir mit Primaten gemein, etwa 35 Prozent mit Pflanzen. Unsere Körper und die Körper aller lebendigen Dinge enthalten einfachen Sternenstaub und Wasser. Wir entstammen alle demselben Ursprung und bestehen aus denselben Grundelementen.

Wir sind Teil eines Uni-*vers*-ums, einer Sammlung einzelner Strophen und Noten in einem immerwährenden Lied; das Lied, das alles Leben ins Sein gesungen hat. Dieses Lied ist das Summen des musikalischen Universums. Es ist die Grundlage, auf der alle

Struktur aufbaut. Wenn wir genau hinhören, können wir das Echo dieses Schöpfungslieds in unseren Knochen vernehmen. Es liegt in einer Schwingungsfrequenz, die ins ganze Universum ausstrahlt und tief in uns widerhallt. Dieser Ton ist die Stimme der Schöpfung; die Stimme, die als erstes sprach und allem Leben Form gab. Jede einzelne Seele trägt ihren eigenen schwingenden Ton, der auf diesem universellen Ton aufbaut – und dieser einzelne Ton trägt den Samen des Lebenspfades jenes Wesens. Wenn diese Saat gesät ist – noch bevor ihr erster Spross aus der Erde austreibt –, gibt es in ihr die Schwingung dieses Tons. Dieser Ton bestimmt den Rhythmus für das neue Leben, das hier gehegt wird; es ist das eigene Schöpfungslied dieses Lebewesens.

Als Indigene Menschen werden wir gelehrt, unser Leben in einem rhythmischen Gleichgewicht mit den harmonischen Frequenzen zu leben, die uns umgeben. Deshalb entstammen unsere Lehren einer mündlichen Tradition. Unsere Geschichte wurde mündlich weitergegeben; nicht, weil uns die Fähigkeit fehlte, unsere Worte in eine schriftliche Form zu übersetzen, sondern weil uns immer bewusst war, dass unsere Worte eine Alchemie haben, die selbst formgebend sein kann. Unsere Sprache ist der schwingende Ausdruck, der dem belebten Universum Form verleiht. Jeder erklingende stimmliche Ausdruck schafft seinen eigenen einzigartigen Nachklang. Während wir sprechen, weben wir Schichten aus Klang, die mit der gesamten Schöpfung zusammenklingen. Diese harmonische Symphonie gibt der Wirklichkeit, wie wir sie wahrnehmen, ihre Form. Die Art, wie wir mit der Schöpfung sprechen, bestimmt unseren Platz in der Schöpfung. Unsere Sprache schafft ein Gefühl der Verwandtschaft mit der Welt, die uns umgibt. Wenn ich gefragt werde, wer ich bin und woher ich komme, kann ich das mit einem Wort beantworten: Penawahpskek. Ich bin im Land der Penobscot Nation geboren und aufgewachsen, das uns beheimatet und in den Wassern des Penobscot-Flusses liegt. Auf diesem Land lebt die Gesellschaft der Penobscot seit mehr als zehntausend Jahren. Penawahpskek zu sein, bedeutet für mich, dass meine Wurzeln in diesem Boden liegen und von den Wassern des Penobscot River genährt werden. Wir sind eng miteinander verschlungen – ich, der Boden, das Wasser – und ich bin mit Generationen anderer Menschen verbunden, deren Wurzeln in Vergangenheit, Gegenwart und Zukunft diesen Boden durchdringen. Wenn ich mich als Penawahpskek bezeichne, dann bringe ich zum Ausdruck, wie meine tiefe Verbindung zu diesem Ort die Unterscheidung zwischen dem Boden, den Wassern und der Person, die ich zu sein glaube, unmöglich macht. Diese einfache Aussage setzt den ersten Strich in dem grundlegenden Weltbild, das meine Wirklichkeit strukturiert. Obwohl dieses Weltbild individuell und einzigartig ist, beruht es auf einer Vorstellung, die Menschen weltweit teilen.

Die Beziehungen zwischen Menschen und Orten werden oft durch einprägsame Worte erinnert, die in Erzählungen aufgehen. Als Indigene Menschen bestehen unsere Leben aus diesen Worten und den Erzählungen, die sie illustrieren. Die Worte und Geschichten malen ein Bild, das allen Elementen unserer Existenz eine Form gibt. Darin zeigt sich unsere einzigartige kulturelle Landschaft und sie bieten uns ein klares Gefühl der Verortung in der Welt. Um unseren Platz in der Schöpfung umfassend zu erkennen, müssen wir uns bewusst werden, dass unsere Geschichten nicht die einzigen Geschichten sind, die erzählt werden. Alles Lebendige hat sein eigenes Schöpfungslied, seine eigene Sprache und seine eigene Erzählung. Um mit dem Rest der Schöpfung harmonisch zusammenzuleben, müssen wir willens sein, all die Harmonien wahrzunehmen und zu respektieren, die sich um uns herum bewegen.

Die einzige Möglichkeit, diese harmonischen Schwingungen zu spüren, ist, sie mit allen Sinnen wahrzunehmen. Wir müssen uns auf unsere Fähigkeit besinnen, jenseits der physischen Wirklichkeit, die uns umgibt, eine riesige unerkannte Welt zu erkennen und uns für sie zu öffnen. Dann können wir anfangen, sie jenseits von Sehen und Hören wahrzunehmen. So erkennen wir die zugrunde liegenden Strukturen, die unsere Welt tragen, und das Leben nimmt neue Gestalt an – neue Bedeutung. Wenn wir als Wesen leben, die ihre vielen Sinne nutzen, dann finden wir heraus, dass wir die Sprache alles Lebendigen verstehen können. Wir hören die Stimmen der Bäume und verstehen das Summen der Bienen. Und wir kommen zu der Einsicht, dass die verwobene Substanz dieser fließenden Rhythmen uns in einem feinen Gleichgewicht mit allem Lebendigen hält. Dann beginnt unser Leben und unser Platz in der Schöpfung auf völlig neue Weise Sinn zu ergeben. Unsere Wahrnehmung dehnt sich aus und zeigt uns die allgemeine Ordnung unseres Weges; und unser Gehör stimmt sich auf eine gänzlich neue Informationsquelle ein. Wenn wir uns einmal auf diese neuen Informationen eingestimmt haben, können wir sie in unsere körperliche Erfahrung integrieren und unser gesamtes Sein mit der schwingenden Wirklichkeit in Einklang bringen, die uns umgibt. Dann können wir das perfekte

Zusammenspiel göttlicher Ordnung bezeugen. Wir können erkennen, dass so wie die Bäume Kohlendioxid einatmen und Sauerstoff ausstoßen, unsere Lungen diese Bewegung spiegeln, indem sie den Sauerstoff einatmen, der uns großzügigerweise gegeben wird, und den Bäumen das Kohlendioxid zurückgeben. Wenn wir unsere inneren Rhythmen mit den Rhythmen der Schöpfung zusammenfließen lassen, entwickeln wir Anmut in unserer Bewegung und können ohne viel Nachdenken oder Mühe in den perfekt choreografierten Tanz des Lebens hineingleiten.

Ich erinnere mich an meinen ersten Moment, in dem ich bewusst in diesen Tanz eintrat. Ich war eine junge Frau in meinen frühen Zwanzigern. Es war ein warmer Frühsommertag und ich saß in meditativem Zustand im Garten. Zu jener Zeit lernte ich, der Energie nachzuspüren. Mehrere Monate lang hatte ich meine Fähigkeit vertieft, die Lebenskraft wahrzunehmen, die unsere Welt durchdringt. Als ich dasaß, bemerkte ich eine kleine Ameise, die an einem Grashalm entlang krabbelte. Während ich die Ameise auf ihrem Weg betrachtete, begann ihr kleiner Körper aufzuleuchten. Gleich darauf leuchtete auch der Grashalm, auf dem sie kletterte. Meine ganze Umgebung begann zu leuchten, während ich dasaß und zuschaute. Ich hob langsam die Augen und das ganze Feld leuchtete, so auch die Bäume, die auf der anderen Seite des Feldes den Waldrand säumten. Jeder Vogel, der mein Sichtfeld kreuzte, war von einer zusätzlichen Schicht aus Licht umgeben. Ich saß ganz still da und staunte leise über diese neu gefundene Wahrnehmung – besorgt, sie zu verlieren, sollte ich mich bewegen. Während ich so meine neu erleuchtete Welt beobachtete, bemerkte ich etwas Faszinierendes. Das Lichtfeld, in dem ich saß, erhob sich und senkte sich gleichmäßig. Während ich so der Erde um mich herum beim Atmen zusah, spürte ich, wie sich mein eigener Atem einstimmte. Alles wurde schärfer; all meine Sinne erwachten zum Leben. Während ich dasaß und mit der Welt um mich atmete, lösten sich die festen Grenzen meines Seins langsam auf. Ich fühlte, wie ich mich ausdehnte und mit all dem, was ich beobachtete, zusammenfloss. Es gab plötzlich keine Trennung mehr zwischen mir, der Ameise, der Wiese, den Bäumen, den Vögeln. Wir atmeten mit einem Atem, in uns schlug der Puls eines Herzens. Ich war eingenommen, von diesem schmerzlich schönen und umfassenden Gefühl der Verwandtschaft mit der gesamten Schöpfung. In diesem einen Moment der offenen Wahrnehmung konnten all die Lehren, mit denen ich groß geworden war, tief in mein Herz sinken. Ich hatte es verstanden.

Durch diese Erfahrung steigerten sich meine intuitiven Fähigkeiten enorm. Ich konnte klare Botschaften von meinen Wegweis*erinnen und Lehr*erinnen empfangen und ich begann, die Welt auf eine ganz neue Weise wahrzunehmen. Das Konzept des Einsseins war nicht länger ein abstraktes Konzept in meinem Kopf. All die Mythologien aus meiner Jugend nahmen ganz neue Bedeutungen an. Endlich verstand ich diese für mich zuvor noch ungefüllten Konzepte des Einsseins und der Verwobenheit, von denen ich seit meiner Kindheit gehört hatte.

Ich hatte einige Monate über diese neu gefundene Wahrnehmung nachgedacht, als das Universum entschied, mir eine tiefere Lehre zu erteilen. An einem Wochenende, als ich nach Hause fuhr, um meine Familie zu besuchen, fand ich mich in einem langen Stau auf der Hauptstraße wieder. Ich saß da und sah den

Menschen zu, die mich umgaben, wie sie die Straße entlang gingen oder in ihren Autos saßen. Während ich sie anschaute, dachte ich darüber nach, wie sich über die Jahre nichts zu verändern schien. Ich fragte mich, was Menschen wohl lernen konnten, wenn sie ihr ganzes Leben in derselben Kleinstadt verbrachten. Während ich das dachte, erkannte ich, dass ein Teil von mir über sie urteilte. In dem Moment, als ich diesen lieblosen Gedanken erkannte, drehten sich mehrere Menschen zu mir um und schauten mich an. Ich schaute zurück und bemerkte, dass sie alle mein Gesicht hatten. Die Menschen auf der Straße, die Menschen in den Autos, sie alle blickten mit meinen eigenen Augen zurück. In diesem Bruchteil einer Sekunde brachen unzählige Erkenntnisse auf einmal über mich herein. Wir kamen alle einzeln, aber zur gleichen Zeit zu diesen Erkenntnissen. Ich erkannte, dass wir alle zutiefst und untrennbar miteinander verbunden sind. Ich verstand auf einer tiefen Ebene, dass wir alle Ausdruck desselben Ursprungs sind und dass wir unser Selbst alle gleichzeitig erfahren. Der Eindruck dieses Augenblicks währte nur für den Bruchteil einer Sekunde, aber er wird mir für immer bleiben.

Wir entspringen alle demselben göttlichen Ursprung und wir werden alle zu diesem Ursprung zurückkehren, wenn unser Lernen abgeschlossen ist. Während unserer Reise werden wir oft das Gleiche erfahren, die Welt und einander aus mehreren Perspektiven und durch mehrere Lebensabschnitte hindurch wahrnehmen. Traurigerweise wird es auch Zeiten geben, in denen wir uns dieser grundlegenden Tatsache nicht gewahr sind. In diesen Zeiten verlieren wir uns in den auseinanderzweigenden Geschichten unserer eigenen vereinzelten Lebenswirklichkeiten.

Albert Einstein sprach einmal über die Illusion, die durch diesen Glauben an die Getrenntheit erzeugt wird. Er beschreibt sie als ein Gefängnis, das einschränkt, wie wir unsere Verbindung zum umfassenden Ganzen wahrnehmen:

> »Ein Mensch ist Teil des Ganzen, das wir Universum nennen, ein von Zeit und Raum begrenzter Teil. Er erfährt sich selbst, seine Gedanken und Gefühle als abgetrennt von allem anderen … eine Art optische Täuschung seines Bewußtseins. Diese Täuschung ist für uns eine Art Gefängnis, da sie uns auf unsere eigenen Vorlieben und auf die Zuneigung zu wenigen Nahestehenden beschränkt. Unser Ziel muß es sein, uns aus diesem Gefängnis zu befreien, indem wir den Horizont unseres Mitgefühls erweitern, bis er alle lebenden Wesen und die gesamte Natur in all ihrer Schönheit umfaßt.«[1]

Diese Vorstellung erscheint vielen Menschen weltweit noch immer als bloße Fantasie. Doch handelt es sich um eine Überzeugung, die von Indigenen Menschen seit jeher vertreten wurde. Alle unsere Lieder, Geschichten und Mythologien erzählen von unserer Verwobenheit. Von Geburt an wird uns ein Bewusstsein über das erweiterte Verwandtschaftsnetz vermittelt, das neben anderen Menschen auch die Wesen der Erde, des Wassers und der Luft sowie die Pflanzen, Bäume und all die übrigen Dinge umfasst, die

---

1 Albert Einstein, persönlicher Brief aus dem Jahr 1950, zitiert in: *The New York Times*, 29. März 1972.

unser Universum ausmachen. Diese vielsinnige Wahrnehmung des Lebens nimmt gerade weltweit zu, und die Menschheit erwacht in eine neue Ebene des Seins. Wir können – vielleicht zum ersten Mal in unserer Geschichte – erkennen, dass wir uns im Prozess eines evolutionären Sprungs befinden: Das macht es spannend, in der jetzigen Zeit zu leben.

Unsere Herausforderung liegt darin, alles zu erinnern, was uns ausmacht. Wir beginnen diesen Prozess, indem wir unsere Wahrnehmung erweitern, so dass sie die gesamte Schöpfung umfasst – so wie ich es an jenem Tag auf dem Feld mit der kleinen Ameise tat. In dem Moment konnte ich meine Wahrnehmung verändern, indem ich meine Schwingung mit den Schwingungen der Welt um mich herum in Einklang brachte. Diese Wahrnehmung schuf eine Verwandtschaft zwischen mir, der Ameise, der Wiese, dem Feld, den Vögeln und den Bäumen. Und mit den Menschen auf der Straße, die mich mit meinen eigenen Augen anschauten. In diesem Moment bekam ich einen flüchtigen Eindruck vom Grad unseres Verbundenseins. Diese kleinen Augenblicke veränderten völlig, wie ich die Welt wahrnahm. Ein großer Teil meiner Überzeugung verschwand und mir wurde eine neue Wahrnehmung der Wirklichkeit geschenkt. Das geschah nicht, weil ich besonders oder einzigartig bin. Alle haben diese Fähigkeit, sich ihrer Illusionen zu entledigen und die Welt als gemeinsames Ganzes wahrzunehmen, einfach indem sie ihre Wahrnehmung erweitern und ihre Schwingungen verschieben. Wenn wir einmal diese Schwingungsverschiebung geschafft haben, können wir beginnen, die Wirklichkeit, in der wir leben, zu transformieren – hin zu einer Wirklichkeit, die mehr im Einklang und Gleichgewicht mit unserem göttlichen Ursprung ist.

2

Die Liebe Tausender

Die Chickasaw-Dichterin Linda Hogan schreibt in ihrem Buch *Dwellings: A Spiritual History of the Living World:* »Plötzlich spüre ich all meine Vorfahren hinter mir. Halte inne, sagen sie. Schau und höre zu. Du bist das Ergebnis der Liebe Tausender.«[2]

Dieses schöne Zitat würdigt die langen lebensgebenden Verbindungen, die uns hervorgebracht haben. Der Gedanke scheint unfassbar, dass wir aus solcher Liebe hervorgegangen sind – sei es die Liebe zwischen Menschen, die Liebe von Eltern[3] für ihr Kind oder die warme Liebe, die Großeltern für ihre Enkelkinder verspüren. Wir alle sind durch eine lange Liebe miteinander verbunden, die seit unendlichen Zeiten besteht. Sogar, wenn wir selbst diese Liebe nicht direkt erfahren, wissen wir, dass es sie gibt und dass sie eine unauslöschliche Spur auf unseren Seelen hinterlassen

---

2 Linda Hogan, *Dwellings: A Spiritual History of the Living World*, Norton, 2007, 145.
3 Übersetzerische Anmerkung: An Stellen, an denen es inhaltlich nicht entscheidend erscheint, von »Mann und Frau« oder auch von »der Mutter« zu schreiben, ist die Übersetzung offener – für mehr Geschlechter und Familienkonstellationen. Sherri Mitchell hat einer solchen Öffnung zugestimmt. Hier lieben daher »Eltern« ihre Kinder – und nicht nur »die Mutter«.

hat. Es ist bemerkenswert, dass die Gesamtheit menschlichen Lebens in uns allen existiert – sie reicht zurück bis zum Anbeginn der Schöpfung. In unseren Körpern tragen wir das Blut unserer Ahn*innen und den Keim nachfolgender Generationen. Wir sind die lebendige Verbindung zu allem Leben. Wenn wir über die unermessliche Weite des verwobenen Netzes nachsinnen, in das wir eingebunden sind, dann erscheinen unsere einzelnen Fäden viel weniger schwach. Wir werden von jenen gestärkt, die vor uns waren, und von jenen inspiriert, die nach uns kommen.

Mein Großvater erzählte mir von diesen lebensgebenden Verbindungen. Eines Tages, als wir auf dem Penobscot River paddelten, hielten wir auf einer der Inseln an, um zu Mittag zu essen. Als ich aus dem Kanu stieg, sagte er: »Die Vorstellung ist doch erstaunlich, dass vor Tausenden von Jahren unsere Vorfahren aus ihren eigenen Kanus in eben dieses Gewässer und auf diese Inseln stiegen.« Dann fragte er mich: »Was denkst du, worüber sie nachgedacht und wovon sie geträumt haben – vor all diesen Jahren?« Ich dachte einen Moment lang nach und sagte: »Wahrscheinlich dasselbe, worüber wir nachdenken und wovon wir träumen.« Er lachte und nickte. Dann erzählte er mir von einem seiner Erlebnisse auf diesem Fluss mit einer älteren Person aus seiner Kindheit. Es gab viele solche Momente in meinem Leben, viele Geschichten, die mich mit der Vergangenheit und mit der Zukunft verbanden. So habe ich gelernt, dass das Konzept der Verbundenheit nicht bloße Theorie ist. Es ist ein lebendiger Ausdruck der Kontinuität unserer Leben.

Ich schätze mich glücklich, mit einer tiefen Anerkennung für meine Vorfahren und einem Bewusstsein für all das groß geworden zu sein, was sie geopfert haben, um sicherzustellen, dass ich überhaupt existieren kann. Mich hat das gelehrt, das Leben wirklich wertzuschätzen, das mir gegeben wurde. Es war ein Geschenk, mit den Geschichten groß zu werden, die die Älteren mir erzählten und die ihnen selbst als Kinder erzählt wurden – Geschichten, die in unseren Familien über Generationen weitergegeben wurden. Diese Geschichten verbinden uns miteinander über die Zeit hinweg, sie tragen wertvolle Lehren in sich. Sie versorgen uns mit der Weisheit von Generationen vor uns und stellen sicher, dass die Verbindung zu denen, die vor uns gelebt haben, nicht unterbrochen wird. Diese lebendigen Geschichten sind mehr als Überlieferungen. Sie enthalten die Weisheit vergangener Zeiten. Sie sichern ab, dass das Bewusstsein sich kontinuierlich weiter entwickeln kann.

Wenn wir ihnen zuhören, dann hören wir nicht nur Geschichten aus vergangenen Tagen, sondern wir hören auch die Stimmen all jener, die vor uns gelebt haben. Diese Vorfahren sind nicht aus unseren Leben verschwunden. Sie leben in den Geschichten und in unserer Umgebung fort. Sie besuchen uns im Traum und in Zeremonien. Sie flüstern uns in ruhigen Momenten etwas zu und sie schenken uns Geborgenheit. Eine meiner Lieblingsgeschichten handelt von der Erfahrung einer Freundin mit den Ahn*innen. Sie kümmerte sich um die Rückführung eines Vorfahren und seiner Überreste, damit er nachträglich bei seiner Gemeinschaft richtig beerdigt werden konnte. In diesem Fall war der Vorfahr grausam in einem Museum ausgestellt worden. Während ihrer Zeit mit ihm, verblieb die Freundin im Gebet und er suchte sie auf und übermittelte ihr eine Botschaft. Erst bedankte er sich dafür, dass sie ihn nach Hause brachte. Dann sagte er zu ihr: »Wir haben euch in die Zukunft geträumt.« Unsere Ahn*innen haben für uns gelebt, sie sind für uns gestorben, und sie haben für uns geträumt. Durch ihre kollektiven Vorstellungen sind wir alle entstanden. Was für eine unglaubliche Ehre ist es, dass wir durch unser eigenes Leben ihr Leben weitertragen?

Wenn wir uns mit unseren Ahn*innen verbinden und ihre Weisheit anwenden, dann entwickeln wir das kollektive Bewusstsein weiter. Wir tragen die alten Wahrheiten unserer kollektiven Vergangenheit weiter und bringen sie in die Zukunft. Was wir aus diesen Wahrheiten schöpfen, erweitert die Weisheit aller, die vor uns da waren. Und es weist denen, die nach uns kommen, den Weg.

Der Kiowa-Autor N. Scott Momaday schreibt:

> »Wir sind, was wir uns vorstellen. Unsere Existenz besteht darin, uns eine Vorstellung von uns selbst machen zu können. Unser bestmögliches Schicksal ist es, uns uns selbst vollständig vorzustellen – wer, was und dass wir sind. Die größte Tragödie, die uns widerfahren kann, ist, in keiner Vorstellung zu existieren, nicht erahnt zu werden.«[4]

Unsere Vorstellungskraft kann sehr machtvoll sein. Wenn wir sie nutzen, nehmen wir aktiv am Schöpfungsprozess teil. Wir schöpfen etwas, indem wir es in unser Möglichkeitsfeld bringen, ihm

---

4 N. Scott Momaday, »The Man Made of Words«, in *Indian Voices*, herausgegeben von: The First Convocation of American Indian Scholars, American Indian Educational Publishers, 1970.

Leben einhauchen und ihm eine Gestalt geben. Ebendiesen kreativen Impuls gibt es in unseren alten Geschichten. Wenn wir diese Geschichten erzählen, dann verbinden wir uns mit unseren Ahn*innen. So hauchen wir unseren entstehenden künftigen Generationen Leben ein. Dieser Prozess ist evolutionär, da er Weisheit weiterträgt und uns ermöglicht, sie in unsere gegenwärtige Erfahrung zu integrieren und auf ihr aufzubauen. Um diesen evolutionären Prozess fortzusetzen, müssen wir unsere eigene Geschichte kennen. Wir müssen unsere Beziehung zu unseren Vorfahren nähren und uns als Teil dieser Kontinuität verstehen, um so das Leben fortzuschreiben. Die Weisheit der Ahn*innen lehrt uns, wie wir auf eine Weise in dieser Welt leben können, die das Leben bewahrt und nährt.

Unsere Vorfahren verstanden sich selbst als Teil der lebendigen Schöpfung und wussten, mit ihr zu kommunizieren. Sie verstanden die Sprache der Erde und der Gewässer. Sie sprachen mit den Pflanzen und den Tieren. Sie nahmen die zarte Stimme der Schöpfung wahr und erkannten die Verbundenheit alles Lebendigen. So lebten sie im Einklang mit den natürlichen Rhythmen, die sie umgaben. Sie wussten, dass ihre Leben untrennbar mit allen Lebewesen und mit der lebendigen Erde selbst verbunden waren. Daher standen die Erzählungen, die unsere Vorfahren webten in einem harmonischen Gleichgewicht mit den Leben, die sie schufen. Sie verstanden ziemlich gut die Notwendigkeit, die männlichen und weiblichen Energien in einem Gleichgewicht zu halten, sowohl in uns selbst als auch in der Welt, die uns umgibt. Einer der Gründe dafür, dass wir unser Gleichgewicht in der Welt verloren haben, ist, dass wir diese beiden ausgleichenden Energien in zwei verschiedene Formen getrennt haben und sie so von ihrer natürlichen Vereinigung abhalten, die notwendig ist, um unseren Geist und unsere Leben zu harmonisieren.

Die als männlich und weiblich benannten Energien spielen unterschiedliche Rollen in der Entfaltung unserer Wirklichkeit – aber sie tun dies in einem aufeinander abgestimmten Zusammenspiel. Diese Energien sind nicht spezifisch für Frauen oder Männer; sie existieren in uns allen so, dass sie am besten zu dem Leben passen, für das wir bestimmt sind. Die Natur hat uns ein paar Hinweise auf die Eigenschaften gegeben, die diese Energien mit sich bringen, aber das sind nur Orientierungen, wie wir diese Energien in unseren Leben nutzen können. Weibliche Energie repräsentiert die innere Welt. Das zeigt sich in der Anatomie [vieler][5] Körper. Die Fortpflanzungsorgane der [meisten] Frauen liegen in ihrem Inneren und ihre kreative Kraft liegt in ihrer Mitte, in der Gebärmutter. Diese Schöpfung entsteht im Zusammenspiel mit der Energie des Herzens. Das Leben, das im Uterus entsteht und genährt wird, liegt direkt unter dem Herzen und ist auf dessen Rhythmus abgestimmt. Der Körper der Gebärenden ist eine Brücke zwischen den Welten. In diesem Körper gibt es eine direkte Verbindung zum Ursprung der Schöpfung. Die Energie des Weiblichen verbindet uns also mit göttlichem Wissen, führt dieses Wissen durch den Körper und steht in unmittelbarem Zusammenhang mit dem Herzen. Diese Energie ist weit, intuitiv, kreativ und

5 Übersetzerische Anmerkung: Nach Absprache mit der Autorin versucht die Übersetzung, das Konzept von Geschlecht offener lesbar zu machen. Die Einfügungen in eckigen Klammern ermöglichen ein vielfältigeres Verständnis, das über die vorherrschenden Körpernormen für nur zwei Geschlechter hinausweist.

lebensbejahend. Sie bewahrt die Intuition und übersetzt die Weisheiten des Herzens.

Männliche Energie ist hingegen äußerlich. Auch das zeigt sich in der Natur der Fortpflanzungsorgane der [meisten] Männer, die außerhalb des Körpers liegen. Männliche Energie führt unser Handeln im Außen. Es ist eine Energie des Tuns, während weibliche Energie eine Energie des Seins ist. Männliche Energie ist fokussiert und strebend, linear und analytisch; sie ist aktiv und äußerlich. Das Weibliche braucht das Männliche, um die intuitiven, herzensbasierten Ideen im Außen umzusetzen. Das Männliche braucht die weibliche Weisheit des Herzens um sicherzustellen, dass die äußeren Handlungen ehren, was heilig ist, und das Leben bewahren.

Unsere Regierungsstrukturen im Gebiet der Wabanaki beruhten auf diesem Verständnis. Wir wurden von einem ausgewogenen Zusammenwirken angestammter Väter und Mütter der Gemeinschaft regiert, einer Kombination aus männlicher und weiblicher Regierungsführung. Wenn in der Gemeinschaft Probleme auftraten, wurden sie den vorsitzenden Müttern vorgetragen, die sie dann mit in ihren Versammlungsraum nahmen. Hier gingen sie in Einkehr, um einen Weg zu finden. Sie beteten und dachten nach, sie setzten sich dort mit dem Problem auseinander, bis eine Lösung deutlich wurde.

Sie übereilten ihre Entscheidungsfindung nie. Sie nahmen sich die nötige Zeit, um auf spiritueller Grundlage eine Lösung zu finden, die den Handlungsbedarf und die Heiligkeit des Lebens einbezog. Sobald sie die Antwort empfangen hatten, gaben sie den Kriegern und vorsitzenden Vätern der Gemeinschaft ihre

Anweisungen. Diese Anweisungen leiteten dann das männliche Handeln in der Außenwelt und stellten sicher, dass das Leben geehrt und geschützt wurde. Dieser Prozess bewahrte das Machtgleichgewicht zwischen Männern und Frauen in unseren Gemeinschaften. Es garantierte die Sicherheit und das Überleben unserer Gesellschaft, weil so gewährleistet war, dass alles äußere Handeln von einer im Herzen begründeten Weisheit geleitet war, die das Leben schuf, erhielt und bewahrte.

Unsere Sprache bietet einige Hinweise auf die Unterscheidung zwischen den männlichen und weiblichen Energien, auch darauf, wie sie einander unterstützen und sich zueinander verhalten sollen. Zum Beispiel bedeutet das Mi'kmaq'i-Wort für Ehemann *nji'nmen* buchstäblich: er, der mich unter seine Haut nimmt. Das Männliche bildet die äußere Hülle, die Haut. Und das Weibliche befindet sich sicher im Inneren, nah am Herzen des Mannes. Das Wort für Ehefrau *nte'pitem* bedeutet: sie, die mich mit meinem Herzen verbunden hält. Die Frau, die nah am Herzen des Mannes sitzt, wird als Übersetzerin des spirituellen Wissens aus dem Inneren anerkannt. Diese Vorstellung überträgt sich auch in unsere Bezugnahmen auf unsere Welt. Wir wertschätzen »Vater Himmel« und »Mutter Erde«. Der Himmel ist die äußere Hülle, die Erde der innere Schutzort.

All diese Auffassungen erinnern uns an die Notwendigkeit, in uns selbst und in unseren Leben in der Außenwelt ein Gleichgewicht zu erhalten. Diese ausgeglichene Lebensweise hat uns jahrtausendelang geholfen. Dann hat sich etwas verändert. Eine neue Gruppe von Menschen kam mit eigenen Überzeugungen und Lebensweisen auf diesen Kontinent. Diese Neuankömmlinge glaubten nicht an das Gleichgewicht des Männlichen und des Weiblichen. Stattdessen waren sie von der Überlegenheit des Männlichen überzeugt. Sie hatten das Gleichgewicht in ihrem Verständnis des Lebens verloren und glaubten daher auch nicht an ein harmonisches Gleichgewicht ihres Lebens mit der Natur. Stattdessen waren sie von der Beherrschung der natürlichen Welt überzeugt. Diese Neuankömmlinge hatten ihre Verbindung zur weiblichen Energie, also zur herzensbasierten Weisheit, verloren. Sie glaubten an die Macht der Gewalt und dachten, dass die Eroberung ihr vorbestimmter Auftrag[6] sei. Sie glaubten sogar, dass es diese Bestimmung war, die sie auf diesen Kontinent gebracht hatte. Doch sie lagen falsch. Etwas viel Tieferes rief sie auf diesen Boden, ein uralter Impuls führte sie zurück zu etwas, das sie verloren hatten.

Wenn wir körperlich erkranken, dann suchen wir bewusst nach der Quelle unserer Heilung. Unsere spirituellen Energien tun dasselbe. Wenn sie erkranken, dann bewegen sie sich in Richtung ihrer Heilung. Als die Neuankömmlinge diesen Kontinent betraten, glaubten sie, hier zu sein, um neues Land zu erobern. Sie verstanden nicht, dass sie eigentlich von ihren spirituellen Energien hierher geführt worden waren, um Heilung von ihrer Illusion der Getrenntheit zu finden. Leider war diese Vorstellung so tief verankert und die Trennung von den spirituellen Energien so grundlegend, dass sie ihre Zeichen nur schwer wahrnehmen konnten. Je weiter sie sich von ihrer spirituellen Verbindung

---

6 Übersetzerische Anmerkung: *Manifest Destiny* (wörtlich: unabwendbares Schicksal, hier: vorherbestimmter Auftrag) bezeichnet die imperiale Doktrin der US-amerikanischen Expansion im 19. Jahrhundert in Nordamerika, durch die die *weiße* Landnahme legitimiert wurde.

entfernten, desto stärker wurden die Zeichen. Doch die empfangene Botschaft wurde von dem trügerischen Glauben der Getrenntheit verzerrt. Diese Menschen wussten nur, dass sie eine unstillbare Sehnsucht in sich trugen. Diese Sehnsucht machte die Neuankömmlinge immer unersättlicher. Sie reisten von Ort zu Ort und konsumierten alles, was ihnen begegnete. Doch die Gier in ihren Herzen wurde nie befriedigt. Dieser nicht zu stillende Hunger hat endlose Kriege und Zerstörung befeuert – schon seit Tausenden von Jahren – und uns dazu gebracht, einander und die Erde katastrophal zu schädigen.

Die spirituellen Energien suchten Heilung von der Vorstellung der Getrenntheit. So kamen sie an einen Ort, an dem es noch ein Bewusstsein für die Verbundenheit gab – an dem die Nabelverbindung mit Mutter Erde noch lebendig war. Obwohl auch die Indigenen Menschen auf diesem Kontinent menschliche Konflikte kannten, hatten sie ihre Verbindung mit der Erde und ihr Bewusstsein für die Verbundenheit alles Lebendigen bewahrt. Sie verstanden, dass die Bewegungen der Schöpfung von einer umfassenden Weisheit und Ordnung geleitet waren, und dass ihre Entscheidungen sich auf die Wirklichkeit auswirkten, in der sie lebten. Es war dieses Bewusstsein, das den Neuankömmlingen fehlte. Sie hatten ihre Verbindung zum Pulsschlag des Lebens verloren, und konnten das Netz, durch das alles Lebendige verknüpft ist, nicht mehr wahrnehmen. Eben dieser Geist des Lebendigen rief in seinem Bedürfnis, weiter zu existieren, jene an, die das Gefühl für die Verbindung verloren hatten. Er rief sie nicht zu einem bestimmten Ort, sondern zu einem Wiederfinden der Verbindung mit allem Lebendigen. Sie kamen nicht zufällig hierher. Sie folgten einem spirituellen Ruf, in dem der ganze Weg zurück bis zum Anbeginn der Schöpfung nachklang.

Als die Neuankömmlinge einem lebendigen Beispiel unserer Verbundenheit begegneten, rebellierten sie gegen diese Wahrheit. Sie erlebten, was in schamanischen Kreisen als Heilkrise bezeichnet wird. Um dieses Konzept zu verstehen, ist es am besten, es in das Bild einer körperlichen Krankheit zu übertragen. Wenn es im Körper eine Infektion gibt, bekommen wir Fieber und Schüttelfrost, wir schwitzen und werden schwach. Viele glauben, dass dies die Symptome der Infektion sind. Dabei handelt es sich eigentlich um Zeichen der Heilung. Sie sind der Versuch des Körpers, die Infektion zu überwinden. Wenn wir an einer Krankheit leiden, verlangsamen wir häufig den Heilungsprozess, indem wir versuchen, die Symptome zu bewältigen und zu kontrollieren. Das tun wir, weil die Symptome unangenehm sind. Bei jedem Anzeichen von Fieber nehmen wir eine Tablette, um die Temperatur zu senken, anstatt dem Körper die Möglichkeit zu lassen, die Infektion auszubrennen.

Häufig fühlen wir uns im Heilungsprozess erst mal schlechter, bevor wir genesen. Ich erinnere mich an eigene Heilungsprozesse, bei denen es sich anfühlte, als fände in meinem Körper ein Kampf statt, während ich mich von einer Erkrankung erholte. Jetzt erleben wir dies in der äußeren Welt: ein Kampf zwischen dem Virus, der vom trügerischen Glauben der Getrenntheit verursacht wird, und der heilenden Salbe der Wahrheit. Statt es zuzulassen, dass Heilung entsteht, bekämpfen Menschen, die von dem trügerischen Glauben beeinflusst sind, mit aller Kraft die individuellen Symptome. Wenn ihnen ein Ausdruck der tiefen Verbundenheit begegnet, bekommen sie Angst und nennen diese Wahrheit ›primitiv‹ und ›wild‹. Dann tauchen sie noch tiefer in den trügerischen Glauben ein, erfinden die Geschichte_n so, dass sie ihre Vorstellung stützen, und schaffen Gesetze, die sie aufrecht erhalten. Um den Wert der eigenen Illusion zu beweisen, exportierten sie sie in die ganze Welt, wobei sie weiteren Schmerz und noch größere Zerstörung verursachten. Viele der Neuankömmlinge hielten mit ganzer Kraft an dieser Illusion fest und versuchten, sie um jeden Preis zu beschützen – auch wenn das bedeutete, jene zu zerstören, die die Wahrheit der Verbundenheit aufrechterhielten. Sie wurde mit ihnen beerdigt. Doch dieses Wissen blieb erhalten – ein beharrlich schlagender Rhythmus, ein endloser Appell an Herz und Verstand der Menschheit. Und durch diese Beharrlichkeit wachen immer mehr Menschen auf und wenden sich von der Macht trügerischer Vorstellungen ab. Dieser sich entfaltende Heilungsprozess ist ein entscheidender Teil unseres kollektiven Weges.

Die Illusion der Getrenntheit hält uns seit Jahrtausenden davon ab, uns zu verbinden – sie nutzt Angst und Aberglauben, aus denen Schatten und Spaltungen hervorgehen. Doch das tiefe Wissen um unser Verbundensein kann nicht verborgen bleiben. Trotz all unserer Versuche, sie zu verleugnen, kamen immer weitere Beweise dieser Verbindung ans Licht. Die Illusion der Getrenntheit braucht kontinuierlich Bestätigung. Das treibt uns dazu, jeden Zentimeter der Welt, in der wir leben, zu untersuchen, sie in immer kleinere Teile zu zerlegen, auf der Suche nach Beweisen für unsere Getrenntheit. Wir haben winzige Teilchen untersucht, in der Hoffnung, Beweise für irgendeinen Unterschied zwischen uns und dem Rest der Schöpfung zu finden. Wir haben in den

Höhen und in den Tiefen nach der wohldefinierten Grenzziehung zwischen uns und dem Universum gesucht. Wir haben nach bleibenden stichhaltigen Beweisen gesucht, die es uns erlauben würden, uns definitiv von anderen abzugrenzen.

Stattdessen haben wir herausgefunden, dass es keine Unterscheidungen oder Trennungen in unserer Welt gibt – oder überhaupt irgendetwas Dauerhaftes, woran wir die Illusion der Getrenntheit festmachen könnten. Sogar die kleinen Teilchen, aus denen sich unsere Körper zusammensetzen, sterben ständig ab und werden wieder erneuert. Somit bricht sogar die Struktur, die uns durchs Leben trägt, stetig zusammen und wird neu gebildet. Jede Zelle unseres Körpers wird immer wieder ersetzt. Der Körper, mit dem wir geboren werden, ist ein völlig anderer, als der Körper, von dem wir uns zum Zeitpunkt unseres Todes lösen. Die einzige Konstante ist das verbindende Fließen des Bewusstseins, das alles Lebendige belebt. Es ist diese Fließbewegung, die uns weiterträgt und uns alle miteinander verbindet. Wir bewegen uns als ein Bewusstseinsstrom in einem fließenden Fluss. Wir können den Fluss nicht anhalten oder uns von ihm abtrennen; wir können bloß durch unsere kollektiven Entscheidungen die Richtung der Strömung beeinflussen.

Gemeinsam sind wir durch den trügerischen Glauben der Getrenntheit geschwommen und jetzt bewegen wir uns langsam zurück in Richtung unserer wahren Verbundenheit. Wir befinden uns in einem Moment der Initiation, an einem Scheideweg, der darüber bestimmt, ob wir uns zusammen auf ein höheres Sein zubewegen oder ob wir in die Dunkelheit zurückfallen, um weiter nach dem Licht zu suchen. Wir befinden uns kurz vor einem evolutionären Sprung, der von uns erfordert, Unterschiede zu überwinden und uns zu einer harmonischeren Lebensweise zusammenzufinden. All unsere Prophezeiungen sprechen von dieser Zeit: der Zeit, wenn die Menschen der Welt aufzuwachen beginnen und sich für die Bewahrung des Lebens vereinen. Als Indigene Menschen waren wir beauftragt, die heiligen Lehren weiterzutragen, die es uns ermöglichten, unsere verbundene Lebensweise aufrechtzuerhalten, so dass wir die Menschheit zu einem ausgeglicheneren Sein zurückbegleiten könnten, wenn diese Zeit käme.

Ich bin damit aufgewachsen, diese Prophezeiungen zu hören und von der Zeit zu träumen, in der sie sich erfüllen würden. Sieben Generationen lang haben die Menschen auf den Beginn dieser Zeit des Erwachens gewartet, und dabei ein Leid nach dem anderen überstehen müssen. Die Menschen meiner Gemeinschaft haben von der Zeit geträumt, in der unsere Lebensweise begrüßt werden würde statt angegriffen; in der unsere Weisheit aufgesucht würde statt abgewehrt; in der wir wieder mit all unseren Verwandten der Schöpfung verbunden sein würden. Wir haben nicht auf die zunehmende Zerstörung gewartet oder darauf, dass die Plünderungen fortgesetzt würden. Stattdessen haben wir darauf gewartet, dass erkannt werden würde, was in uns schon ganz ist. Wir haben darauf gewartet, dass die Täuschung nachlässt und in den Herzen und Köpfen der Menschen die Wahrheit wieder erwacht.

Jeder Mensch, der heute lebt, ist Teil der Träume der Ahn*innen. Wir sind die Erfüllung der Prophezeiung. Es ist nun an der Zeit, dass wir unsere eigene Rolle als Vorfahren der Zukunft annehmen und die nächsten sieben Generationen zu Leben erträumen. Dabei müssen wir erkennen, dass es nicht ausreicht, ihnen Leben zu schenken. Wir müssen auch daran arbeiten, ihnen eine Welt zu bieten, die dazu in der Lage ist, ihre Leben zu erhalten. Das ist die Aufgabe unserer Zeit, die Aufgabe unseres Lebens. Um dabei erfolgreich zu sein, müssen wir uns mit dem Faden des Lebens verbinden. Wir müssen die spirituelle Sprache unserer Vorfahren erlernen und die Beziehung erneuern, die sie lange mit dem Rest der Schöpfung hatten. Gemeinsam müssen wir uns von unseren Geschichten der Herrschaft und Zerstörung abwenden und beginnen, eine neue Geschichte zu erzählen, die auf Zusammenarbeit und auf der bewussten gemeinsamen Schaffung einer menschlichen, würdigen und heilenden Lebensweise beruht.

TEIL II
Den Abweg verstehen

3

Wo sind wir gerade?

Alle großen zeitgenössischen Denk*erinnen stellen fest, dass wir in einer Zeit der Extreme leben. Für die meisten Menschen ist nicht zu verleugnen, dass wir uns aktuell in einem tiefgreifenden Wandel befinden – an einem Scheideweg, der uns entweder in den Abgrund oder zu etwas völlig Neuem führen wird. Für einen Großteil der Erdbevölkerung ist das Leben chaotisch, außer Kontrolle geraten, qualvoll. Das Ausmaß des menschlichen Leids ist überwältigend. Egal welchen Fernseher du einschaltest – es zeigt sich ein düsteres Bild. Egal welche Nachrichten du liest, es wird deutlich, dass der Niedergang immer weiter um sich greift. Können wir uns vorstellen, wie diese Welt wohl aus einer spirituellen Perspektive aussieht? Wie eine verzerrte Wirklichkeit. Besuch aus einem anderen Sonnensystem würde diese Verzerrung wahrnehmen und eine Welt erkennen, die in dramatische Krisen und Konflikte vertieft ist – nicht fähig oder nicht willens, sich mit ihrer eigenen Wirklichkeit zu beschäftigen.

Der Schmerz dieser Wirklichkeit bringt viele dazu, sich abzuwenden – unfähig, sich mit der Trauer und Verzweiflung zu konfrontieren, die angesichts solchen Leids in ihnen aufkommt. In der Folge klinken sie sich aus und füllen ihre Zeit und Gedanken mit Illusionen, um die Schreie zu übertönen und den Schmerz zu dämpfen.

Jeden Tag werden leere und täuschende Informationen in unsere Köpfe gehämmert. Sie haben die Form extremistischer Dogmen, die Hass erzeugen und Ignoranz hochhalten; sie haben die Form von Reality-Fernsehsendungen, die ein Leben voller maßloser Verschwendung und hohlem Drama bewerben; die Form von scheinbar unzähligen Krimi-Serien, die Gewalt übertreiben und ihr Glanz verleihen; und die Form von sich ähnelnden Nachrichtenprogrammen, die Spaltung und Angst vorantreiben. Wir merken es auch an Bildungssystemen, die den genialen und einzigartigen Lernstil, den jedes Kind mitbringt, weder würdigen noch erkennen; sowie an unzähligen weiteren Einschränkungen, die die Nutzung unserer kreativen Intelligenz unterdrücken. Währenddessen scheint die todbringende Maschinerie immer weiter zu wachsen und unsere lebenserhaltende Mutter Erde wird rasant zerstört. Überall scheint das Leben schwerwiegenden Angriffen ausgesetzt zu sein.

Für viele ist dies die dunkle Seite der Seele. Unser Gefühl von Bedeutung, Zugehörigkeit und Zweck löst sich in Nichts auf und die Welt, die uns bleibt, ergibt keinen Sinn mehr. All unsere trügerischen Vorstellungen zeichnen sich jetzt deutlich ab. Alles, was im Dunkel verborgen war, wird nun beleuchtet. Wir sind diesem

Licht ausgesetzt. Und wir finden in diesem grellen Licht die paradoxe Dunkelheit vor, die es beleuchtet.

Glücklicherweise können wir sogar in der dunklen Nacht den Anbruch eines neuen Morgens erahnen. Was wir jetzt wahrnehmen können, ist nur ein Teil der Geschichte. Um den größeren Zusammenhang zu erkennen, müssen wir unseren Horizont weiten. Wir müssen bereit sein, zurückzutreten und die Entwicklung des Bewusstseins über einen längeren Zeitraum zu betrachten. Wenn wir das tun, werden wir verstehen, dass diese scheinbare Zeit der Dunkelheit, des Niedergangs und der Zerstörung eine Zeit der Neugeburt ist. Wir befinden uns im langen dunklen Geburtskanal und die Große Mutter liegt in den Wehen ihrer Niederkunft. Es ist keine mythische Geburt und der Geburtskanal, der Leben in diese Welt bringt, ist keine Metapher für etwas; sondern der Inbegriff des Lebens. In diesem Geburtskanal wird die Materie beseelt, überall und in jedem einzelnen Wesen. Langsam erwacht die Materie für die ursprüngliche Wahrheit, die von der göttlichen Kraft abgeleitet und mit ihr eins ist. Durch diesen Prozess dehnt sie die Präsenz der Schöpfungskraft in die tiefe Dunkelheit aus und deckt alle Schatten und Widersprüche auf, so dass sie ins Licht geboren werden und schließlich in das große Ganze zurück transzendiert und integriert werden können.

Alle, die geboren haben, können davon berichten, wie schmerzhaft und schwierig dieser Prozess ist. Und mittendrin zweifelst du an deiner Kraft und an deiner Fähigkeit, das zu überstehen. Doch wenn du einmal die befreiende Erlösung der Geburt erlebt hast, erkennst du die unglaubliche Weisheit des Körpers. Und du wirst mit großer Überzeugung anerkennen, dass das erschaffene Leben den ertragenen Schmerz wert war.

Wir befinden uns gerade in der Übergangsphase der Geburt; entweder liegen wir im Geburtskanal und sind von Dunkelheit umgeben oder wir stehen der großen Mutter bei und helfen bei der Geburt. Wir hängen kollektiv in einem Moment überwältigenden Drucks und chaotischer Bewegung fest. Alles in uns will sich durch den Schmerz hindurch pressen und der Qual ein Ende bereiten. Doch in unserem Ohr sitzt die Stimme der Tante, der weisen Hebamme, die uns anweist, langsamer zu machen und zu atmen. Wir werden in dieser zutiefst ungemütlichen Position festgehalten, damit der heilige Prozess sich in der richtigen Reihenfolge entfalten kann, und wir die innere Weisheit erlangen können, die schließlich die Öffnung ermöglicht. Das ist die große Pause vor dem Pressen und der Beginn des neuen Lebens, das erscheint und sich auf den Eintritt in die Welt vorbereitet.

Seit Anbeginn der Zeit ist das Leben für uns ein Mysterium gewesen. Als Menschen haben wir immer danach gefragt, wo das Leben herkommt; es ist eine der immerwährenden menschlichen Fragen. Obwohl uns nun wissenschaftliches und spirituelles Wissen darüber informiert, dass die Geburt ein komplexer und abgestimmter Prozess ist, bleiben doch noch immer offene Fragen. Wissenschaftlich begreifen wir den Prozess von der Zeugung bis zur Geburt. Wir wissen von der Verschmelzung zwischen Samen- und Eizelle und von der Zellbildung. Wir wissen, dass aus Zellen Gewebe wird und aus Gewebe Organe, die später zu Organsystemen werden. Es gibt auch Hinweise darauf, dass auch das Leben nach der Geburt einer vorstrukturierten Ordnung folgt.

Es gibt ganze Bände voller dokumentierter Geschichten von Personen, die bei Nahtoderfahrungen vor die Entscheidung gestellt wurden, in dieses Leben zurückzukehren. Es gibt unzählige Geschichten von kleinen Kindern, die sich an vergangene Leben und an Entscheidungen vor diesem Leben erinnern können, die sie zu dieser bestimmten Zeit in die Welt geführt haben. Als meine Tochter drei Jahre alt war, informierte sie mich darüber, dass sie und ihr Bruder eine Abmachung getroffen hatten, gemeinsam und als meine Kinder in dieses Leben zu kommen. Sie erzählte mir auch von ihrer letzten Lebenszeit und vom Tod ihres Bruders. Dann erzählte sie von ihrem gemeinsamen Versprechen, zusammen zurückzukehren. Und schließlich informierte sie mich (ziemlich nachdrücklich), dass es mein Bruder gewesen war, der mich als ihre Mutter ausgewählt hatte – und nicht sie. Sie hatte bloß seine Entscheidung gebilligt und war ihm gefolgt. Ich sollte meine Autorität über sie also nicht für allzu selbstverständlich nehmen. Solche Geschichten zeigen uns, dass uns noch eine weitere Informationsquelle zur Verfügung steht, vielleicht eine Art genetische Erinnerung. Hier liegt eine Komplexität vor, die auf eine Kontinuität des Bewusstseins verweist, die von den modernen Wissenschaften erst noch anerkannt werden muss. In verschiedenen Kulturen und Religionsgruppen werden diese Phänomene unterschiedlich wahrgenommen und zum Ausdruck gebracht. Trotz dieser Unterschiede machen immer mehr Beweise für diese Phänomene es unmöglich, zu verleugnen, dass das Leben komplexer ist, als wir zuerst annehmen.

Sogar mit all diesen bemerkenswerten Informationen bleiben offene Fragen rund um die Ursprünge und den Sinn des Lebens.

Die grundlegende menschliche Erfahrung ist die des fortwährenden Nachsinnens. Wir denken darüber nach, wie wir hierher gekommen sind – im mystischen Sinne – und dann fragen wir uns, wie wir kollektiv bei unserem gegenwärtigen Zustand angelangt sind. Um diese Nachforschungen anstellen zu können, müssen wir bereit sein, etwas zu tun, um zu Antworten zu gelangen. Das bedeutet, dass wir Informationsquellen anzapfen müssen, die außerhalb unserer üblichen Wahrnehmungsbereiche liegen.

Das können wir tun, indem wir unsere Verbindung zur Quelle unserer Existenz wieder herstellen – wir nennen diese Quelle *Kcinewis*, den großen Lebenssamen. Diese Verbindung bietet uns eine Informationsquelle, die bis zur Entstehung des Lebens zurückreicht. In einigen Kulturen ist diese Informationsquelle als Akasha-Chronik bekannt oder als kollektives Bewusstsein. Wir finden darin die gesammelte Weisheit der Ewigkeit und unsere ursprünglichen Weisungen als menschliche Wesen. Uns mit dieser Weisheit zu verbinden, erweitert unsere Wahrnehmung und bettet uns am richtigen Platz im Plan der Schöpfung ein. Die durch diese Verbindung gewonnene Einsicht kann uns dabei helfen, die Geschichte zu untersuchen, die uns geprägt hat, und uns verstehen helfen, wie unser Handeln in dieser Geschichte, einschließlich unserer kollektiven Entscheidungen und gemeinsamen Einverständnisse, unsere gegenwärtige Wirklichkeit geprägt und geschaffen haben.

Durch diese Verbindung mit der ursprünglichen Weisheit erkennen wir, dass wir miteinander verwandte spirituelle Wesen sind. Wir verstehen auch, dass die von uns gelebten Leben einem Zweck folgen und dass dieser Zweck in einen breiteren

Schicksalsweg eingebunden ist, der die gesamte Schöpfung umfasst. Als ich noch ziemlich jung war, hatte ich eine Begegnung mit einem meiner spirituellen Lehr*erinnen. Während dieser Begegnung wurde mir gezeigt, wie meine scheinbar unverbundenen Erfahrungen miteinander zusammenhingen, wie jede auf der anderen aufbaute. Jede einzelne dieser Erfahrungen war mit einem übergeordneten Plan verbunden und jede Erfahrung lehrte mich etwas, das zum integralen Bestandteil des Handelns wurde, das ich später im Leben umsetzen würde. Doch während ich diese einzelnen Erfahrungen machte, lag dieser größere Zusammenhang außerhalb meiner Wahrnehmung. Ich konnte also nicht erkennen, wie diese einzelnen Etappen sich zu einem zusammenhängenden Weg entwickelten. Mein Lehrer ermutigte mich, einfach jede Erfahrung wertzuschätzen, die meines Weges kam und genau zu erkunden, was sie mich lehrte. Ich sollte bestimmen können, wie sie meinen gegenwärtigen Pfad beleuchtete, erweiterte oder umlenkte. Ich erkannte, dass sogar die Erfahrungen, die scheinbar in Dunkelheit getaucht waren, letztlich dabei halfen, mehr Licht zu schaffen. In vielen Fällen wurde die Dunkelheit zum notwendigen Element, um mir die Anwesenheit von Licht in meinem Leben und entlang meines Weges zu offenbaren.

Ein deutliches Beispiel ist eine sehr aufreibende Erfahrung, die ich in meinen späten Zwanzigern machte. 1998 wurde ich als eine von sechzehn Indigenen Personen ausgewählt, Teil des neuen Jahrgangs der American Indian Ambassadors zu werden. Das American Indian Ambassador Program ist ein sehr wettbewerbsintensives Stipendienprogramm, das jungen Indigenen Menschen bedeutende berufliche Möglichkeiten eröffnen kann. Ich fühlte mich unglaublich geehrt und es war aufregend, als Teilnehmerin ausgewählt worden zu sein. 1999 reiste ich mit dem Stipendienprogramm nach Guatemala, um mit verschiedenen Maya-Gemeinschaften zusammenzuarbeiten. Während wir dort waren, machte ich zwei Erfahrungen, die mein Leben veränderten.

Zur Halbzeit unseres Aufenthalts in Guatemala reisten wir in eine abgelegene Region außerhalb von Sololá. Dort trafen wir uns mit Menschen aus unterschiedlichen Maya-Gemeinschaften, um eine Zeremonie abzuhalten. Für einige von uns war die Zeremonie bloß ein farbenfroher kultureller Austausch. Doch für mich war sie eine zutiefst spirituelle Erfahrung. Nachdem wir vor Ort angekommen waren, dauerte es ziemlich lange, bis alles für die Zeremonie vorbereitet war. Zu Beginn hielten die Maya-Medizinleute, die aus verschiedenen Regionen angereist waren, ihre Gebete ab. Dann wurden wir einzeln dazu eingeladen, vorzutreten und unsere eigenen Gebete vorzubringen. Als ich an der Reihe war, sagte der Medizinkundige, der die Zeremonie anleitete etwas in seiner Sprache zu mir. Obwohl ich die Sprache nicht verstand, spürte ich eine Resonanz in seinen Worten und verstand sie, bevor sie übersetzt wurden. Er sagte mir, dass er meine Gebete sehen konnte. Dann schaute er mir einen Moment lang in die Augen und verbeugte sich leicht vor mir. Ich erwiderte die Geste, beendete mein Gebet und zog mich aus dem Kreis zurück. Es fiel mir erst viel später auf, dass er dies mit keiner anderen Person getan hatte. Während es geschah, fühlte es sich an, als seien wir die einzigen beiden Menschen dort. Wir waren auf unerklärliche Weise miteinander verbunden. Als ich mein Gebet vorbrachte, spürte ich eine Energie, die das Feuer durchquerte und in meinen Körper kam.

Sie machte mich kurz schwanken und schwindelig. Als ich in den Tagen nach der Zeremonie über die Erfahrung nachdachte, empfand ich sie als Geschenk. Ich wusste noch nicht, wie viel Chaos dieses Geschenk in meinem Leben stiften würde.

Nach der Zeremonie teilten wir eine sehr einfache Mahlzeit mit den Mayas, die angereist waren, um uns zu treffen. Es war ein schöner Tag und die Menschen waren herzlich, einladend und aufrichtig. Mehrere Frauen saßen neben mir, hielten meine Hände und reichten mir ihre Babys. Ihr Vertrauen und ihre Ausstrahlung waren so unverfälscht und ihre vorbehaltlose Zuneigung unglaublich zugewandt. Einige der Leute waren mehrere Tage zu Fuß gereist, um dabei zu sein – mit Essen für alle im Gepäck. Ich empfand es als große Ehre, mit ihnen dort zu sein und diese Mahlzeit angeboten zu bekommen. Sie waren sehr großzügig – besonders in Anbetracht des Wenigen, das sie hatten. Und ihr Angebot war so frei und liebevoll, dass ich mich zu Hause fühlte.

Als wir den Ort an jenem Tag wieder verließen, trug ich zwei stille Gäste in mir. Einer war ein starker und schwer auffindbarer Parasit, der alsbald Kontrolle über meinen Körper übernehmen sollte. Der andere war eine neue Ebene der spirituellen Wahrnehmung, die in mich einbrach und mit meiner Seele rang. Am Tag, nachdem wir die Zeremonie verlassen hatten, begann ich, die Anwesenheit der gesteigerten spirituellen Energien wahrzunehmen. Meine Sinne waren geschärft und ich begann, grüne Lichtblitze zu sehen, wann immer ich meine Augen schloss. Es dauerte etwa drei Monate, bis ich verstand, dass ich mir auch eine

Krankheit eingefangen hatte. Doch als sie sich erst einmal festgesetzt hatte, blieb ich fast zwei Jahre lang krank.

Meine Krankheit übernahm mein Leben. Ich erreichte den Punkt, dass ich kaum noch die alltäglich erforderlichen Notwendigkeiten erledigen konnte. Ich wollte nur noch schlafen. Doch ich hatte große Schwierigkeiten einzuschlafen, weil es sich jedes Mal wie ein Angriff anfühlte, wenn ich die Augen schloss. Die Blitze aus Grün, die ich direkt nach der Zeremonie zu sehen begonnen hatte, hatten sich in die Augen einer großen Raubkatze verwandelt, die mich intensiv anstarrte, sobald ich die Augen schloss. Nach einer Weile bekam ich schwere Angstanfälle, denen häufig Herzklopfen, Schübe aus Fieber und Schüttelfrost vorausgingen. Ich hatte jeden Tag Bauchschmerzen und ich spürte stets einen dumpfen Schmerz in all meinen Muskeln. Wenn es mir gelang einzuschlafen, hatte ich unglaublich lebendige und anstrengende Träume voller Schwierigkeiten und Gefahr. Ich hatte kaum noch Energie, mein Leben organisiert zu bekommen und jeder Tag wurde zum Kampf, den es zu überstehen galt. Ich wurde mehrmals mit dem Krankenwagen ins Krankenhaus gebracht – entweder mit erhöhtem Puls oder mit gestörtem Herzrhythmus. Es wurden medizinische Tests für Tausende von Dollars an mir durchgeführt, aber es konnte nichts gefunden werden, das meine Symptome erklärt hätte. Auf der Suche nach Heilung reiste ich durch die USA und Kanada zu verschiedenen Medizinkundigen. Ich suchte auch eine schamanisch gelehrte Person aus Guatemala auf. Doch die Symptome blieben. Diese Zeit war sehr beängstigend für mich und meine Familie. Mehrmals spürte ich die Gewissheit, dass ich sterben würde.

Bevor ich nach Guatemala gereist war, hatte ich das Gefühl, dass mein Leben endlich auf Kurs war. Ich hatte hart daran gearbeitet, die Qualifikationen zu erlangen, die ich für nötig hielt, um mein Leben für mich und meine Kinder als Erfolg zu verstehen. Für das Ambassador-Programm ausgewählt worden zu sein, erschien mir als Beleg dafür, dass sich meine harte Arbeit auszahlte. Ich nahm die Zusage für das Programm als Zeichen, dass ich auf dem richtigen Weg war. Doch nun schien mein ganzes Leben auf dem Kopf zu stehen. Alles, was ich mir erarbeitet hatte, war nun unmöglich geworden. Ich konnte mich nicht auf meine Arbeit konzentrieren, ließ Projekte schleifen und verlor Aufträge. Ich kam mit all der Geschäftigkeit nicht mehr zurecht, die ich zuvor gelebt hatte. So verlor ich langsam den Kontakt zu meinem großen beruflichen Netzwerk, an dessen Aufbau ich so hart gearbeitet hatte. Auf der persönlichen Ebene fürchtete ich, an meiner Elternschaft zu scheitern, weil ich für meine Kinder einfach nicht so präsent sein konnte, wie ich es wollte.

Nachdem ich schon ein Jahr mit der Krankheit gekämpft hatte und überall nach Mitteln gesucht hatte, dieser Erfahrung zu entfliehen, erinnerte ich mich schließlich an die Worte meines Lehrers. Ich begann genau zu überlegen, was diese Erfahrung mich vielleicht lehren sollte. Ich versuchte zu erkennen, wie sie meinen aktuellen Weg erleuchtete, erweiterte oder umlenkte. Anstatt mich weiter von der Erfahrung abzuwenden, entschied ich mich nun, in sie einzutauchen. Jedes Mal, wenn ich körperliche Schmerzen empfand, schloss ich die Augen, verband mich mit dem schmerzenden Bereich meines Körpers und schickte meinen Atem und meine Wahrnehmung dorthin. Wenn ich eine Angstattacke hatte, sank ich tief in die Angst ein, um zu erfahren, wie tief hinab sie mich ziehen würde und was in diesen Tiefen lauerte. Wenn mein Herz sehr klopfte, legte ich meine Hände darauf und schickte meinem Herzen Liebe und Dank dafür, dass es immer weiter schlug. Wenn ich meine Augen schloss und die Augen des Jaguars sah, fragte ich ihn, was er mir zeigen wollte. In meinen Träumen wurde ich eine distanzierte Beobachterin, die nach Symbolen und Mustern suchte. Wenn ich aufwachte, schrieb ich meine geträumten Erfahrungen in ein Heft, so dass ich sie tagsüber bei Licht genauer betrachten konnte. Einige Monate ging das so weiter. Meine Symptome waren so schlimm, wie sie immer gewesen waren, aber sie kontrollierten nicht länger mein Leben. Ich begann, mich auf jedes Symptom einzustimmen, bis es mir vertraut wurde. Und ich fand einen gewissen Trost in der Vorhersagbarkeit dessen, was ich in jeder neuen Episode vorfinden würde. Es war ein bisschen so, als würde ich mit einer anderen Person zusammenleben und einen Rhythmus suchen, in dem wir uns beide bewegen konnten. In diesem Prozess verband ich mich wieder mit meiner innersten Wahrheit und erkannte den Unterschied zwischen dieser Wahrheit und der Illusion der Krankheit. Ich verband mich auch wieder mit meiner spirituellen Weisung, indem ich meine Träume aufzeichnete und mich mit den Botschaften beschäftigte, die sie mir vermittelten. Ich fand wieder zu mir selbst zurück.

Als ich mich dann an mein Unbehagen mit den Symptomen gewöhnt und sie von meinem wirklichen Sein losgelöst hatte, begann ich wieder, mein Leben zu leben. Ich nahm mehr Einladungen zu Aktivitäten außerhalb meines Zuhauses an und ich begann, wieder wie früher die Dinge zu genießen, die ich gerne mit meinen Kindern tat. Obwohl mein Energielevel immer noch sehr niedrig war, fand ich mich wieder in meinem Leben ein und begann, eine gewisse Hoffnung in die Zukunft zu hegen. Nach sechs weiteren solchen Monaten, wurde ich von meiner Tante zu einem Workshop für Indigene Frauen eingeladen, der an der Universität stattfand. Der Workshop hatte traditionelle Heilung zum Thema und wurde von einer Frau namens Dr. Patrisia Gonzales geleitet: einer traditionellen Indigenen Heilerin, die von den Kickapoo und von den Nahua Mexikos abstammt. Sie war viel gereist, um intensiv Indigene Medizin zu studieren, und hatte zwei Bücher zum Thema verfasst. Heute ist sie Professorin für Indigene Medizin an der University of Arizona und eine meiner liebsten Freund*innen. Zum Zeitpunkt des Workshops lebte sie in New Mexico und hatte gerade ein dreijähriges Fellowship-Programm beendet, mit dem sie in die ganze Welt gereist war, um Indigene Heilende zu treffen. Ich nahm mit meiner Tante und mehreren weiteren Frauen aus meiner Gemeinschaft an dem Workshop teil und genoss es sehr.

Am Ende des Workshops lud Patrisia uns alle dazu ein, einen Kreis zu bilden, uns an den Händen zu halten und ein Abschlussgebet vorzubringen. Sie stand im Kreis neben mir und hielt meine Hand. Nach dem Gebet ließ sie meine Hand nicht los, drehte sich zu mir um und nahm auch meine andere Hand. Sie sah mich einen Moment lang an und fragte mich dann, ob ich in der Gegend bei Sololá in Guatemala gewesen sei. Ihre Frage überraschte mich, da ich meine Reise ihr gegenüber nicht erwähnt hatte. Es wäre nicht verwunderlich gewesen, wenn sie mich gefragt hätte, ob ich schon mal in Guatemala gewesen war, diese Information hätte sie überall her haben können. Doch es war keine Person anwesend, die ihr Genaueres zu den von uns dort besuchten Orten hätte sagen können. Ich sagte ihr, dass ich in dieser Region gewesen war und sie sagte: »Ah, das dachte ich mir. Du hast einen Parasiten, den es nur dort gibt. Ich kann seine Schwingung fühlen, wenn ich deine Hand halte.« Einfach so bekam ich die Antwort auf die Frage, die mir all die anderen aufgesuchten Ärzt*innen und Heil*erinnen versagt hatten. Patrisia bot mir an, noch am gleichen Abend mit mir zu arbeiten. Sie gab mir eine Liste medizinischer Kräuter, die ich ab sofort einnehmen sollte. Schon nach zwei Tagen begann ich, mich besser zu fühlen. Nach zwei Wochen fühlte ich mich beinahe wieder normal. Als ich wieder etwas zu Kräften gekommen war, reiste ich nach New Mexico, um mit ihr an ein paar tieferen spirituellen Aspekten der Heilung zu arbeiten. Im Prozess dieser Arbeit entdeckten wir einige starke spirituelle Energien, die mit meinem Wesen in Einklang gebracht und darin integriert werden mussten. Wir holten diese Energien wieder in ein Gleichgewicht und stellten den Frieden in meinem ganzen System wieder her. Es war kein ruhiger Prozess. Tatsächlich wurde er so intensiv, dass Patrisias Ehemann schließlich das Haus verließ und bis zu meiner Abreise in seinem Büro übernachtete. Die Ahn*innen zeigten ihre Anwesenheit auf unleugbare Weise und das war zu viel für ihn.

Einen Monat nach meiner Rückkehr von dieser Reise lag ich da und dachte über all das nach, was ich seither gelernt hatte. In meinen späten Teenage-Jahren und frühen Zwanzigern hatte ich viel Zeit darauf verwendet, mich wieder mit meiner Seele zu verbinden. Ich hatte jeden Tag Zeit damit verbracht, mich mit meiner spirituellen Energie zu verbinden und mich der Liebe und Weisung zu öffnen, die sie mir gab. Dann bekam ich mit 22 mein zweites Kind und begann, mich mehr mit Dingen in der Außenwelt zu beschäftigen. Wie würde ich diese Kinder ernähren können? Wie könnte ich ihnen ein Leben bauen, obwohl ich das nicht einmal für mich selbst geschafft hatte? Wie könnte ich jemals gut genug sein, um ihnen das Leben zu bieten, das sie verdienten? Diese Gedanken plagten mich alltäglich, während ich versuchte, über die Runden zu kommen. Ich war abgelenkt, weil ich dachte, unwürdig zu sein. Ich verlor mich im Streben nach einem Leben, von dem ich glaubte, es würde mir die Dinge bringen, die ich brauchte, um Anerkennung zu finden. Im Ergebnis enttäuschte ich uns alle sehr. Ich verstrickte mich in gesellschaftliches Drama, Beziehungsdrama, berufliches Streben und falsche Vorstellungen von Akzeptanz. Ich verlor meinen Halt an allem, was mir wichtig war. Ich kreiste unaufhörlich und wusste nicht, wie ich die Drehung anhalten konnte.

Als ich krank wurde, war ich gezwungen, mein Leben zu entschleunigen. Im ersten Jahr setzte ich meinen Weg im Außen einfach fort. Ich investierte all meine Zeit, um außerhalb von mir selbst nach einer Lösung für meine Krankheit zu suchen. Irgendwann war kein Ort zum Suchen mehr übrig – außer in meinem Inneren. Also gab ich mich hin. Das war der Moment, in dem ich den Einklang mit meinem eigenen Sein fand. Das war der Moment, in dem ich meine Verbindung zur spirituellen Kraft wiedergewann und begann, ihrer Weisung zu folgen. Ich erkannte, dass mein Leben erfüllter war und ich meine Wertschätzung für mein Leben viel tiefer spüren konnte, als dies vor der Krankheit der Fall gewesen war. Ich hatte eine neue Wertschätzung für die einfachen Momente gefunden und verstand, dass alles, was meine Kinder von mir brauchten, meine Liebe war. Auf dieser ganzen Reise entstanden einige wunderschöne Verbindungen und ich arbeitete mit einer Reihe spiritueller Heilender, die für viele weitere Jahre in meinem Leben bleiben und mich weiter anleiten und voranbringen würden. Als ich so dalag und die Dankbarkeit für diese Lehren spürte, flog ein Kolibri heran und stand über meiner Brust in der Luft. Ich hielt ganz still, staunte über seine Schönheit und dachte, wie bemerkenswert es war, dass er da war, so nah und nur wenige Zentimeter über meinem Herzen. Ich konnte die Luft seiner flatternden Flügel spüren und all ihre Farbtöne sehen. Der Kolibri ist ein Symbol der Neugeburt, der Freude und Leichtigkeit. In jenem Moment fühlte ich mich wahrlich wie neugeboren – in ein vollkommeneres, tieferes und von Licht erfüllteres Leben.

Das Licht verlässt uns nicht, denn es ist der Ursprung aller Dinge; es ist die Oberfläche, die die Schatten spiegelt. In all unseren Erfahrungen gibt es Licht. Es ist nur das Wechselspiel dieses Lichts, das uns die Illusion des Schattens beschert. Die Dunkelheit ist die notwendige und perfekte Ergänzung dieses Lichts, da sie ihm den Kontrast bietet, den es zum Leuchten braucht.

Nach dieser Erfahrung konnte ich erkennen, dass sich um mich herum das Schicksal und ein Zweck entfaltete und dass meine Erfahrung des Lebens einfach ein mikrokosmischer Teil einer größeren Entwicklung war, die im Universum stattfand. Ich konnte meine eigene Beteiligung an der Bestimmung meines zukünftigen Lebensweges erkennen. Zu wissen, dass es meine Entscheidung war, hier zu sein, und dass ich aus freien Stücken lebte, anstatt ein unglückseliges Opfer zu sein, ermächtigte mich, mein eigenes Leben aktiver zu gestalten. Es ermöglichte mir, in eine tiefere Harmonie mit dem übergeordneten Prozess der Entwicklung zu kommen. Schließlich konnte ich erkennen, dass mein persönliches Schöpfungslied nur eine Note in einer größeren Komposition war und dass es meine Aufgabe war, mein Lied mit der Symphonie des Lebens in Einklang zu bringen und an dessen Weiterentwicklung mitzuwirken.

Dies zu verstehen und mein Leben darauf einzustellen, war mein erstes bewusstes Teilhaben an der Schöpfung. Wenn wir unsere eigenen Prozesse mit dem sich entwickelnden Ausdruck des Universums abstimmen, nehmen wir bewusst an der Formung einer neuen Wirklichkeit teil, die sich vor uns auftut. Um uns bewusst mit diesem Prozess auseinanderzusetzen, müssen wir lernen, die Hindernisse zu überwinden, die unsere Wahrnehmung verdecken. Das fängt mit einer tiefen Einsicht bezüglich der Täuschung an, die wir für wahr genommen haben und die uns von unserem höheren Selbst und voneinander getrennt hat. Wir müssen dafür aufhören, uns auf äußere Ressourcen zu verlassen, die die Trennung fördern, und stattdessen die innere Quelle aufsuchen, die zum Einssein führt. Diese innere Quelle ist die Lehre, die wir alle suchen.

Wir alle haben großartige Vorstellungen, von welchen Menschen wir noch etwas lernen werden. Wir denken an unsere spirituellen Lehr*erinnen gern als reine, erleuchtete Wesen, die weit oben auf einem Hügel sitzen oder still unter einem Baum und sich im Glanz ihrer Erleuchtung sonnen. Sie erscheinen uns als völlig losgelöst von unserem weltlichen Leben. Doch irgendwann verändert sich unsere Wahrnehmung und wir beginnen zu verstehen, dass wir mit jedem Lebewesen verbunden sind, das es je gegeben hat. Damit realisieren wir dann auch, dass wir mit allen spirituellen Lehrmeist*erinnen verbunden sind, die je gelebt haben. Wenn wir die Tragweite dieser Wahrheit wirklich verstehen, können wir vielleicht anfangen, die Gesichter der Menschen genauer wahrzunehmen, die wir auf der Straße treffen und uns fragen, ob eine dieser Personen der nächste Christus oder Buddha sein wird. Vielleicht beginnen wir auch, unser eigenes Spiegelbild genauer zu betrachten und uns zu fragen, welches Wesen uns da aus dem Glas heraus anschaut.

Das geschah mir an jenem Tag auf der Straße meines Heimatortes, als ich mich in den Gesichtern aller Menschen um mich herum spiegelte. In jenem Moment erkannte ich, dass ich mit ihnen auf Weisen verbunden war, die mein vorheriges Verständnis der Verbundenheit übertrafen. Ich war nicht einfach bloß durch einen feinen Lebensfaden mit ihnen verbunden, sondern teilte tatsächlich auf spürbare Weise jede Erfahrung mit ihnen, in jedem Moment. Daher fragte ich mich: Was, wenn wir wirklich alle eins sind, nicht nur im philosophischen Sinne, sondern buchstäblich ein Lebewesen, das das Leben gleichzeitig in vielfachen Formen erfährt. Wenn das wahr wäre, dann begegnete ich in den Gesichtern der Menschen, die ich traf – auf jeder Straße, zu jeder Zeit – immer wieder mir selbst. Als ich über diese Möglichkeit nachzudenken begann, kam in mir eine weitere Frage auf. Wenn ich auf dem Weg nur immer wieder mich selbst treffe, wie möchte ich in diese Begegnung eintreten?

Wie möchte ich der jungen Frau begegnen, die mühevoll versucht, zu mehr Selbstwahrnehmung zu finden, oder der älteren Person, die irritiert ist von der sich rasant verändernden Technologie, die es in der modernen Welt gibt? Wie begegne ich dem Mann mit politischen Ansichten, die meinen widersprechen oder der Person mit ideologischen Überzeugungen, die Getrenntheit herstellen und fördern? Könnte ich ihnen in jenen Momenten mit Selbstliebe und Mitgefühl begegnen? Es kann schwer sein, Mitgefühl zu spüren, wenn wir uns ungerecht behandelt fühlen oder wenn sich verletzende und zerstörerische Handlungen vor uns abspielen. Könnte ich liebevoller und mitfühlender sein, wenn ich wirklich daran glaubte, dass ich diese andere Person bin?

Die Gesichter um uns herum spiegeln uns. Wir sehen darin Aspekte unserer Selbst, die wir bewundern, und wir sehen Aspekte unserer selbst, die wir gern verleugnen würden. Wir sehen das helle Licht und die tiefe Dunkelheit. Wenn wir verletzendes oder zerstörerisches Handeln erfahren, dann setzen wir uns nicht mit einer gefährlichen, von außen kommenden Kraft auseinander; vielmehr begegnen wir dem Schatten unserer eigenen Menschlichkeit. Diese Erfahrungen inspirieren uns häufig dazu, dem Schatten, der sich gezeigt hat, mehr Licht zuzuführen. So können wir die Wunden, die der Schatten offenlegt, heilen und ins Gleichgewicht bringen. Doch es gibt auch Zeiten, in denen wir unseren Schatten mit Dunkelheit begegnen. Wenn das passiert, machen wir den Schatten bloß größer und schaffen mehr Raum, in dem Leid geschehen kann. Wie können wir also den Schatten begegnen, die wir erkennen und die Entscheidung treffen, ihnen Licht statt Dunkelheit zu bringen? Wie kommen wir dahin, nicht mehr wütend um uns schlagen zu wollen? Wie kommen wir dahin, die trügerische Vorstellung aufzugeben, in uns selbst und mit anderen Krieg zu führen?

Das können wir tun, indem wir uns selbst mit mitfühlender Wahrnehmung und spiritueller Reife begegnen – in jeder Reflexion, in jedem Moment. Das ist die wahre Herausforderung unseres Lebens. Alle Licht ausstrahlenden Menschen dieses Planeten sind gefragt, dabei zu helfen, Licht in die Schatten zu bringen, so dass wir unsere verborgenen Wunden heilen können und uns jener verlorenen Anteile unserer kollektiven Seele erinnern können. Diese Aufgabe kann nicht ohne Mitgefühl und Reife vollbracht werden. Deshalb müssen wir bewusst danach streben, beides zu entwickeln, so dass wir unseren Zweck erfüllen können. Wir alle tragen Licht und Dunkelheit in uns. Das ist die natürliche Dualität des Lebens. In diesem Rahmen können alle Licht geben, sogar jene, die das Licht an ihren inneren Schatten widerspiegeln. Tatsächlich sind es oft die Träg*erinnen von Dunkelheit, die das Licht noch stärker zum Leuchten bringen können. Sie regen andere dazu an, sich in Reaktion auf ihre schädigenden oder zerstörerischen Handlungen zu erheben. Also dehnen sie das Licht aus. Somit muss ihre Rolle in unserer Entwicklung anerkannt werden. Und unsere spirituelle Aufgabe ist es, positiv auf diese Ausdehnung von Licht zu reagieren, indem wir in seinem Glanz etwas Bedeutsames aufbauen.

Es ist kein Zufall, dass wir uns zu dieser Zeit an diesem Ort wiederfinden. Wir haben alle zugestimmt, hier zu sein. Tatsächlich ist es unsere Bestimmung, in diese Zeit hinein geboren zu werden. Wir sind alle einer Entwicklung des Bewusstseins gefolgt, die uns an diesen Punkt geführt hat, an dem wir ein genaues Verständnis haben von Licht und Dunkelheit, Zusammenhang und Verbundenheit sowie von unseren schöpferisch-gestaltenden Fähigkeiten. Die Frage lautet also nicht, warum wir hier sind, sondern wie wir am kraftvollsten den Zeiten begegnen können, deren Teil wir sind. Wir haben die Aufgabe, die äußere Welt, die wir geschaffen haben, mit der inneren Weisheit, die wir erreicht haben, in Einklang zu bringen. Können wir erkennen, dass wir kollektiv Einfluss genommen haben, auf die Wirklichkeit, die sich um uns herum entfaltet? Können wir die Welt wahrnehmen, die wir geschaffen haben und unseren Fingerabdruck in ihrer Gestaltung erkennen?

Können wir uns selbst in Menschen wiederfinden, die terroristische Anschläge verüben? Können wir erkennen, auf wie viele Arten wir uns selbst angreifen, uns selbst hassen und ablehnen? Können wir die Person in uns finden, die für einen Gott in den Krieg ziehen möchte, die um sich schlagen und die blasphemischen Obszönitäten des endlosen Konsums vernichten will? Finden wir auch in uns die gesellschaftlich verbreitete, selbstbezogene Neigung, protzige materielle Götzenbilder unserer Selbst zu schaffen? Sind wir bereit, die gewaltvollen Muster zu erkennen, an denen wir schon beteiligt waren? Sind wir bereit, uns bewusst zu entscheiden, die Nachwirkungen dieser Gewalt zu heilen, die überall um uns herum existieren? Werden wir als Spezies schließlich einen Weg finden, eine Wirklichkeit der friedlichen Koexistenz zu erschaffen – jetzt, da wir wissen, dass es zu unserer völligen Zerstörung führt, wenn wir dies nicht schaffen? Wenn wir diese Frage beantworten möchten, müssen wir erst bereit sein, zu untersuchen, wie wir an diesen Punkt gekommen sind. Und dafür die vielen Faktoren bedenken, die zur Abkehr von unserer inneren Wahrheit geführt haben.

Die nächsten zwei Kapitel kartieren den Weg, den unsere Zerstörung eingeschlagen hat. Auch wenn die Auseinandersetzung mit einigen Aspekten dieser Geschichte schmerzvoll sein mag, ist es wichtig für uns, zu verstehen, wie wir dort angelangt sind, wo wir jetzt sind. Im nächsten Abschnitt werden wir untersuchen, welchen Weg die vorherrschende Kultur genommen hat. Das wird uns zu verstehen helfen, wir wir getäuscht wurden und welche gemeinsamen Wunden wir daher in uns tragen. Eine Wunde kann nicht geheilt werden, indem so getan wird, als gäbe es sie nicht. Sie muss untersucht, gereinigt und gepflegt werden. Um einen gesunden Weg in die Zukunft zu schaffen, müssen wir mit der spirituellen Erkrankung umgehen, die unsere vergangene und gegenwärtige Wirklichkeit plagt.

4

Wie sind wir hierher gekommen?

In der Erzählung vom Friedensstifter, der Vorgeschichte zur Gayanashagowa, also zum Großen Gesetz des Friedens (der Haudenosaunee), sagt Hiawatha zu den Menschen: »Uns allen wurde eine große Lüge erzählt, die Lüge des Krieges. Sie macht uns Gefahr wähnen, wo keine ist; sie macht uns unseren Freund*innen misstrauen und das Unbekannte als feindlich einstufen. Diese große Lüge lässt uns die Quellen unseres Überlebens meiden und die Ursachen unseres Todes begrüßen.«[7]

Diese vor Jahrhunderten gesprochenen Worte beschreiben präzise, wo wir uns heute befinden und wohin uns die Geschichte gebracht hat. Sie zeigen uns, dass unser Tanz mit der Täuschung schon lange währt. Sie ist Jahrtausende alt und somit tief im kollektiven Bewusstsein der meisten Menschen eingebettet.

Es ist schwierig festzumachen, wie diese große Lüge ihren Anfang nahm. Sie überspannt Entfernungen und Zeiten, hat kulturelle Grenzen und Glaubenssysteme durchquert. Sie regiert seit

---

7 Traditionelle Erzählung der Haudenosaunee.

Generationen das vorherrschende Denken. Solange wir denken können, ist Krieg – sowohl innerlich als auch äußerlich – ein verlogener Teil unseres gesellschaftlichen Glaubensbekenntnisses. Die Sprache eines noblen und gerechten Krieges ist seit siebzehn Jahrhunderten ein integraler Bestandteil dominanter Gesellschaftsverträge. Doch auch damals war diese Sprache nicht neu.

Jus bellum iustum, die Theorie des gerechten Krieges, wurde im vierten Jahrhundert christlicher Zeitrechnung vom römisch-katholischen Bischof Augustinus von Hippo als Doktrin vertreten. Für Augustinus war nicht nur der Kriegseinsatz gerecht und erhaben, sondern der Akt des Tötens konnte für nichtig erklärt werden, wenn er in den Dienst Gottes gestellt wurde. Diese Lehren waren eine scharfe Abkehr von den Lehren Christi, der lehrte, seine Feind*innen zu lieben. Die Diskrepanz zwischen den Lehren Christi und jenen Augustinus' zeigen einen Riss innerhalb der Kirche auf, der schon einige Jahrhunderte bestand. In den ersten drei Jahrhunderten arbeiteten Christ*innen daran, die Lehren Christi mit früheren kirchlichen Texten zusammenzubringen. Die liebende Heilsbotschaft und der gütige Vater, von denen Christus sprach, waren eine deutliche Abkehr von früheren religiösen Schriften, in denen Gott als neidisches und grausames Wesen dargestellt wird. Tertullian (160 bis 225 nach christlicher Zeitrechnung) nahm sich dieses Konfliktes an, als er behauptete, dass Christen nicht in den Krieg ziehen könnten, da ihr Dienst für die Regierung oder das Militär bedeuten würde, einer anderen Instanz Vorrang vor Christus zu gewähren. Er erklärte, dass die Bewaffnung – sogar in Zeiten des Friedens – zu einem Verhalten führen würde, dass von Christus verboten worden war.

Als Augustinus seine Theorie vom gerechten Krieg zu predigen begann, war sein erster Erfolg, dass er die Vorstellung von einem gütigen und liebenden Gott verwarf, von dem Christus gesprochen hatte, und stattdessen den grausamen und rächenden Gott aus früheren religiösen Texten wieder hervorholte. Gott der Rächer, ein scheinbar kraftloses Wesen, das von den Menschen einfordert, seine Rache an der Welt in Form heiliger Kriege gegen Nationen und Einzelpersonen auszuüben. Um die Verzerrung zwischen diesen beiden Bildern Gottes auszugleichen, formulierte Augustinus eine Reihe von Ausnahmen, die es Christ*innen ermöglichten, ihr Inneres zu beruhigen und sich seiner Sache anzuschließen. Zum Beispiel erklärte Augustinus:

> »Jene, die im Gehorsam, auf göttlichen Befehl hin oder im Einklang mit Seinen Gesetzen Krieg geführt haben, haben in ihrer Person die öffentliche Justiz oder die weise Regierung vertreten und in dieser Befugnis gottlose Menschen dem Tode zugeführt; solche Personen haben in keiner Weise das Gebot ›Du sollst nicht töten‹ missachtet.«[8]

Seit Augustinus die Theorie vom gerechten Krieg zu predigen begann, wurde sie von Regierenden aller Nationen und religiösen Hintergründe kunstvoll eingesetzt, um Rache- und Eroberungskriege zu legitimieren. Die Nutzung religiöser Doktrinen,

---

8 Saint Augustine, »City of God«, zitiert in Philip Schaff, *Saint Augustine's City of God and Christian Doctrine*, Christian Literature, 1890, 15. Die entsprechende Textstelle aus der Übersetzung von Johann Peter Silbert aus dem Lateinischen, »Des heiligen Augustinus zwey und zwanzig Bücher von der Stadt Gottes« (1826), liegt nicht im Wortlaut vor.

um die brutale Zerstörung des Krieges zu rechtfertigen und zu verherrlichen ist die größte Blasphemie. Es ist der unverhohlenste Missbrauch von Gottes Namen. Dennoch ist die Praxis zu einem grundlegenden und gebräuchlichen Bestandteil des vorherrschenden Gesellschaftsvertrags geworden. Sie bildete eine Grundlage für einige der todbringendsten Vereinbarungen, die Gesellschaften weltweit je getroffen haben. Diese Theorie hat zahllose Imperien überlebt und wurde sowohl in religiöse Doktrinen als auch in öffentliches Recht aufgenommen.

Tausend Jahre nachdem Augustinus die Lehre vom Gerechten Krieg propagierte, veröffentlichte Papst Nicholas V. zwei päpstliche Erlasse, die diese Ideologie noch weiter verzerrten. Die erste mit dem Titel *Dum Diversas* wurde am 18. Juni 1452 veröffentlicht. Sie erlaubte König Alfonso V. von Portugal, alle ›Sarazenen‹ (Muslim*innen) und ›andere Heiden‹ auf ewig zu versklaven. Die Autorität hinter diesem päpstlichen Erlass ermöglichte den portugiesischen Handel mit versklavten Menschen entlang der Küste Westafrikas. Der zweite Erlass namens *Romanus Pontifex*, der drei Jahre später herausgegeben wurde, erklärte allen nicht-christlichen Nationen den Krieg, indem er die Eroberung, Kolonisierung und Ausbeutung dieser Nationen und ihrer Territorien genehmigte und propagierte. In diesem päpstlichen Erlass befahl Papst Nicholas König Alfonso, »die Sarazenen, Heiden und andere Feinde Christi zu fangen, zu vernichten und zu unterwerfen«, sie »auf ewig zu versklaven« und ihnen »all ihren Besitz und Eigentum« zu nehmen.[9] Geleitet von dieser gut etablierten Praxis ›Erobere und

9 Newcomb, Steve, »Five Hundred Years of Injustice«, *Shaman's Drum*, Herbst 1992, 18-20, [http://ili.nativeweb.org/sdrm_art.html].

Herrsche‹, machte sich fünfzig Jahre später Columbus auf den Weg – mit dem Ziel ›Westindische Inseln‹. Nach seiner Reise kehrte Columbus nach Spanien zurück, wo ihm ein dritter päpstlicher Erlass vorgelegt wurde, *Inter Caetera*, den Papst Alexander VI. veröffentlicht hatte. Dieser autorisierte ihn, seine Verbrechen gegen die Menschlichkeit zu begehen, einschließlich des Genozids und der Versklavung; er beraubte die Indigenen Gesellschaften ihres Landes, ihrer Leben und ihrer Besitztümer. All dies geschah im Namen Gottes.

Die Autorität dieses päpstlichen Erlasses wurde 1823 durch drei grundlegende Verfassungsgerichtsfälle, die als *Marshall Trilogy* bekannt sind, in die US-amerikanische Gesetzgebung überführt. Der vorstehende Richter John Marshall erklärte die Vereinigten Staaten auf der Grundlage des Rechtsanspruchs in diesem christlichen Recht der Nationen (Eroberungsgesetze) zur Rechtsnachfolge des Landes der dort lebenden Indigenen Gesellschaften. Diese Beschlüsse folgten 35 Jahre nachdem die US-amerikanische Verfassung ratifiziert und die Niederlassungsklausel im ersten Zusatzartikel zur Verfassung zum Gesetz geworden war. Trotz des verfassungsrechtlichen Gebots, Kirche und Staat zu trennen, nutzte das US-amerikanische Verfassungsgericht religiöses Recht, um die Indigenen Gesellschaften ihrer angestammten Gebiete und ihrer Rechte als Menschen zu berauben. Diese Norm wurde später von Kanada und Australien übernommen. Sie wurde die Grundlage beinahe aller weiteren Landnahmen von Indigenen Gesellschaften in der ganzen Welt. Diese Gesetze bildeten auch die Grundlage der Apartheid in Südafrika. Auch in Nazi-Dokumenten wurde wiederholt auf sie verwiesen. Tatsächlich basierte der Status der

»Staatsangehörigkeit« (im Unterschied zum Status »Reichsbürger«) in den Nürnberger Gesetzen auf dem nicht-staatsbürgerlichen Status der »American Indians«, den das US-amerikanische Verfassungsgericht in der Marshall-Trilogie festgeschrieben hatte. Obwohl diese Gesetze und die päpstlichen Erlasse, aus denen sie abgeleitet wurden, wie archaische Praktiken der Vergangenheit erscheinen, ist die Marshall-Trilogie der Grundstein der US-amerikanischen Gesetze für die Rechte der Indigenen Bevölkerung und wird bis heute zitiert.

Die Gesetze und Ideologien, die in diesen Doktrinen enthalten sind, führten auch zu der gesetzeswidrigen Annexion von Hawaii. Die *Marshall Trilogy* wird noch immer von jenen zitiert, die Hawaiis aktuelles Gesuch nach Souveränität verhindern möchten. Es ist bemerkenswert, dass die Königin von Hawaii von einer Gruppe Geschäftsmänner gestürzt wurde, die sich ihren Grundbesitz aneignen wollten. Auch wenn das Ausmaß zunächst unterschiedlich erscheinen mag, hat die gesetzeswidrige Landnahme Hawaiis viel Ähnlichkeit mit den aktuellen Landnahmen, die heute durch private Industrieunternehmen getätigt werden. Durch den staatlichen Missbrauch von Enteignungsgesetzgebungen, wird Menschen noch immer ihr Zuhause und ihr Land genommen und der Industrie übereignet. Die Wörter, mit denen diese Handlungen beschrieben werden, mögen sich verändert haben; doch dieselben archaischen Praktiken, die vor Jahrhunderten zur Eroberung angewandt wurden, spielen sich heute auf der globalen Bühne ab.

Wenn wir den Ursprüngen der Landnahme in der Gründungsphase der USA nachspüren, finden wir also heraus, dass sie auf religiösem Extremismus beruhen. Die Berechtigung zu diesen

Landnahmen gründete in religiösem Recht, das die Eroberung und Vernichtung all jener erlaubte, die nicht den Glauben der Erobernden teilten. Auf einer ähnlichen Grundlage basiert auch extremistisch-islamistisches Denken, in dem all jene zerstört werden sollen, die diesen Glauben nicht teilen. Obwohl diese Erscheinungsformen oberflächlich verschieden erscheinen mögen, bewegen sie sich doch auf derselben Bewusstseinsebene.

Mehr als 17 Jahrhunderte lang haben die Regierenden der Welt nach den Prinzipien der Eroberung und des Völkermords gehandelt, die im vierten Jahrhundert in der Lehre vom gerechten Krieg skizziert wurden. In der gesamten Geschichte wurden diese Taten nicht nur als gerecht und ehrenhaft betitelt, sondern sie wurden von religiösen Oberhäuptern als Verpflichtungen gegenüber Gott zitiert.

Durch diese archaischen Gesetze und die Ideologien, die sie geprägt haben, haben wir zu glauben begonnen, dass Eroberung oder Unterwerfung die natürliche Ordnung der Dinge sei. Wir finden sie in beinahe jedem Aspekt unseres Lebens. Wir müssen unsere inneren Dämonen, unsere Körper und unsere Feind*innen bezwingen. Wir führen einen Krieg gegen den Terrorismus, einen Krieg gegen die Drogen, einen Krieg gegen die Armut. Wir bekämpfen Depression, Angst und unser Körperfett. Wir kämpfen sogar für den Frieden. Diese Ideologie ist so tief in das allgemeine Gedankengut eingebettet, dass sie heute Teil unserer Gemeinsprache ist. Sogar in unserem Engagement, das zu einer Welt in Frieden beitragen soll, verwenden wir die Sprache der Unterwerfung, wenn wir danach streben, unsere Widersach*erinnen ›zu stürzen‹, ›in die Knie zu zwingen‹ oder ›zu besiegen‹. Wir sind derart indoktriniert, dass die bloße Vorstellung einer anderen Lebensweise für naiv oder verrückt erklärt wird.

In der gesamten Geschichte wurden die schrecklichsten Gewalttaten im Namen religiöser Überlegenheit verübt. Die Kreuzzüge, heiligen Kriege, die Inquisition, Eroberungskriege, Versklavung, Kolonialismus und Selbstmordattentate sind alle irgendeiner Form der religiösen Tradition entsprungen. Menschen haben schon seit langem ihr egozentrisches Bild auf Gott projiziert, um Gott für sie leichter wahrnehmbar zu machen und um ihr Handeln zu rechtfertigen. Das Bild von Gott wurde verzerrt, um zu den polarisierenden Ideologien zu passen, die häufig in bedrohlichem und explosivem Fundamentalismus münden. Diese Verzerrungen sind eine Spiegelung des menschlichen Egos. Um jene Überzeugungen zu stützen und diese trügerischen Vorstellungen aufrecht zu erhalten, haben wir umfassende rechtliche Fiktionen geschaffen, die uns inaktiv gehalten haben – in dem Glauben, dass wir machtlos wären, unsere Geschichte zu verändern oder eine neue Zukunft zu gestalten. Aber wir sind nicht machtlos. Das ist bloß eine Erzählung, die geschaffen wurde, und wir können diese Erzählung verändern. Wenn wir darauf hoffen, eine neue Geschichte zu schreiben, dann müssen wir zuerst unsere Vorstellung von der Beschaffenheit des Göttlichen und von unserer persönlichen und kollektiven Macht verändern.

Der Mythos der Getrenntheit

Der Mythos der Getrenntheit ist der Kern der Lügen, mit denen wir gefüttert wurden, und er stützt alle Machtstrukturen, die wir geschaffen haben. Diese Illusion lässt uns vergessen, dass wir miteinander und mit einem göttlichen Ursprung verbunden sind, der durch uns verkörpert und in der Welt um uns realisiert wird. Wenn wir diese Wahrheit vergessen und die Lüge annehmen, wird dadurch ermöglicht, miteinander Krieg zu führen – und in uns selbst Krieg zu führen.

Über die letzten zwei Jahrtausende wurde die Illusion der Getrenntheit in zahlreiche Ideologien verpackt. Eine ist die westliche Vorstellung des krassen Individualismus. Diese Lüge findet sich in den romantisierenden Erzählungen des US-amerikanischen Eroberungsmythos'. Sie lässt uns glauben, dass Erfolg an unserer Fähigkeit bemessen wird, um jeden Preis jedes Hindernis zu überwinden, um so persönlichen Wohlstand zu erreichen und Anerkennung für unsere Leistungen zu bekommen. Diese Überzeugung stützt das Konstrukt der endlosen Schleifen von Wettbewerb, Bewertung und Verurteilung. Im Ergebnis sind wir in unseren individualisierten Leben isoliert, voneinander abgeschnitten, von der natürlichen Welt entrückt und unempfänglich für spirituelle Anrufungen. Wir haben aufgehört, füreinander zu sorgen; wir haben vergessen, dass wir zusammen gehören und dass wir für unser gemeinsames Wohlergehen verantwortlich sind. Dieses Vergessen ist eine sehr reale Bedrohung für unser Überleben geworden.

Unsere menschliche Spezies hat bis heute überlebt, nicht weil wir begannen, Krieg zu führen; sondern weil wir lernten, zu kooperieren, zusammenzuarbeiten und gemeinschaftlich zu leben. Unsere Leben wurden in Kreisläufen gelebt – in einem unendlichen Fluss des wechselseitigen Teilens und mit einem Fokus auf das Überleben des Ganzen. Unterwegs in die moderne Zeit sind wir vom Weg dieser grundlegenden Wahrheit abgekommen. Stattdessen sind wir in unseren individuellen Einheiten isoliert und gefangen in hierarchischen Strukturen, gesellschaftlichen Klassenstrukturen und trügerischen Überlegenheitsgefühlen. Wir wurden voneinander und von den Quellen unseres Überlebens getrennt, durch stets zunehmende technologische Hürden, die unsere Leben verbessern sollten, aber nur zu mehr Trennung und einer weiteren Abwertung unserer Menschlichkeit geführt haben. Unser Wertempfinden, das einmal am Leben ausgerichtet war, wurde gänzlich vom kapitalistischen Modell vereinnahmt, das den Gewinn über alle anderen Erwägungen stellt – sogar über unser Überleben als Spezies.

Jetzt müssen wir uns unbedingt an die Grundlagen unseres Überlebens erinnern. Unser Weiterleben hängt wieder einmal von unserer Fähigkeit ab, miteinander zu kooperieren, um uns den großen Herausforderungen zu stellen, die vor uns liegen. Es hängt auch von der Fähigkeit ab, zusammenzuarbeiten, um Lösungen für die Beendigung der Gewalt zu finden, die unseren Planeten durchdringt; und von der Fähigkeit, gemeinschaftlich zu leben und Ressourcen zu teilen und die Menge an Abfall und Verschwendung zu reduzieren, die wir produzieren. Wir müssen aus dieser trügerischen Vorstellung erwachen und dieser Absurdität, die uns antreibt, ein Ende setzen. Unsere Menge an Konsum und unsere Sucht nach ›mehr‹ sind selbstmörderisch. In unserer Mythologie gibt es einen Namen für diesen über uns gekommenen Unsinn. Wir nennen sie den Tanz des »alle verschlingenden Riesen«.[10]

In der Mythologie der Wabanaki gibt es eine Figur namens *Kiwawk*, der alle verschlingende Riese. Er ist auch in anderen Indigenen Kulturen bekannt, auch wenn er dort andere Namen trägt. Mehrere Gesellschaften, die in den Prärien leben, kennen ihn als *Wetiko*. Die Ojibwe nennen ihn *Wendigo*. Er ist ein alle verschlingendes Geistwesen, das sich aus Gier, Übermaß und unbegrenztem Konsum nährt. Kiwawk wohnt tief im Wald, abgeschnitten von den Störungen der äußeren Welt. Er bleibt dort, friedlich schlafend, bis er vom Weinen der Mutter Erde geweckt wird. Kiwawk hat nur eine Aufgabe: die Erde davor zu schützen, von der Menschheit zerstört zu werden. Sobald das Geistwesen wach ist, steckt es die Menschheit mit einer Krankheit an, die den Verstand befällt und sie auf einen selbstmörderischen Weg endlosen Konsums führt.

Die Erdenmutter ruft Kiwawk, wenn die Menschen auf der Erde schneller konsumieren, als sie produzieren kann und wenn sie schneller zerstört wird, als sie heilen kann. Kiwawk lullt die Menschheit ein in einen tranceähnlichen Tanz des kopflosen Konsums. Dann beschleunigt das Geistwesen die Geschwindigkeit, bis unser Tanz fieberhaft wird und wir uns schließlich in unsere Zerstörung tanzen. Es tut dies, damit die Erde heilen und sich erneuern kann. Unsere Älteren erzählen uns, dass Kiwawk wach

10 Übersetzerische Anmerkung: Mitchell schreibt im Ausgangstext vom »Cannibal Giant«.

ist und die Menschheit mit seiner Krankheit angesteckt hat. Wenn sie nicht behandelt wird, wird diese Krankheit alles menschliche Leben zerstören. Es gibt nur einen Weg für uns, diesen Tanz mit Kiwawk anzuhalten und das Wesen wieder einschlafen zu lassen: Wir selbst müssen aufwachen.

In unseren Geschichten wird erzählt, dass die Menschheit diesen Punkt schon mehrfach erreicht hat. Uns wird erzählt, dass wir in der vierten Welt leben. Drei Mal schon haben wir den Punkt der Zerstörung erreicht und drei Mal haben wir nicht geschafft, den Kurs zu wenden. Wir befinden uns nun an derselben Kreuzung wie schon in der Vergangenheit. Werden wir uns zu Tode tanzen oder werden wir unsere zerstörerische Bewegung beenden und uns in Richtung des Überlebens bewegen? Diese Entscheidung müssen wir treffen.

Teile und herrsche

Eines der gebräuchlichsten Werkzeuge zur Eroberung ist die Polarisierung. Wenn Menschen geteilt werden können, sind sie leichter zu kontrollieren und zu unterwerfen. Diese Taktik wurde in der gesamten Geschichte wirksam angewendet. Wir sind so auf sie konditioniert, dass wir uns heute automatisch so verhalten. Wir reagieren auf beinahe jede Situation mit einer Mentalität des Teilens und Herrschens. Etwas passiert und wir reagieren unmittelbar, indem wir vergleichen, kritisieren und verurteilen. Wenn unsere inneren Argumente einmal formuliert sind, machen wir unsere Analyse öffentlich und fangen an, unsere Meinung über die der anderen zu stellen. Wir begeben uns dann in einen fieberhaften Wettbewerb, um die Überlegenheit unseres Standpunktes zu zeigen – häufig mit einem völligen Mangel an Mitgefühl gegenüber jenen, die direkt von den entsprechenden Situationen betroffen sind. Alles ist erlaubt – egal wie furchtbar oder schmerzhaft es sein mag. In diesem Toben ist nichts mehr heilig.

Dies kann durch drei furchtbare Ereignisse veranschaulicht werden, die 2016 für Schlagzeilen sorgten und von denen zwei kleine Kinder betrafen. Das erste Ereignis ist der Sturz eines vierjährigen Kindes in ein Gorilla-Gehege in Ohio. Es war ein Außengehege ohne Zäune oder Schutzwälle, es war bloß von einer Hecke und einem etwa viereinhalb Meter tiefen Graben umgeben. Das Kind hatte für einen Augenblick das Blickfeld der Mutter verlassen, war durch die Hecke gekrabbelt und dann in das Gehege gestürzt. Der Gorilla reagierte instinktiv, indem er das Kind ergriff und davonlief. Nach einigen schrecklichen Momenten wurde das Kind weithin unverletzt herausgeholt. Der unschuldige Gorilla wurde jedoch getötet. Das war eine unglaublich schreckliche Erfahrung für alle Beteiligten, besonders für die Mutter des Kindes. Und sie mündete im Verlust eines schönen und heiligen Lebewesens.

Diesem traumatischen Ereignis folgte die Tötung eines zweijährigen Kindes durch einen Alligator in einem Ferienort in Florida. Das Kind hatte unweit seiner Eltern in der Nähe eines Gewässers gespielt, an einer Stelle, an der an diesem Tag schon unzählige Kinder gespielt hatten. Die erschrockenen Eltern kämpften, um ihr Kind zu retten, doch der Alligator riss es ihnen aus den Händen. Ich kann mir nicht ansatzweise vorstellen, wie furchtbar die

Erfahrung dieser Tragödie für die Eltern und das Kind gewesen sein muss. Die schreckliche Angst, die sie gefühlt haben müssen, ist unvorstellbar. Mein Herz weint mit ihnen.

Als das erste Kind in das Gorilla-Gehege fiel, war der öffentliche Aufschrei gegen die Eltern unmittelbar und grausam. Ihre elterlichen Fähigkeiten wurden bewertet, bemessen und für mangelhaft befunden, von Fremden, die nichts über sie oder ihre Familie wussten. Die Geschichte beider Eltern wurde in die Öffentlichkeit gezerrt, beurteilt und verurteilt. In der Arena der öffentlichen Meinung wurde ihnen der Prozess gemacht und beschlossen, dass es sich nicht um gute und verantwortliche Menschen handelte. Zudem gab es einen lauten öffentlichen Aufschrei über den Tod des Gorillas; einige legten nahe, dass es vielleicht angebracht wäre, auch das fahrlässige Elternteil zu erschießen. Dann wurde sich das Zoopersonal vorgenommen, kritisiert und für mangelhaft befunden.

Diese Kommentierung hielt einige Wochen lang an. Dann geschah die zweite Tragödie mit einem noch furchtbareren Ausgang. Der öffentliche Fressrausch wandte sich dann den Eltern des Kindes zu, das vom Alligator getötet worden war. Klar waren nun auch diese Eltern nachlässig in ihren Pflichten und auch sie mussten be- und verurteilt werden. Jedes mögliche Szenario zur Verhinderung des schrecklichen Geschehens wurde öffentlich ausgebreitet. Und innerhalb von 24 Stunden nach dem Auffinden der Leiche dieses geliebten Kindes, gab es in den sozialen Medien Meme, die den Tod des Kindes als eine Art karmische Vergeltung für den Tod des Gorillas verhandelten. Es gab in diesen Diskussionen keinen Raum für Mitgefühl, keinen Respekt und keine

Anteilnahme für die betroffenen Familien – keine Ehrfurcht vor der Heiligkeit der verlorenen Leben. Es war eine öffentliche Hinrichtung, eine Kreuzigung beider Elternpaare durch den berauschten Mob.

Zur gleichen Zeit spielte sich ein weiteres fürchterliches Ereignis ab. Ein Bewaffneter eröffnete das Feuer auf Hunderte von Menschen in einem Nachtclub in Orlando, tötete 49 Menschen und verletzte 53 weitere Personen. Es war ein katastrophaler Verlust vieler Leben und die Auswirkungen für die LSBTIQ-Community furchtbar. Wieder kamen schnell die polarisierenden Argumente auf. War es eine Tat aus Hass oder ein terroristischer Anschlag? Sollten wir uns auf die vermeintliche religiöse Zugehörigkeit des Täters konzentrieren oder auf seinen Angriff gegen eine bestimmte Bevölkerungsgruppe? Oder sollten wir vielleicht darauf hinweisen, dass es gegen andere Bevölkerungsgruppen Massaker in der Geschichte gegeben hat, die noch schlimmer waren? In all diesen Argumentationen gab es keinen Raum für Mitgefühl mit den Betroffenen. Es gab keine Anteilnahme oder Respekt für die Opfer oder ihre Familien – oder eine aufrichtige Würdigung der verlorenen Leben. Das Ringen zwischen den verschiedenen Standpunkten unter den zahlreichen Meinungen war gefühllos und grausam.

Dieses Verhalten ist in unserer Gesellschaft weit verbreitet. Wir sind darin geübt, automatisch Differenzen und Fehler auszumachen und den Charakter all jener auseinanderzunehmen, die irgendwie nicht unseren selbstgerechten Erwartungen oder Konzepten von Richtigkeit entsprechen. Dieses Verhalten beschränkt sich nicht auf irgendeine bestimmte Partei; Linke wie Rechte praktizieren diese öffentliche Geißelung gleichermaßen. Es wird auch nicht nur von einer bestimmten religiösen Gruppe ausgeübt. Unzählige religiöse Gruppen be- und verurteilen Andersgläubige. Auch ist die Verachtung des Anderen nicht auf eine bestimmte rassifizierte oder ethnisierte Bevölkerungsgruppe beschränkt. Sie ist fließend und bewegt sich in alle Richtungen. Die Neigung, zu vergleichen, zu kritisieren und zu verurteilen, ist gesellschaftlich weit verbreitet. Wir greifen unsere eigenen Leute an und wir greifen andere an. Die einzige Erklärung für dieses Verhalten ist eine Form der kollektiven Amnesie. Wir haben vergessen, dass wir sie sind und dass sie wir sind – dass wir alle leiden, wenn eine*r leidet.

Glücklicherweise ist das nicht die ganze Geschichte. Während diese öffentlichen Kreuzigungen stattfanden, gab es viele von uns, die sich ihres Herzens besannen und innehielten. Im Strudel der hasserfüllten Rhetorik wurden ihre Stimmen lauter. Sie erhoben sich in Schönheit und Kraft durch unzählige Akte der liebenden Unterstützung und Einigkeit. Sie erhoben sich in endlosen Gesten der Güte und des Verstehens. Diese herzenszentrierten Personen brachten scheinbar getrennte Bevölkerungsgruppen zusammen, um gemeinsam zu trauern und zu hoffen. Sie forderten uns heraus, genauer wahrzunehmen, wie wir einander öffentlich festschrieben und behandelten und sie begannen, die allgemeinen Übereinkünfte zu hinterfragen, die uns zu diesem Moment des Konflikts, des Wettbewerbs und der Verurteilung geführt haben. Und sie ermutigten uns, darüber nachzudenken, inwiefern wir versagt haben, eine respektvolle und mitfühlende Verbindung mit unseren Verwandten in der natürlichen Welt aufrechtzuerhalten.

Sie erinnerten uns daran, dass wir unsere Verbundenheit miteinander und unsere wechselseitige Abhängigkeit voneinander und von der Welt um uns vergessen haben, zu der wir gehören; sie erinnerten uns daran, dass wir vergessen haben, wie wir miteinander in Harmonie leben können und wie wir einander respektieren und Raum schaffen können. In unserer Sucht, uns selbst zu erhöhen, haben wir vergessen, dass wir nie wirklich getrennt sein können, wir sind alle miteinander verbunden. All diese Vergesslichkeit belegt, dass wir uns im Tiefschlaf des tanzenden, alle verschlingenden Riesen verloren haben. Und es ist an der Zeit aufzuwachen.

Das Erwachen des alle verschlingenden Riesen sagt uns, dass wir das Ende unseres gegenwärtigen Bewusstseinszustands erreicht haben und uns weiterentwickeln müssen. Dieser Bewusstseinszustand war mit den Illusionen des falschen Selbst gefüllt. In diesem Geisteszustand waren wir getrieben von leeren und bedeutungslosen Ablenkungen, die unsere Getrenntheit nähren; wir waren von endlosen Kämpfen um falsche Macht eingenommen; wir wurden von unserem Glauben verblendet, dass Menschen von der Natur getrennt und ihr überlegen sind; und wir wollten unsere ungebremste Zerstörung der Erde nicht wahrhaben. In diesem Bewusstseinszustand waren wir gefangen in unseren eigenen Illusionen und im Dienst unseres Gehorsams gegenüber ungleichen Machtsystemen, die von rechtlichen Fiktionen aufrechterhalten werden, die uns an einen herzlosen Zerstörungsmechanismus fesseln. Wir wurden unterworfen und unterdrückt, weil wir unsere innere und kollektive Kraft nicht mehr erkennen konnten. Der Bewusstseinszustand, in dem wir uns bewegten, ist spirituell ausgebrannt und dem Untergang geweiht. Wenn nichts gegen ihn getan wird, wird er zur Vernichtung der Menschheit führen, zu unermesslichem Schaden für die Lebewesen der natürlichen Welt und womöglich zur Zerstörung des Planeten.

Um den Verlauf unseres gegenwärtigen Weges zu verändern, müssen wir erkennen, dass wir uns im langen, dunklen Geburtskanal befinden. Wir müssen die Dunkelheit dafür wertschätzen, dass sie das Licht verstärkt. Sie ist die Brutstätte einer gesteigerten Wahrnehmung. In dieser Dunkelheit können wir nach unseren essenziellen Wahrheiten suchen. Dann können wir diese Wahrheit gebären und sie in Taten in der äußeren Welt umsetzen. Wir müssen das Wesen und die Kraft des göttlichen Ursprungs in uns ebenso wahrnehmen, wie das maßlose Leid, das in der Welt um uns gegenwärtig ist. Und wir müssen unsere Leben in den Dienst des göttlichen Lebensfunkens stellen, indem wir all unsere Gaben, all unsere Klugheit und unsere tiefste Liebe und Mitgefühl nutzen, um einen neuen Weg zu schaffen, der uns weiterführt. Wir müssen uns die Hände reichen und uns alles abverlangen für den Versuch, das Licht und eine neue Ebene des Erwachens zu erreichen.

Jedes Erwachen ist eine Neugeburt. Wir werden in unseren Leben mehrfach geboren und wiedergeboren. Wir werden aus dem göttlichen Bewusstsein in den Mutterleib hinein geboren. Und von dort werden wir auf die Welt gebracht. Dann werden wir wieder und wieder geboren, aus uns selbst heraus. So durchbrechen wir Schichten trügerischer Vorstellungen, bis wir sie schließlich ganz überwinden können und wieder in das göttliche Bewusstsein hineingeboren werden. Wir befinden uns inmitten eines neuen Erwachens, einer neuen Wiedergeburt. Wir müssen diesen Prozess begrüßen und ihn zu einem hoffnungsvollen Ergebnis leiten. Wir sind ein Körper inmitten eines kollektiven evolutionären Sprungs. Daher müssen wir alle zusammenarbeiten, um sicherzustellen, dass wir heil die andere Seite erreichen.

Die Zeit ist vorbei, in der wir den Wandel noch aufhalten könnten. Der Wandel kommt über uns. Die einzig verbleibende Frage ist folgende: Werden wir den Planeten zerstören oder unseren Kurs ändern? Wir alle spüren diese Krankheit, den Schmerz, die Rastlosigkeit und Dringlichkeit. Das ist der Spiegel. Er zeigt uns, was falsch ist; er sagt uns, wo wir im Zwiespalt sind. Dies entspricht dem Prozess, der in unseren Körpern stattfindet, wenn wir eine Krankheit oder Verletzung haben. Unser Körper schickt uns Signale. Er ruft mit Unbehagen und/oder Schmerz nach uns, um uns zu zeigen, welcher Teil unseres Körpers unsere Aufmerksamkeit braucht. Auch unsere Welt ist ein Teil eines sehr viel größeren Schöpfungskörpers. Dieses Größere ruft nun nach uns, mit all dem Schmerz und Unbehagen, die wir spüren. Es legt uns inständig nahe zu heilen, bevor die spirituelle Krankheit, die wir durchleben, den gesamten Schöpfungskörper verzehrt.

Wir sind eingeladen, an einem globalen Erwachen teilzunehmen. Wir sind gefragt, unser egoistisches Streben abzulegen und unsere Stimmen in einem bescheidenen Lied zusammenzubringen, das Kiwawk zurück in den Schlaf singt und der Erdenmutter in ihrer Zeit der Not Abhilfe bringt. Wir sind eingeladen, die beruhigende Stimme der Hebamme zu erheben, um die Bewegung langsamer werden zu lassen und unsere rasenden Aktivitäten zu beenden. Und wir werden angewiesen, unseren Atem mit dem der göttlichen Mutter in Einklang zu bringen, um uns unsere kollektiven Energien zu Nutze zu machen, und so die Geburt der neuen Welt zu unterstützen.

Während wir diese neue Welt kollektiv in die Wirklichkeit träumen, müssen wir daran denken, in unserem Traum alle Aspekte der Schöpfung zu beachten. Dann müssen wir dieser Vision einen heiligen Ort schaffen – behutsam und respektvoll – und ihr langsam Leben einhauchen, so dass die kommenden Generationen in jene Welt eintreten können und dasselbe Recht auf Leben genießen können, das unsere Vorfahren uns geschenkt haben.

5

Trauer, Trauma, Vertrautheit

Wir alle tragen Trauer in uns, eine tiefe, unvorstellbare Trauer, die beeinflusst, wie wir einander begegnen und uns miteinander verbinden. Es handelt sich um eine gewachsene emotionale und spirituelle Wunde aus der Geschichte der Gewalt, die wir alle teilen. Egal, ob wir aus einer unterdrückenden oder einer unterdrückten Bevölkerungsgruppe kommen, oder ob unsere Vorfahren die Gewalt und Zerstörung von Unterdrückung bezeugen mussten: Wir alle tragen den Abdruck dieser Wunde in unseren Seelen. Das schafft eine Barriere zwischen uns, die uns daran hindert, einander wirklich sehen zu können, einander begegnen zu können und uns miteinander zu verbinden.

Trauma wird auf sehr komplexe Weisen von einer Generation zur nächsten weitergegeben. Der Schmerz, der das Fassungsvermögen einer Generation übersteigt, wird aus ihrem Bewusstsein verdrängt und in Form von emotionaler Empfindsamkeit, Furcht, tiefer Traurigkeit und Angststörungen auf die nächste Generation übertragen. Die nächste Generation empfängt dieses Trauma und ist oft nicht in der Lage, seinen Ursprung zu benennen, was unerklärliche Pein und Verzweiflung verursacht. Wenn in einer Person der zweiten oder dritten Generation der Schmerz des generationenübergreifenden Traumas hochkommt, kann die Reaktion in Bezug auf die vorliegende Erfahrung sehr unverhältnismäßig erscheinen. Die Menschen um die leidende Person herum finden die Intensität ihrer Reaktion womöglich schwer zu begreifen und empfinden sie als Überreaktion. Es fällt ihnen schwer, die Tiefe der Verletzung zu verstehen, die die Person in sich trägt.

Menschen, die mit dieser Situation konfrontiert sind, versuchen häufig, der betroffenen Person zu sagen, dass es nicht so schlimm ist, oder versuchen, sie zu überzeugen, dass sie das Thema unverhältnismäßig aufbauscht. Das gibt der Person, die das Trauma spürt, das Gefühl, schwach zu sein, und macht sie häufig glauben, dass mit ihr emotional oder psychologisch etwas nicht stimmt. Doch in Wirklichkeit ruft sie diese alten Wunden hervor, um sie zu heilen. Sie braucht, dass ihr Trauma anerkannt, angenommen und sanft aufgefangen wird.

Es gibt eine Reihe von Möglichkeiten, wie ein Trauma über Generationen hinweg weitergegeben wird. Es kann vertikal übertragen werden – durch unterdrückende Machtstrukturen, die mit der ursprünglichen Verwundung verknüpft sind, oder gar durch Umkehrungen der Macht, in denen die Unterdrückten die Unterdrückenden werden, und aus Furcht, Wut oder einem Bedürfnis nach Vergeltung handeln. Es kann auch horizontal übertragen werden – von einem Familienmitglied zu einem anderen oder an andere Personen, die das Trauma der Verwundeten bezeugen. Ein deutliches Beispiel des horizontalen Traumas findet sich im

Schmerz des Suizids. Wenn eine Person entscheidet, sich das eigene Leben zu nehmen, dann beendet sie nicht das Leiden, das sie erfährt; sie gibt es an all jene weiter, die zurückbleiben und dann gezwungen sind, diesen Schmerz mit sich zu tragen.

Kollektive Traumata werden auf Weisen weitergegeben, die sich auf die gesamte Gruppe auswirken. Kollektives Trauma kann zu verzerrtem Denken führen, das sich häufig als verinnerlichte Unterdrückung zeigt, wenn Menschen versuchen, ein gewisses Gefühl der verschobenen Kontrolle über die Bedingungen ihrer Unterdrückung zu behalten. Zudem kann ein Trauma aus lange bestehender Unterdrückung eine Gruppe in einer Art stagnierender Solidarität zusammendrängen. Wenn eine Person versucht, sich über den Leidensort hinaus zu bewegen, den die Gruppe eingenommen hat, wird sie von der Gruppe angegriffen und wieder dorthin zurück geholt. Eventuell empfinden einige in der Gruppe eine gewisse Loyalität mit dem Leid, das die Gruppe ertragen hat und sie halten sich aus einem Gefühl der Zugehörigkeit daran fest. Andere knüpfen ihre Identität an das Leiden und wissen nicht mehr, welche Person sie jenseits von dessen Grenzen sind. In solchen Fällen ist die Gruppe zu einem Platzhalter für den Schmerz geworden; zu einem lebenden Denkmal des Traumas, das die Gruppe erfahren hat. Wenn das Trauma ein Identitätskennzeichen wird oder ein lebendiger Schrein, dann ist es sehr schwierig für Menschen, einen Richtungswechsel in Erwägung zu ziehen.

An meiner Gruppe – den Native Americans – wurde in diesem Land ein nicht anerkannter Genozid verübt. Der brutale Völkermord an den Indigenen Gesellschaften ist für viele schwer als solcher anzuerkennen, insbesondere für jene, die aus dem Verlust und der Zerstörung, die hier stattgefunden hat, irgendeinen Nutzen gezogen haben. Wie kannst du die Ungerechtigkeit des Genozids, die Zersetzung von Kulturen und die Zerstörung einer Lebensweise anerkennen, wenn du auf dem Boden jener lebst, die hiervon Opfer wurden? Es ist schwierig für die Menschen, dieses Grauen zu akzeptieren und weiterhin mit seinem Ergebnis zu leben; deshalb entscheiden sie sich, die Geschichte zu ignorieren oder kleinzureden. Die schlichte Wahrheit ist, dass dieses Land auf Genozid und Versklavung begründet wurde. Das werden wir alle anerkennen müssen. Solange wir das nicht ehrlich besprechen können, kann es keine Heilung geben. Der erste Schritt im Heilungsprozess ist die Wahrheit. Wenn wir hoffen, unsere Wege wieder zusammenzuführen und uns mit einem Gefühl der Hoffnung nach vorn zu bewegen, dann müssen wir damit anfangen, zu formulieren, dass unsere Geschichte eine gemeinsame Geschichte ist. Leider verhindert unser Trauma, dass wir von dieser Wahrheit erzählen können. Wir haben Angst davor, was passieren könnte, wenn wir es tun. Wir fürchten die Reaktionen der anderen und wir fürchten uns vor unserer eigenen Trauer. Doch wenn wir uns nicht öffnen, kann es kein echtes Zusammenkommen zwischen uns geben.

Viele glauben, dass jene, die in der Vergangenheit Opfer wurden, einfach weitermachen sollten. Aber du kannst dich nicht einfach aus einer Gewalt wegbewegen, die immer noch anhält. Am Standing Rock versammelten sich Tausende Indigener und nicht-Indigener Menschen, um für den Schutz des Wassers zu demonstrieren. Sie demonstrierten auch für den Schutz eines geweihten Bestattungsortes von einer der anwesenden Indigenen

Gruppen. 1863 fand am selben Ort das Whitestone-Massaker statt. Die Menschen, die bei diesem Massaker niedergemetzelt wurden, sind hier begraben. Eine friedliche Gruppe Indigener Menschen hatte sich hier zur Ernte getroffen und sich auf den kommenden Winter vorbereitet. Die Versammelten waren nie an irgendeiner feindseligen Handlung gegen das US-amerikanische Militär beteiligt gewesen. Doch als das Militär auf sie traf, ermordete es dreihundert Erwachsene und Kinder, ohne jegliche Provokation. Die sterblichen Überreste der hier Ermordeten sind an diesem Ort begraben. Die Dakota-Access-Pipeline führt durch diese Grabstätten.

2016 versuchten die Standing-Rock-Sioux diese Ruhestätte ihrer Ahn*innen zu schützen, indem sie eine Unterlassungsverfügung beantragten, um alle Aktivitäten vor Ort zu stoppen, bis die kulturelle Bedeutung des Geländes offiziell evaluiert sein würde. Der Antrag wurde am Freitag vor dem Labor Day eingereicht. Bevor das Gericht auch nur die Möglichkeit hatte, über die Verfügung zu entscheiden, rückte gleich am nächsten Tag – einem Samstag – die Pipeline-Bau-Crew mit Bulldozern an und entweihte die Gräber, die in dem Antrag benannt worden waren. Den Ahn*innen, die am Whitestone massakriert worden waren, wurde nicht einmal im Tod der Frieden gewährt. Stattdessen wurden ihre Gräber entweiht und ihre Knochen an die Oberfläche gebuddelt und von Bulldozern zerstampft. Kurze Zeit später griff die Polizei – im Interesse eines privaten Öl- und Gasunternehmens – die zum Schutze des Wassers Demonstrierenden mit Hunden, Pistolen, Wasserwerfern, Pfefferspray, Tränengas und Schockgranaten an und verletzte Hunderte unschuldiger und friedlicher

Menschen. Die Polizeikräfte verhielten sich in ihrem Angriff auf friedliche Wasserschütz*erinnen am Standing Rock ähnlich wie die Soldaten, die 1863 die unschuldigen Menschen am Whitestone überfallen hatten. Sie wiederholten deren grausame Gewalttaten und vertieften so die schon bestehenden Wunden. Diese Geschichte spielte sich nicht nur am Standing Rock so ab. In allen Teilen Amerikas werden Indigene Menschen täglich mit Gewalt von ihrem Land entfernt und ihre heiligen Stätten sowie spirituellen und kulturellen Traditionen fortwährend missachtet und zerstört. Wie kann begonnen werden, ein Leid zu heilen, das noch immer zugefügt wird? Wie soll eine Gesellschaft über die Gewalt hinwegkommen, die ihren Vorfahren angetan wurde, wenn deren direkte Nachfahren denselben Gewalttaten ausgesetzt sind?

In meiner Familie tragen wir unsere eigene, Generationen zurückreichende, traumatische Verwundung mit uns. Wir sind Penawahpskek aus der Penobscot Indian Nation. Unsere Leute wurden wie Tiere gejagt, auf uns war ein Kopfgeld ausgesetzt. Das Dokument, das die Ermordung meiner Gesellschaft anordnete, wurde als *Spencer Phips Proclamation*[11] bezeichnet. Diese Erklärung befahl die Ermordung der Penobscot und versprach unterschiedliche Prämien für die Ermordung erwachsener Männer, Frauen, Kinder und Kleinkinder. Die Auswirkung dieser Anordnung hallt noch heute auf diesem Land und in den Menschen wider, die hier ihr Zuhause haben. Und sie beeinflusst noch immer die Haltungen und die Beziehungen zwischen den verschiedenen Menschen, die zusammen auf diesem Land leben.

---

11 Redaktionelle Anmerkung: Eine Abbildung mit dem englischsprachigen Wortlaut der *Spencer Phips Proclamation* kann im Internet gefunden werden.

Es gibt eine bestimmte Art von Verzweiflung, die jenen eigen ist, die auf ihrem eigenen Boden im Exil leben. Wenn du von deinem Zuhause vertrieben und an einen anderen Ort gebracht wirst, dann kannst du im Herzen an dem Traum von der Heimat festhalten. Doch wenn dir dein Zuhause genommen wird und du auf deinem eigenen Land gejagt und hingerichtet wirst, dann gibt es kein Zuhause, von dem du träumen könntest. Das verursacht eine tiefe Verwundung in den Herzen und Köpfen der Menschen, die einer solchen Behandlung ausgesetzt sind.

Leider war die Misshandlung der Penobscot und anderer Wabanaki-Gesellschaften nicht auf die *Phips Proclamation* beschränkt. Als Massachusetts zur Kolonie wurde, wurden Vereinbarungen mit den Indigenen in dieser Region getroffen. Als Maine zum Bundesstaat wurde, wurden diese Vereinbarungen von Massachusetts auf Maine übertragen und sie wurden in die Verfassung übernommen. Fünfzig Jahre später entschied der Bundesstaat Maine, die Vereinbarungen zu verstecken, die mit den Indigenen getroffen worden waren, indem alle sie betreffenden Aussagen durch einen Zusatzartikel zur Verfassung ausgeschlossen wurden. Obgleich ihre rechtlichen Verpflichtungen unverändert blieben, entschieden sie, diese Verpflichtungen zu verbergen, indem sie ihre Veröffentlichung in allen zukünftigen Ausführungen der Verfassung von Maine verboten. Statt den erlittenen Schmerz anzuerkennen, Verantwortung dafür zu übernehmen und Heilung zu ermöglichen, entschieden sie sich, diese Geschichte unsichtbar zu machen. Bis heute verleugnet der Bundesstaat Maine noch immer seine Verpflichtungen gegenüber den Indigenen Gemeinschaften und greift weiterhin ihre Rechte an. Somit bleibt der Schmerz dieser alten Verletzung bestehen.

Die schreckliche Realität, die in der *Phips Proclamation* festgeschrieben wurde, hatte bleibende Auswirkungen auf die Menschen dieser Region. Die Nachfahren der Gejagten tragen die Folgen dieses Grauens ebenso in sich wie die Nachfahren derer, die am Raub des Indigenen Bodens und an der Ermordung Indigener Menschen beteiligt waren. Diese Geschichte beeinflusst weiterhin das Handeln und Verhalten aller Beteiligten. Mehr als 260 Jahre später fällt es den Menschen jedoch schwer, den Ursprung der Wunde und die Tiefe ihrer Folgen zu verstehen.

Die Relikte dieser grausamen Geschichte reisen seit Generationen mit uns und verursachen unzählige zusätzliche Wunden und neues Trauma. Sie kamen hundert Jahre später an die Oberfläche, als meine Urgroßmutter, die schottische Wurzeln hatte, einen Penobscot heiratete. Als sie die Wahl ihres Ehemanns verkündete, wurde sie von ihrer Familie verstoßen. Obwohl sie von allen meinen anderen Verwandten begrüßt und willkommen geheißen wurde, schmerzte der Verlust ihrer eigenen Familie sehr. Er tauchte im Leben meiner Großmutter wieder auf, die zur Passamaquoddy-Gemeinschaft gehörte. Sie wurde von den Nonnen, die die Indigenen Kinder unterrichteten, bösartig misshandelt. Meine Großmutter wuchs in einem passamaquoddy-sprachigen Haushalt auf und lernte als Kind kein Englisch. Als sie ein bestimmtes Alter erreicht hatte, musste sie gezwungenermaßen die Reservatsschule besuchen. Dort wurde sie jedes Mal geschlagen, wenn sie ihre eigene Sprache sprach, obwohl es die einzige Sprache war, die sie sprechen konnte.

Es gab kein sanftes Lernen für meine Großmutter. Stattdessen wurde sie täglich dafür gefoltert, als welcher Mensch sie geboren wurde. Ich kann mir nicht vorstellen, wie es gewesen sein muss, ein Kind zu sein, von dem erwartet wird, eine ihm unbekannte Sprache zu sprechen, und für jeden Kommunikationsversuch geschlagen zu werden. Diese Grausamkeit bricht mir das Herz. Doch so war die Realität meiner Großmutter als sie ein Kind war. Daraus folgte, dass sie uns nur sehr widerwillig zu Hause in ihrer Sprache unterrichtete. Sie brachte uns rudimentäre Kenntnisse und Sätze bei, doch wir mussten zu einer anderen Person gehen, um mehr zu lernen. Als wir jung waren, verstanden wir ihren Unwillen nicht, uns unsere Sprache beizubringen. Wir wussten alle, dass sie sie fließend sprach. Wir waren damit aufgewachsen, sie mit anderen Erwachsenen in dieser Sprache sprechen zu hören. Uns schmerzte, dass sie uns sie nicht beibringen wollte. Erst als wir älter wurden und von ihrer Geschichte erfuhren, verstanden wir, dass sie versuchte, uns vor dem Leid zu schützen, dass sie ertragen hatte.

Auch mein Großvater spürte die Auswirkungen unserer Geschichte. Sein Aufwachsen war von einer Reihe traumatischer Erfahrungen geprägt. Mein Großvater lernte sein Leben lang. Er wollte immer soviel er konnte Neues lernen. Als er Kind war, endete die Standardschulbildung für Indigene Kinder nach acht Schuljahren. Das war ihm nicht genug, also ging er in die High School. Es folgten das College und die Graduiertenschule. Weil er entschieden hatte, weiterzulernen, wurde er von anderen Mitgliedern seiner Gemeinschaft gemieden, die das Gefühl hatten, er würde sich über die anderen Menschen erheben. Sie bestraften ihn dafür, akademisch mehr erreichen zu wollen. Sie gaben ihm nicht dieselbe Unterstützung, die sie anderen Mitgliedern der Gemeinschaft boten und halfen ihm und meiner Großmutter nicht beim Großziehen ihrer Kinder. So mussten sie ohne Unterstützung vierzehn Kinder großziehen. Mein Großvater hatte drei Arbeitsstellen, um die Familie zu ernähren und seine Bildung zu finanzieren. Doch das war nicht die einzige Herausforderung. Er war im *w*eißen Bildungssystem mit Vorurteilen konfrontiert und musste sich auf jedem Bildungsniveau, das er erreichte, seinen Weg erkämpfen.

Dieses Trauma über Generationen hinweg, das aus der äußeren und inneren Unterdrückung resultierte, wurde in unserer Familie weitergegeben und auf verschiedene Weisen ausagiert, ohne dass dabei bewusst erkannt wurde, woher es gekommen war. Als kleines Mädchen spürte ich die subtilen Anzeichen dieses emotionalen Traumas in meiner Familie. Wenn ich darauf reagierte, wurde ich bestraft. Das Trauma war so lange so erfolgreich versteckt worden, dass die anderen die emotionalen Reize oder Spuren nicht erkennen konnten, die daraus hervorgingen. Wenn ich sie aufnahm und emotional auf sie reagierte, konnten sie daher nicht verstehen, warum ich so aufgeregt war. Und weil ich so jung war, konnte ich den Schmerz, den ich fühlte, weder benennen noch seine Ursprünge verstehen. Also wuchs ich in dem Glauben auf, dass mit mir etwas grundsätzlich falsch war. Erst als ich meine eigene Geschichte kennenlernte, konnte ich anfangen, das von mir gespürte Trauma zu benennen, es auseinanderzunehmen und zu unterscheiden, was davon meins war und was aus der Vergangenheit auf mich übertragen worden war.

Der glückliche Ausgang der eben erzählten Geschichte ist, dass mein Großvater sich nicht davon zurückhalten ließ, wie er behandelt worden war und sich auch nicht von seiner Community abwendete. Er engagierte sich weiterhin für seine Gemeinschaft und für die Verbesserung der Situation aller Wabanaki-Gesellschaften. Nach anstrengenden Jahren schloss er mit fünfzig Jahren sein Hauptstudium ab und arbeitete dann in der Universität. Er wurde stellvertretender Dekan für multikulturelle Angelegenheiten und gründete schließlich das Wabanaki Center, ein Förderprogramm, das Indigenen Stud*entinnen den Zugang zu Bildung erleichtert und ihnen zugleich kulturelle und akademische Unterstützung bietet, wo sie sie brauchen. Er war dann am Aufbau des Studiengangs der Native American Studies beteiligt und wirkte daran mit, einen Erlass der Studiengebühren für Indigene Stud*entinnen auszuhandeln – da die Universität auf Land der Wabanaki errichtet worden war.

Trotz seines Traumas konnte er in seinem Leben beruflichen Erfolg erfahren. Die Ausgeglichenheit und Gelassenheit, die er während dieser Herausforderungen an den Tag legte, war eine unglaubliche Inspiration für mein Leben. Es war sein Einfluss, der mich beharrlich weiter danach streben ließ, nicht nur mein Bestes zu geben, sondern auch die Vielschichtigkeit zu verstehen, die mich umgab. Diese Vielschichtigkeit war von dem Trauma verhüllt, das in unserer Familie und Gemeinschaft verborgen blieb. Doch sein Widerhall klingt in uns allen nach und lässt uns die kollektive Furcht empfinden, dass die Schrecken der Vergangenheit hinter jeder Ecke auf uns warten. Diese Angst ist nicht völlig unbegründet. Viele Überreste der Grausamkeiten aus der Vergangenheit finden sich in der heutigen Ungleichbehandlung Indigener Menschen. So kann sich die Wunde nicht schließen und Indigene und nicht-Indigene Menschen sind gleichermaßen in den Traumata unserer kollektiven Geschichte gefangen.

Trauma verzerrt unsere Wahrnehmung

Wenn unser Trauma nicht geheilt wird, blockiert es unsere Fähigkeit, einander wirklich wahrzunehmen. So können wir nur im Verborgenen unsere Wunden erkennen. Wenn wir die versteckte Wunde der Unterdrückenden tragen, rückt häufig ein inneres Schuldgefühl in den Vordergrund. Diese Schuld hält uns davon ab, ganz anwesend zu sein. Sie schafft eine Fassade, die die tieferen Gefühle verbirgt, die dahinter bestehen. Diese Schuld erzeugt auch ein Bild in unseren Köpfen, davon, was ›die anderen‹ für Menschen sind und was sie von uns brauchen. Wir sind verwirrt und wissen nicht mehr, wie wir uns verhalten sollen, wenn unser Bild von den anderen und unsere Vorstellung davon, was sie sind und brauchen, nicht zueinander passen. Wenn das geschieht, entfalten sich üblicherweise zwei Szenarios. Manchmal kämpft die Person, die dieses Bild geschaffen hat, um dessen Aufrechterhaltung und zwingt den anderen ihre Vorstellung von ›Hilfe‹ auf. Und manchmal geht die Person einfach weg – in der Überzeugung, dass es keinen Zweck hat, zusammenzutreffen, wenn die Rolle, die sie sich vorgestellt hatte, nicht aufrechterhalten werden kann.

Wenn wir die Wunde der Unterdrückten tragen, gibt es häufig ein inneres Gefühl des Misstrauens oder der Verzweiflung in uns. Dieses Misstrauen und diese Verzweiflung halten uns davon ab, die anderen als Menschen wahrzunehmen, und lassen sie als bloße Instanzen der Unterdrückung erscheinen. Wenn Menschen aus der unterdrückenden Bevölkerungsgruppe und jene aus der unterdrückten Bevölkerungsgruppe zusammentreffen, dann verhindern die genannten Barrieren häufig den Aufbau tieferer Verbindungen. Stattdessen bilden Schuld, Misstrauen und Verzweiflung zusammen eine Oberfläche, die verhindert, dass die jeweils anderen die tieferen Wunden unterhalb der Oberfläche berühren. Wenn du aus einer Bevölkerungsgruppe kommst, die die Wunde des Bezeugens trägt, ist es nicht möglich, hier eine klare Position einzunehmen und es gibt keine einfache Definition deines Schmerzes. Diese Verwirrung wird zu deiner Barriere und lässt dich im Außen verharren, unfähig, eine der Seiten einzunehmen.

Wir sind uns dieser verborgenen Wunden und der von ihnen geschaffenen Hindernisse oftmals nicht bewusst. Deshalb können wir nicht gleich identifizieren, was uns getrennt hält. Wir wissen nur, dass wir uns in der Anwesenheit der jeweils Anderen unwohl fühlen und keine Möglichkeit finden, ganz wir selbst zu sein.

An unserer Verbindung hindert uns auch unsere tief verwurzelte Programmierung in Bezug auf Schmerz. Wir sind geübt darin, den von uns ertragenen Schmerz nicht zu spüren oder allzu genau wahrzunehmen. Wenn er aus seinem Versteck hervorkriecht, unterdrücken wir ihn schnell. Den meisten von uns wird nie der Mut beigebracht, Schmerz zu empfinden. Stattdessen lernen wir, uns davon abzulenken, ihn zu dämpfen und zu verwinden. Die

Ironie liegt darin, dass Schmerz nicht vermieden werden kann. Wenn wir versuchen, unseren Schmerz zu vermeiden, dann jagt er uns nach und treibt sich immer heimlicher um. Er versteckt sich hinter Masken, einer nach der anderen, kommt aber immer wieder an die Oberfläche – in endloser Wiederholung. Er stört unsere Leben, quält unseren Geist und zerstört unsere Beziehungen. Er jagt uns immerzu, entfernt uns von uns selbst und voneinander, bis die Distanz zwischen uns so groß ist, dass wir einander nicht mehr wahrnehmen können. Wenn wir es versuchen, können wir nur die vielen klug erdachten Masken erkennen – das treibt unsere Furcht und unser Misstrauen noch an und lässt uns weiterhasten, obwohl wir schon erschöpft und außer Atem sind.

Wenn bestimmte Wunden wieder aufgerissen werden, kann uns das anfangs schockieren und uns womöglich in diesem Moment zu einer ehrlichen emotionalen Reaktion bringen. Doch dann fügen wir uns in das Eingeübte und rutschen zurück in einen Zustand der Passivität und starken Verteidigungshaltung. Doch es gibt einen Schmerz, der unausweichlich ist, etwa der Verlust eines geliebten Menschen. Wenn dieser Schmerz hochkommt, dann kann er eine starke Reaktion in unseren versteckten Wunden auslösen, sie aufwecken und sie aufschreien lassen. Die Gesellschaft versucht, uns von diesem Schmerz abzutrennen, indem sie uns vermittelt, wir könnten uns nicht im Leid suhlen, sondern müssten vorwärtskommen. Also nehmen wir Medikamente, lenken uns ab und vermeiden die Tiefe des Schmerzes, der nach uns ruft. Wir denken, dass wir irgendwie darüber hinwegkommen könnten. Doch so funktioniert das nicht. Wenn Schmerz nicht geheilt wird, dann wird er einfach auf die nächste Person übertragen, die des

Weges kommt, oder an die nächste Generation weitergegeben. Doch wenn wir die Stärke finden können, uns mit dem Schmerz auseinanderzusetzen, uns ihm zu widmen und uns mit ihm vertraut zu machen, dann können wir lernen, was davon wirklich zu uns gehört und was wir von den vorherigen Generationen geerbt haben. Wir hätten dann die Gelegenheit, den Schmerz zu benennen und den Prozess seiner Heilung zu beginnen.

Soziale Medien bieten uns ein interessantes Ventil, um unseren Schmerz zu übertragen. Wir haben gelernt, Schmerz begierig zu betrachten und umfassend zu kommentieren. Wir sind stark fokussierte Fotojournal*istinnen geworden, die die Bilder des Schmerzes einfangen wollen. Zugleich weigern wir uns, ihn allzu tief in uns eindringen zu lassen. Wir sind dazu in der Lage, unseren Schmerz in wohlformulierten Sätzen zu beschreiben und diese Worte werden zu einem Schutzschild gegen die rasierklingenscharfen Spitzen des Schmerzes. Doch der Schmerz kann nicht gebannt werden; er bleibt immer präsent, verfolgt uns und stichelt. Wir können nie ruhen, denn der Schmerz wird uns finden. Also bewegen wir uns fort in immer schnellerer Geschwindigkeit und in der Hoffnung, dass wir ihm weiterhin voraus sind. Wir wissen nicht, wie wir es uns ermöglichen können, mit dem Schmerz zu sein, ihn auszuhalten. Also legen wir unsere Masken an und leben ihn aus, wobei wir ihn unvermeidlicherweise anderen auferlegen. Wir tun das, weil wir einem limbischen Reflex folgen, Schmerz zu vermeiden. Wir haben auch gesellschaftlich gelernt, Schmerz auszuweichen, als sei er ein Zeichen der Schwäche. Sobald er hochkommt, beginnen wir, ihn schnellstmöglich auf andere oder anderes außerhalb unserer selbst zu richten. So kann der Schmerz überleben.

Wenn wir unseren Schmerz nicht heilen, dann kommt er aus einer anderen Richtung hervor, lässt unsere Leben entgleiten und schädigt unsere Beziehungen. Ungeheilter Schmerz zerstört unsere Fähigkeit, wahre Nähe und Vertrautheit aufzubauen, da er uns voreinander versteckt hält. Diese alten Muster haben einen Abdruck in uns hinterlassen, der wie ein riesiger Magnet wirkt. Er zieht fortwährend die Situationen an, die am wahrscheinlichsten den Kreislauf des Scheiterns und der Enttäuschung wiederholen; und er stößt die Erfahrungen ab, die sehr wahrscheinlich förderlich wären. Außerdem vernebelt dieser Abdruck unsere Wahrnehmung. Er lässt uns positive Gelegenheiten erst im Nachhinein erkennen, weil wir noch immer mit dem Vergangenen beschäftigt sind. Dann sind wir mit noch mehr Kummer konfrontiert, wenn wir feststellen, dass wir sie an uns vorbeiziehen lassen haben. Um dieses Szenario zu vermeiden, müssen wir die Wunden unserer Vergangenheit ausheilen. Wenn wir uns nicht gestatten, den Schmerz anzuerkennen – den tiefen, quälenden Seelenschmerz, der aus historischem Trauma hervorgeht –, dann können wir nicht wahrnehmen, dass wir alle ein gewisses Maß dieses Schmerzes in uns tragen. Stattdessen erlauben wir ihm, uns zu isolieren und voneinander abgetrennt zu sein. Auch gelingt es uns nicht, zu erkennen, dass die Ursache dieses Schmerzes nicht nur eine Verletzung unserer selbst ist. Es handelt sich um eine Verletzung des Lebens an sich und seine traurigen Schreie hallen in unserer DNA wider und werden in unser genetisches Gedächtnis eingeschrieben.

Ich habe gelernt, dass der einzige Weg aus dem Schmerz heraus darin liegt, nicht weiter vor ihm zu fliehen; ihm zu begegnen, mich mit ihm auseinanderzusetzen, ihn zu fühlen und zu erkennen, was er mich zu lehren hat. Der Schmerz ist eine große Lehre. Er sendet uns ein klares Signal, und gibt uns Bescheid, wenn wir uns verändern müssen. Dieses Signal ertönt laut und klar. Der Ärger, die Scham, die Wut, die Frustration und die Angst treten alle aus dem Schmerz hervor, den wir in uns tragen. Die Wunde ist nicht neu, die jenen Schmerz verursacht, den wir heute in unseren Gesellschaften spüren. Doch kann neu sein, wie wir darauf reagieren. Wenn wir uns richtig mit dem Schmerz befassen, dann kann er uns mobilisieren und uns zu der Transformation führen, die wir so dringend brauchen. Wenn wir den Mut finden können, ihm offen und ehrlich zu begegnen, dann wird er uns heilen.

Elie Wiesel schrieb: »Wo immer Menschen verfolgt werden aufgrund ihrer Rassifizierung, Religion oder politischen Ansichten, so muss dieser Ort – in jenem Moment – zum Zentrum des Universums werden.«[12] Dieses Zentrum unseres Universums ist genau hier, genau jetzt. Es ist nicht irgendwo da draußen. Das Universum existiert in uns allen; es existiert in unseren Hinterhöfen, Küchen und Community-Treffpunkten. Hier müssen wir uns begegnen und anfangen, echte Gespräche über den Schmerz zu führen, den wir alle in uns tragen. Wir müssen mit Achtsamkeit und Verständnis zusammenkommen und unsere Unnachgiebigkeit durch Offenheit ersetzen, unsere Gleichgültigkeit gegen Mitgefühl

12 Elie Wiesel, Dankesrede anlässlich der Verleihung des Friedensnobelpreises, Oslo, 10. Dezember 1986.

eintauschen. Das wird unbequem und es wird uns sicher etwas kosten. Doch der Preis, dies nicht zu tun, wird weiter mit verlorenen Leben bezahlt. Dieser Preis ist nicht hinnehmbar. Wir müssen uns zeigen.

Es ist an der Zeit, uns persönlich und kollektiv zu verändern; einander ehrlich zu begegnen; uns unserer schrecklichen Geschichte zu widmen und unsere kollektiven Wunden zu heilen. Wir können die endlose Wiederholung dieses Teufelskreises beenden, doch es wird uns Mut abverlangen. Wir müssen irgendwie den Mut finden, einander zu begegnen, die Masken abzulegen und den Schmerz zu fühlen. Dann müssen wir einen Weg finden, diesem Schmerz zu begegnen, ihn zu heilen und uns dann aktiv nach vorn zu orientieren.

Uns mit dem Prozess gesellschaftlicher Heilung zu beschäftigen, erfordert, individuelle Momente des radikalen Erwachens wahrzunehmen und diese Momente aus der Stille und dem Stillstand hinaus zu bringen – hinein in die Bewegung unserer täglichen Leben. Es erfordert, uns selbst in totaler Ehrlichkeit zu begegnen und uns mit der Wahrheit eines jeden Moments zu konfrontieren, egal ob dieser Moment angenehm ist oder nicht. Wir dürfen dabei nicht versuchen, die Wahrheit zu unterdrücken, zu verdrängen oder zu verstehen; wir müssen einfach da sein mit dieser nackten Wahrheit und sie in ihrer ganzen Fülle spüren. Wenn wir versuchen, sie zu verstehen, zu rechtfertigen oder wegzuerklären, dann lassen wir sie uns nicht beibringen, was wir wissen müssen. Wir halten uns so auch davon ab, die Tiefe unserer wahren Gefühle zu erfahren. Dieses Leugnen entzieht uns mehr als nur den verlorenen Moment; es entzieht uns die Verbindung mit dem Göttlichen. In diesen Momenten des ehrlichen Unbehagens liegt eine unglaubliche Schönheit, die existiert, weil du darin feststellen kannst, dass es keine Grenze zwischen dir und der Schöpfung gibt. Es gibt keinen Unterschied zwischen dir und der Kraft, die dich geschaffen hat. In der Klarheit solcher Momente können wir lebendige Erfüllung erleben.

In der göttlichen Verbindung Erfüllung finden

Der Prozess auf dem Weg zum Ort der Erfüllung beinhaltet, anerkennen und akzeptieren zu lernen, dass Energie und Emotion natürlich fließen. Jeder Energiestrang und jedes bisschen Emotion, das aufkommt, hat einen eigenen und vorhersagbaren Lebenszyklus; sie entspringen einer Quelle, haben einen zyklischen Verlauf und kehren dann zu ihrer Quelle zurück. Wenn wir das natürliche Fließen dieses Kreislaufs stören, zwingt das die Energie, neue und kreative Wege zu suchen, um ihren Endpunkt zu erreichen. Wenn wir versuchen, die in uns aufkommende Energie zu beeinflussen oder aufzuhalten, stören wir das Fließen und fügen uns selbst Schmerz und Leid zu. Doch wenn wir den Mut finden können, diesem natürlichen Kreislauf zu vertrauen, den Schmerz hochkommen zu lassen, ihn für längere Zeit in uns spüren und jedes aufkommende Unbehagen beobachten, ohne irgendwie zu handeln oder zu reagieren, dann befreien wir uns selbst von der Furcht und merken, dass wir sicher sind, wenn wir unsere eigene Wahrheit leben. Dann können wir unsere Abwehr loslassen und unserem Schmerz gestatten, durch unsere Wahrnehmung hindurch zu gleiten und zur Quelle zurückzukehren. Wenn jede der Schichten sich zeigen darf und losgelassen wird, können wir tiefer und tiefer in den Einklang mit der Quelle eintauchen und der göttlichen Wahrheit näher und näher kommen.

Wenn wir uns gestatten, in die Beobachtungsrolle zu schlüpfen, nehmen wir das Leben auf ganz neue Weise wahr. Es gibt kein Richtig und Falsch mehr, keine Verpflichtungen, Erwartungen oder Ansprüche. Es gibt nur die Verbindung zum Lebendigen, die stärker wird, sich bewegt und zu ihrer Quelle zurückkehrt. Es gibt nur den Ausdruck des Lebens, das sich selbst erfüllt und danach strebt, sich in etwas Neues zu verwandeln. Dieses Bewusstsein befreit uns von unseren alten Geschichten und ermöglicht uns, unsere Leben ganz präsent und völlig frei zu leben. Wenn wir unsere Leben in Verbindung mit der Quelle leben, dann erkennen wir, dass es keine Trennung – keine Begrenzung – gibt; sondern unendliche Möglichkeiten und völlige Wahrheit.

Dieselbe Offenheit, die wir im Prozess der persönlichen Transformation anwenden, kann auch genutzt werden, um unsere nahen Beziehungen und gesellschaftlichen Konventionen zu verändern. Sie können dann zum Ausdruck des Göttlichen und zu Manifestationen unserer tiefsten Wahrheiten werden. Dafür müssen wir uns auf eine tiefe Ebene der Nähe und Vertrautheit begeben, mit uns selbst sowie zwischen uns und anderen.

Wenn wir wahre Nähe und Offenheit erfahren möchten, müssen wir erst bereit sein, all die Hindernisse anzuerkennen, die dem

Aufkommen jener Nähe im Weg stehen. Wir müssen erst anerkennen, dass zwischen uns eine Lücke besteht, die all unsere Hoffnungen und Ängste enthält, all unsere Mauern und Grenzen. Zur Lücke gehört sogar der Wunsch, erleuchtet oder erweckt zu werden. Dieses Durcheinander hält uns davon ab, uns wahrlich miteinander zu verbinden. Um die gesuchte Nähe zu finden, muss uns bewusst werden, was sich in dieser Lücke befindet, damit wir durch sie hindurch kommen, um einander zu finden.

Es fällt uns ziemlich leicht, zu erkennen, dass unsere ›negativen‹ Echos uns davon abhalten, uns miteinander zu verbinden. Zu verstehen, dass sogar unsere scheinbar ›positiven‹ Gewohnheiten und Wünsche eine Grenze schaffen können, ist ein bisschen schwieriger. Viele der Vorhaben, die wir umzusetzen versuchen, führen uns auf einen Pfad der Vereinzelung und Abgrenzung, der uns vom Rest unseres Lebens trennt. Zum Beispiel führt unser Wunsch, nach Wahrheit und Erkenntnis zu suchen, häufig dazu, allein in stiller Einkehr zu sitzen, abgeschnitten vom Rest der Welt, um uns selbst tiefer kennenlernen zu können. Das ist ein wichtiger Teil des Prozesses. Doch wenn wir nicht vorsichtig sind, dann kann dieser Wunsch eine falsche Trennung in uns schaffen, die uns glauben macht, dass unsere inneren und unsere äußeren Welten zwei verschiedene Wirklichkeiten sind – zweigeteilt statt einer einzigen Wahrheit. Das führt uns zu dem Glauben, wir müssten uns von anderen Aspekten unseres Lebens abgrenzen, um die Verbindung zu unserer inneren Welt aufrecht zu erhalten. Das kann zu Vereinzelung führen und uns davon abhalten, die Wahrheiten und Erkenntnisse, die wir gefunden haben, in uns aufzunehmen. Sogar der Prozess, unserer eigenen Wahrheit zu folgen, hat das Potenzial, uns davon abzuhalten, mit der Fülle des Moments, in dem wir leben, zu verschmelzen und wahre Nähe mit den Menschen um uns herum herzustellen.

Eine andere Hürde wird von unseren Ängsten geschaffen. Diese Ängste entstehen aus unserem Bedürfnis nach Sicherheit und Akzeptanz. Wir möchten gesehen werden, aber wir haben Angst davor, wahrhaft erkannt zu werden und auch unsere Schattenseiten zu zeigen. Diese Angst lässt uns glauben, dass die Offenbarung unserer tieferen Gefühle und versteckten Wunden zu Ablehnung führen wird. Dieselbe Angst haben die Menschen, mit denen wir uns zu verbinden versuchen. Wenn wir zusammenkommen, verstecken wir also Aspekte unserer selbst voreinander und verpassen die Gelegenheit, uns wahrhaft zu verbinden – und die versteckten Aspekte verschwinden wieder im Schatten.

Es erfordert unglaublichen Mut von uns, uns selbst und einander tatsächlich zu begegnen, mit bedingungsloser Offenheit und Akzeptanz. Doch wenn wir diesen Mut finden, wenn wir uns darauf einigen, zusammenzukommen und uns über unsere Wunden und ihre Auslöser bewusst zu sein, ohne in ihnen herumzustochern, dann können wir unsere verborgenen Aspekte einladen, sich zu zeigen. Wenn wir füreinander diesen geschützten Raum schaffen können, dann können unsere Schatten anwesend sein und wir trotzdem ohne Angst zusammen bleiben und uns erlauben, ganz hervorzutreten. Das öffnet uns alle nicht nur für tiefere Aspekte unserer selbst und füreinander, sondern schafft auch Raum für die Entstehung einer tieferen Wahrheit. Es ermöglicht uns eine Öffnung hin zu einer höheren Ebene emotionaler Intelligenz und bringt diese Intelligenz in unseren Begegnungen miteinander zum

Tragen. So werden wir Raum finden, frei zu sein. Dieser Raum ermöglicht es uns, ganz wahrgenommen zu werden, ohne zu urteilen und uns aufzureiben, auseinanderzunehmen oder perfektionieren zu müssen. Hier lernen wir, dass wir einander vertrauen können und dass wir liebenswürdig sind und geliebt werden – für alles, was wir sind. Wenn es uns nicht gelingt, diesen Raum zu betreten, können wir nie wirklich wissen, dass wir geliebt werden.

Wenn wir versuchen, eine Beziehung anzufangen, egal welche Art von Beziehung, dann werden diese vernachlässigten Räume zum Hindernis für das, was wir werden können – einzeln und gemeinsam. Wenn wir uns richtige Nähe in unseren Leben wünschen, dann müssen wir den Mut entwickeln und die spirituelle und emotionale Reife, ganz präsent zu bleiben, mit all dem Unbehagen, das aufkommt, wenn wir uns öffnen. Wir müssen in der Lage sein, mit dem Unbehagen zurechtzukommen, das in uns und auch in der anderen Person aufkommt. Wir müssen einen Weg finden, uns mit der Bedrängnis wohlzufühlen, in die uns das bringt, und nicht davor zu fliehen. Dafür müssen wir wissen, wann wir innehalten sollten und im Innehalten gelassen sein, so dass wir beide Zeit haben, uns darauf einzustellen. Wir müssen uns mit der Abwehr beschäftigen, die in uns jeweils aufkommt und die Einschränkung anerkennen, die darin liegt. Wir müssen die ausgesprochenen und unausgesprochenen Hinweise respektieren, die uns mitteilen, wenn wir wegbleiben oder nicht näher kommen sollen, bis wir uns beide sicher fühlen können. Wir müssen die Distanz akzeptieren, die durch unsere Einschränkungen geschaffen wird, ohne zu drängen oder zu fordern. So können wir einen Weg finden, verbunden und im Moment präsent zu bleiben – und diese Distanz zu überwinden. Dieser Prozess lehrt uns, dass wir sicher miteinander sind, sogar inmitten unserer Angst und unseres Unbehagens; und sogar, wenn es Distanz zwischen uns gibt.

Wenn wir uns auf diesen Prozess einlassen, dann laden wir einen Zauber in unsere Leben ein. Wenn wir uns zusammen in diesem Prozess engagieren und füreinander diesen heiligen Raum schaffen können, dann können wir tiefer in uns selbst vordringen und mehr von uns hervorholen. Wenn das geschieht, löst sich der Abstand zwischen uns auf und wir können schließlich eins werden; ein Körper, eine Seele. Das ist der Moment, in dem wir zur Verkörperung der göttlichen Liebenden werden. Das ist der Ort, an dem es wahre Nähe und wahre Erfüllung gibt.

Während wir uns durch diese Prozesse der Heilung unserer Trauer und unseres Traumas bewegen, müssen wir den Mut haben, dem Schmerz zu begegnen, den wir in uns tragen. Wir müssen dann bereit sein, uns mit anderen zu verbinden und anzuerkennen, dass auch in ihnen dieser Schmerz wohnt. Wir müssen auch anerkennen, dass die emotionalen Reaktionen, die wir erleben, normal sind. Was wir empfinden, ist das Trauma in der ersten, zweiten und dritten Generation. Die Geschichte dieses Traumas kennenzulernen, ehrlich über sie zu sprechen und die vielen Weisen zu erkennen, auf die das Trauma uns beeinflusst hat, wird dabei helfen, die Spannungen zu lösen, die zwischen uns bestehen und die vom Tragen des unbenannten Schmerzes verursacht werden.

Schon sehr bald können in unseren Gesprächen Wut, Angst und Traurigkeit aufkommen. Wir müssen einander in diesen

Emotionen Halt geben, ohne um uns zu schlagen oder vor ihnen zu fliehen. Wir müssen anerkennen, dass dies ein normaler Teil des Entwirrungsprozesses ist und darin präsent bleiben. Jene, die Opfer geworden sind, oder deren Nachfahren müssen die Freiheit haben, zum Ausdruck zu bringen, wie sie das verletzt hat. Die Tät*erinnen oder ihre Nachfahren müssen auch zum Ausdruck bringen können, wie sie das beeinflusst hat. Wir müssen alle die Gelegenheit bekommen, den vielschichtigen Erfahrungen, die wir durchlebt haben, Ausdruck verleihen zu können. Wir müssen bereit sein, die generationenübergreifenden, allseitigen Auswirkungen wahrzunehmen.

Wir müssen uns füreinander menschlich machen. Anstatt da draußen irgendeine gesichtslose feindliche Person zu identifizieren, müssen wir den Menschen erkennen, der hier jetzt mit uns zusammen ist. Wenn wir zusammen kommen, müssen wir den Mut haben, unsere Masken abzulegen, den jeweiligen Erzählungen zuzuhören, und anzuerkennen, dass die Erfahrungen der anderen legitim sind. Wir müssen einander nicht verurteilen für das, was wir zwangsweise ertragen mussten, was uns zu glauben eingeschärft wurde oder was wir in Reaktion auf unsere eigenen Wunden durchlebt haben. Wir müssen einander auf Augenhöhe begegnen und gewillt sein, einander in Mitgefühl und Liebe wahrzunehmen.

Schließlich müssen wir eine Strategie formulieren, um Gerechtigkeit anzustreben – zusammen. Wir müssen zusammenkommen, um gemeinsam zu heilen. Das beginnt mit dem Anerkennen zugefügten Leids, nicht mit dem pauschalen Anerkennen eines stattgefundenen Ereignisses. Beispielsweise reicht es nicht, eine pauschale Entschuldigung für den Genozid an Indigenen Gesellschaften auszusprechen. Es verändert viel zum Guten, die Auswirkungen dieses Leids anzuerkennen: die Trennung von Familien, den Verlust von Kultur, den psychologischen Schaden, wenn Kinder ihren Familien weggenommen und in Internaten zwangsbeschult werden und die Auswirkungen dessen über Generationen hinweg. Wenn die Wahrheit einmal ausgesprochen ist, müssen auch die gegenwärtigen Erscheinungsformen derselben Gewalt anerkannt und beendet werden – auf sinnvolle und systematische Weise. Die Landnahme Indigener Territorien muss beendet werden; die Umweltzerstörung Indigener Wasserquellen und Böden muss beendet werden; die Verarmung Indigener Gemeinschaften muss gestoppt werden; die durch den Staat vollzogene Trennung Indigener Kinder von ihren Familien muss beendet werden; die Zerstörung Indigener Kultur muss beendet werden. Das Verursachen von Leid muss aufhören, bevor Heilung stattfinden kann. Sie kann nicht geschehen, wenn das Leid weiterhin zugefügt wird.

Wir müssen zusammenarbeiten, um unsere Konflikte zu transformieren. Es gibt keine Kurz-und-schmerzlos-Lösung für die gesellschaftspolitischen Probleme, die wir bewältigen müssen. Wir müssen eine Haltung entwickeln, mit der sich unsere Konflikte so transformieren, dass sie Wege zum Frieden werden.

Gebet für Heilung und Offenheit

Mein Schicksal ist mit der universellen Bestimmung verknüpft, auf ewig mit allem Lebendigen verbunden. Es reicht zurück bis an den Anfang aller Zeiten. Während ich mich in Richtung meines höchsten Ausdrucks bewege, umschließt mich die Weisheit der Generationen wie ein Gewand; sie bewegt sich mit mir, verschiebt sich im Einklang mit meinem eigenen einzigartigen Rhythmus und integriert diesen Rhythmus dann in die Bewegung der Schöpfung. Möge dieses Gewand mir in herausfordernden Zeiten Mut und Trost schenken. Erlaube mir, mich dieser Weisheit zu öffnen und meine Abwehr gegen sie zu erweichen – in dem Wissen, dass aller Schmerz, den ich in diesem Prozess spüre, entsteht, weil ich meine eigene Herzensweisheit verleugne. Ich möchte sie bereitwillig aufnehmen und mein Herz gänzlich für jene öffnen, die das Schicksal zu mir gebracht hat. Erlaube mir, sie wahrzunehmen, nicht durch den Nebel meiner eigenen Verwundung hindurch oder durch den abwehrenden Schutz ihrer Verwundung, sondern mit der klaren Wahrnehmung, durch die ihr Geist sich mir offenbaren kann. Gib mir die Kraft, in dieser Haltung zu bleiben – trotz meines Unbehagens und meiner Angst, so dass ich das unbegrenzte Wesen sein kann, als das du mich geschaffen hast – in der Lage, das Leben zu umarmen und all die Liebe zu geben und zu empfangen, die der göttliche Geist für mich bereithält.

Kci woliwon, n'dilnabamuk.
Mein Herz dankt dir für all meine Verbindungen.

6

Konflikte transformieren

Wenn wir Konflikte lösen wollen, beginnen wir häufig mit der Überzeugung, dass Konflikte etwas Schlechtes sind und ausgeräumt werden müssen oder dass Konflikte endlich sind und irgendwie gelöst werden können. Beides stimmt nicht. Konflikte sind ein natürlich aufkommendes Phänomen in menschlichen Beziehungen und wenn sie genau untersucht werden, können sie als Anstoß zum Wachsen und zur Veränderung genutzt werden.

Konflikte verändern, wie wir einander wahrnehmen, wie wir miteinander kommunizieren und wie wir uns aneinander ausrichten. Und sie sind ein kraftvoller Ausgangspunkt für Veränderung. Wenn wir also einem Konflikt begegnen, sollte unser Ziel nicht sein, ihn zu lösen, sondern ihn zu einem Werkzeug für die Veränderung unserer Wahrnehmungen, Beziehungen und gesellschaftspolitischen Strukturen zu machen. Konflikte betonen die Differenzen, die zwischen uns bestehen – in unseren Wahrnehmungen, Überzeugungen und Handlungen. Sie ermöglichen uns, die Bereiche deutlicher wahrzunehmen, die in Einklang gebracht werden wollen – in unseren Leben, unseren Gruppen, unseren Gesellschaften.

Es gibt viele verschiedene Arten, sich mit Konflikten zu beschäftigen. Wir können ihnen feindlich, aggressiv oder gewaltsam begegnen oder wir können einen gewaltlosen, schlichtenden, fürsprechenden Weg einschlagen. Wenn wir Konflikten feindlich, aggressiv oder gewaltsam begegnen, weiten sie sich aus und verästeln sich. Jene, die von dem gewaltvollen Konflikt betroffen sind – direkt oder auch indirekt durch Erfahrungen der zweiten und dritten Generation – neigen dazu, ebenso zu reagieren und so die Gewalt fortzusetzen, die sie erfahren haben. Wenn dem Konflikt aber mit gewaltlosen Mitteln begegnet wird, dann gibt es Hoffnung, ihn zu einem friedensstiftenden Werkzeug zu verwandeln und die beteiligten Personen und Gruppen in einen harmonischeren Daseinszustand zu bringen.

Die Menschen, die die Systeme aufrecht erhalten, in denen wir uns bewegen, müssen ihre eigenen Ansichten und Überzeugungen verändern, um die Systeme zu transformieren, die sie regieren. Daher kann eine systemweite Transformation erst auf persönliche Transformationen folgen. Persönliche Veränderung wird von der Bereitwilligkeit gestützt, Konflikt als Gelegenheit für Heilung und Wachsen zu verstehen. Wenn ein Konflikt entsteht, müssen wir bereit sein, uns für neue Reaktionsweisen zu entscheiden, damit wir die Dynamiken durchbrechen können, die wir um den Konflikt herum errichtet haben. Das erfordert von uns, Abstand zu nehmen, wenn ein Konflikt entsteht – innezuhalten und die aufkommenden Emotionen anzuerkennen, aber nicht auf sie zu reagieren. Dann schaffen wir den Raum, der erforderlich ist, um eine Reaktion zu wählen, die mit der Richtung in Einklang steht, die wir einschlagen möchten. Mit jeder neuen, einzelnen Entscheidung, die wir in Bezug auf Konflikte treffen, verändern wir die größeren Konfliktmuster unseres Lebens.

Konflikte machen die Spannung aus, die Dinge in Bewegung hält. Sie kehren oft immer wieder und wieder, bis alle mit ihnen verbundenen Schichten geheilt sind. In Beziehungen verstehen Menschen einen wiederkehrenden Konflikt als Zeichen des Rückschritts und fragen sich: »Warum muss ich mich schon wieder damit beschäftigen?« Wenn Konflikte wiederkehren, liegt das an den tieferen Schichten, die geheilt werden müssen. Auch wenn es sich anfühlt, als würdest du dich rückwärts bewegen, wenn ein alter Konflikt wieder auftaucht, gibt es bei jedem Mal, das der Konflikt sich zeigt, eine Gelegenheit, etwas Neues zu heilen. Wenn wir uns durch diese wiederkehrenden Konflikte bewegen, entwickeln wir größere Einsicht und kommen zu tieferer Heilung. Wenn du in diesem Prozess bewusst bleiben und diese Einsichten auf die neue Erfahrung anwenden kannst, dann wirst du feststellen, dass du die Ursachen des Konflikts und seine Auswirkungen auf dich deutlicher erkennen kannst als zuvor.

Konflikte bestehen aus Ursache und Wirkung. Es gibt viele Ursachen für Konflikte: alte Wunden, Missverständnisse, schlechte Kommunikation, ungerechte oder ungleiche Behandlung, Mangel an angemessenen Ressourcen und so weiter. Eine Möglichkeit Konflikten zu begegnen, ist, ihre Ursachen zu bewältigen. Zum Beispiel können wir unsere Kommunikationsfähigkeiten verbessern, um sicherzustellen, dass wir wirklich zuhören und gehört werden, um so Missverständnisse zu vermeiden. Wir können auch daran arbeiten, andere Konfliktursachen anzusprechen, indem wir zu Hause, in unseren Gruppen oder an unseren Arbeitsorten eine Umgebung schaffen, die gerecht und gleichberechtigt ist. Wenn das nicht möglich ist, müssen wir lernen, mit den Auswirkungen zurechtzukommen, die ein Konflikt auf uns hat. Der Schlüssel hierzu liegt darin, unser Verständnis von Konflikten zu verändern.

Konflikte schaffen Reibung und Reibung schafft Bewegung und Bewegung schafft Veränderung. Konflikte verändern, wie wir die Dinge wahrnehmen; sie verändern, wie wir über sie denken. Sie bewegen uns von einer Position zu einer anderen. Albert Einstein soll gesagt haben: »Probleme können niemals mit derselben Denkweise gelöst werden, durch die sie entstanden sind.« Konflikte eröffnen uns die Gelegenheit, uns auf eine andere Ebene zu begeben und neue Möglichkeiten zu finden, um die vor uns liegenden Probleme zu lösen. Konflikte übermitteln, motivieren und inspirieren uns zur Bewegung; Konflikte vermitteln uns, dass es an der Zeit ist, unsere Wahrnehmungsweise, unser Denken oder unser Handeln weiterzuentwickeln. Konflikte bieten den erforderlichen Treibstoff, um Bewegung zu schaffen.

Wenn wir Konflikte als Gelegenheit wahrnehmen und unser Mitgefühl, unsere Kreativität und Offenheit einbringen können, dann schaffen wir eine Möglichkeit für die Entstehung neuer Ideen. Wenn sehr unterschiedliche Einstellungen aufeinander treffen, dann haben wir die große Gelegenheit, alte Denkweisen zu überwinden und neue Perspektiven in den Vordergrund zu bringen. Unsere Bereitschaft, mitfühlend, kreativ und offen zu sein, schafft den Raum, damit etwas Neues hervortreten kann. Dieser neue

Weg entsteht, wenn beide Parteien dazu in der Lage sind, die Bedürfnisse der anderen Seite wirklich aufzunehmen. Wenn diese Bedürfnisse wirklich in Betracht gezogen und in Kontakt gebracht werden, entsteht etwas Neues. Wenn wir Konflikt als Szenario verstehen, das entweder zu gewinnen oder zu verlieren ist, und Kompromiss als nur wenig besser als eine Niederlage empfinden, dann verpassen wir die Gelegenheit, eine kreative Lösung zu finden, die die grundlegenden Bedürfnisse beider Parteien erfüllt. Doch wenn wir Konflikt als eine Gelegenheit verstehen, etwas Neues zu finden, dann öffnen wir das Tor für neue Möglichkeiten.

Sogar, wenn Menschen der anderen Seite nicht an diesem Prozess teilhaben möchten, können wir Konflikte immer noch als eine Gelegenheit nutzen, unsere eigene Wahrnehmung zu verändern, indem wir für die breitere Perspektive empfänglich bleiben, die sich durch auseinanderklaffende Wahrnehmungen eröffnet. Dasselbe Prinzip gilt für innere Konflikte. Wenn du den Punkt der Anspannung in dir genau betrachtest und die Aspekte deiner selbst erkennst, die im Widerspruch zueinander stehen, dann kannst du anfangen, die unerfüllten, aufschreienden Bedürfnisse wahrzunehmen – und auch zu erkennen, wie sie erfüllt werden können.

All diese Prozesse beruhen auf Vertrauen. Um konstruktiv an Konflikten zu arbeiten, müssen Gruppen erst Vertrauen aufbauen. Es muss einen geschützten Raum geben, in dem Menschen hitzig über die vorliegenden Probleme diskutieren können, in dem die Teilnehmenden dazu bereit sind, füreinander den Raum zu halten, ihre Perspektive zu artikulieren und womöglich sensible Fragen zu stellen, ohne bedroht oder angegriffen zu werden. Zu angeregten Debatten wird ermutigt und Uneinigkeit begrüßt, solange es ein Gefühl der Sicherheit gibt, damit die Diskussionen sich entfalten können, ohne die Teilnehmenden zu gefährden. Angeregte Debatten und Uneinigkeit werden auch begrüßt, solange alle Teilnehmenden darauf hinarbeiten, gemeinsam voranzukommen – auf eine Weise, von der die ganze Gruppe profitiert. Das Gleiche gilt für den Umgang mit Konflikten in dir selbst. Du musst dir selbst vertrauen können. Du musst dich selbst kennen und daran glauben, dass du in der besten Absicht handeln wirst. Das lässt dich wissen, dass es sicher ist, dich in Zeiten des Konflikts selbst infrage zu stellen und herauszufordern – und zu erkennen, dass sowohl der Prozess als auch das Ergebnis dich wachsen lassen.

Auch Menschen in Machtpositionen müssen Konflikten freundschaftlich begegnen. Wenn wir darauf hoffen, die Fallen unserer Vergangenheit zu vermeiden und die endlosen Schleifen der Kriegsführung und Eroberung zu verlassen, dann müssen wir lernen, wie wir Konflikt begegnen können und dabei die menschliche Würde aller Beteiligten aufrechterhalten. Wir müssen andere einbeziehen, unsere Differenzen überwinden und unsere Zielsetzungen in Einklang bringen, um so mehr Einigkeit zu schaffen. Wenn wir unsere Aufmerksamkeit auf das Gewinnen legen, schaffen wir die Voraussetzung für eine weitere Niederlage. Das erzeugt weitere Teilung. Wenn wir Konflikten richtig begegnen, können sie ein unglaubliches Werkzeug sein, um unsere Bewegungen zusammenzubringen. In unseren Bewegungen gibt es kein wirklich sinnvolles Engagement für Intersektionalität. In größten Teilen sind wir in unseren persönlichen Themenfeldern verblieben, voneinander abgeschnitten und stehen oft in Konkurrenz zueinander – um Ressourcen und Aufmerksamkeit. Eine aktive Beschäftigung mit Konflikttransformation kann dabei helfen, Gruppen zusammenzubringen und gemeinsame Ziele und Lösungen zu finden.

Eines der mächtigsten Werkzeuge des Konfliktmanagements sind gute Kommunikationsfähigkeiten. Eine wirksame und mitfühlende Kommunikation zu lernen, minimiert Missverständnisse und fördert Empathie. Zahllose Ressourcen sind verfügbar, um gute Kommunikationsfähigkeiten zu entwickeln, doch die wichtigsten Ziele sind Freundlichkeit, Notwendigkeit und Respekt. Einige praktische Überlegungen bezüglich Kommunikation und Konflikt sind: 1. Die Hauptthemen bestimmen und die Diskussion auf sie fokussieren. Lasst das Gespräch nicht in persönliche Angriffe abschweifen, sondern holt die Teilnehmenden wieder auf die Spur des gemeinsam bestimmten Themas. 2. Befasst Euch nur mit einem Thema auf einmal, auch wenn es mehrere verwandte Themen gibt, die eingebracht werden können. Schreibt die Nebenthemen auf und einigt euch, sie euch später einzeln vorzunehmen. Ein Konflikt kann ganz leicht eskalieren, wenn alle Nebenthemen gleichzeitig in die Diskussion eingebracht werden. Ein Gespräch ist leichter zu führen, wenn es auf ein Thema fokussiert ist und dieses bis zu einem organischen Endpunkt abhandelt, bevor weitere Themen hinzukommen. 3. Schafft Gleichheit und Gerechtigkeit in der Diskussion. Stellt sicher, dass alle gleichermaßen Gelegenheit haben, gehört zu werden. So kann eher verhindert werden, dass ungelöste Teile des Konflikts wieder aufflammen.

In unserer Tradition gibt es Gesprächskreise und wir benutzen einen Sprechstab, um die Diskussion im Gleichgewicht zu halten. Der Sprechstab wird von einer Person zur nächsten weitergegeben, bis alle die Chance hatten, angehört zu werden. Die Person mit dem Sprechstab ist die einzige, die in dem Moment sprechen darf, so dass alle ohne Unterbrechung ihre Kommentare abgeben können. Einer der wichtigsten Aspekte dieses Prozesses ist die Zeit. Wir stellen sicher, dass Zeit angemessen verfügbar ist und jede Person ausführlich sprechen kann. Eine der größten Hürden für gute Kommunikation ist heutzutage, dass wir unser Sprechen auf markante Schlagworte beschränken. Eines der Konzepte in unseren Gemeinschaften ist hingegen die Vorstellung von ›Indigener Zeit‹ *[Indian time]*. Viele Menschen heutzutage denken, diese Vorstellung sei eine Ausrede für Verspätungen. Doch mein Großvater hat mir etwas anderes über dieses Zeitverständnis beigebracht.

Einmal, als ich zu spät zu einer Verabredung kam, entschuldigte ich mich scherzhaft, indem ich sagte, ich sei in Indigener Zeit unterwegs gewesen. Mein Großvater sah mich ernst an und lud mich ein, mich zu ihm zu setzen, um zu reden. Er erklärte mir, dass die Wendung der Indigenen Zeit keine Entschuldigung war, respektlos gegenüber der Zeit zu sein, die andere dir schenkten. Er sagte, dass sie sich vielmehr auf die langen Zeiträume bezog, die Indigene Gemeinschaften sich nahmen, um gute Entscheidungen zu treffen. Er erklärte, dass die Tradition dieser Entscheidungsfindung auf Konsens beruhte. In diesem Prozess wurde viel Zeit zum Überlegen, Abwägen und Beratschlagen eingeräumt. Alle Aspekte der Situation wurden einbezogen und alle brachten die erforderliche Zeit mit, um die Angelegenheit ausführlich zu besprechen und die verschiedenen Positionen richtig zu verstehen und zu bestimmen. Manchmal brauchte es Tage oder sogar Wochen, um einen Konsens zu erreichen. Dieser Prozess unterschied sich erheblich von dem Entscheidungsfindungsprozess nach Mehrheitsprinzip der Europä*erinnen, die vom langwierigen Entscheidungsfindungsprozess der Indigenen Gemeinschaften oft frustriert waren. Jedoch ermöglichte dieser Prozess das Treffen einer ausgewogenen Entscheidung, da die Stimmen all jener einbezogen wurden, die von der Entscheidung betroffen sein würden, und alle Facetten des Themas untersucht werden konnten.

In unserem Prozess der Friedenswahrung verfahren wir ähnlich. Wir vollziehen unsere Sitzungen zum Friedenserhalt in konzentrischen Kreisen, in denen alle Menschen zusammenkommen, auf die der Konflikt Auswirkungen hat. Im ersten Kreis sitzen die Menschen, die direkt in den Konflikt involviert sind; im nächsten die Menschen aus ihren Familien; dann die Freund*innen; und schließlich Menschen aus dem Wohnumfeld und der breiteren Gesellschaft. Alle in diesen Prozess einzubeziehen, erinnert uns daran, dass wir alle verbunden sind und dass Spannungen in unseren Familien und Gemeinschaften sich auf alle auswirken. So wird allen Betroffenen ermöglicht, ihre Erfahrungen miteinander zu teilen und Vorschläge zu machen, die die Bedürfnisse der Beteiligten berücksichtigen. Das führt zu einer größeren Harmonie innerhalb der Gemeinschaft und hilft bei der Heilung verletzter Beziehungen, indem allen die Gelegenheit gegeben ist, zum Ausdruck zu bringen, wie sie betroffen sind und was sie brauchen, um sich wieder ganz zu fühlen. Wenn wir Prozesse zum

Friedenserhalt aufnehmen, geschieht das nie in Eile. Alle Stimmen werden gehört und jedes aufkommende Thema geht wiederholt im Kreis herum, bis es sich erschöpft hat und die es umgebende emotionale Aufladung sich gelöst hat. Wenn wir diesem Prozess ausreichend Zeit geben, sich natürlich zu entfalten, und alle Betroffenen ihre aufkommenden Themen durcharbeiten können, führt dies zum positivsten Ergebnis für alle Beteiligten.

Wenn wir Entscheidungen unter Zeitdruck treffen, dann treffen wir keine guten Entscheidungen. Eine unserer Herausforderungen der heutigen Zeit ist es, unsere Prozesse zu entschleunigen und es Menschen zu ermöglichen, Entscheidungen auf der Grundlage von genauen Informationen und umfassendem Verstehen zu treffen. Wenn Menschen in Situationen hinein gezwungen werden, die sie nicht gänzlich verstehen, und Entscheidungen treffen müssen, die auf beschränkten Informationen beruhen, dann werden sie die Ergebnisse häufig ablehnen. Doch wenn Menschen die Zeit gegeben wird, eine Angelegenheit angemessen zu betrachten, sie zu besprechen, Fragen zu stellen und eine informierte Entscheidung zu treffen, dann ist es weniger wahrscheinlich, dass für sie vom Konflikt etwas übrig bleibt, auch wenn sie nicht alles bekommen, was sie anfänglich wollten.

Wenn Menschen aus dem Prozess ausgeschlossen werden, wird ihnen das Recht genommen, Entscheidungen zu treffen, deren Ergebnisse Einfluss auf ihr Leben haben. Viele der heute bestehenden Konflikte werden von Personen verursacht, die Entscheidungen treffen, die Auswirkungen auf das Leben anderer haben, ohne deren Beteiligung und ohne ihre Zustimmung einzuholen. Das ist der Grundpfeiler unseres Strafrechtssystems und auch die grundsätzliche Verfahrensweise in den hierarchischen Strukturen, die unsere Leben regieren. Diese paternalistische Haltung ist ein erlerntes Muster, das dem patriarchalen System entstammt, in dem wir leben. Viele der Probleme, die im öffentlichen Bereich entstehen, entspringen diesem Grundproblem, dass wenige Menschen Entscheidungen für sehr viele treffen. Der Mangel an Transparenz in unseren Regierungen, die Durchsetzung von spezifischen Interessen auf Kosten der Bevölkerung und des Planeten sowie die Verbreitung von Fehlinformationen führen zu umfangreichen Konflikten in der ganzen Welt. Wenn wir Konflikt als Chance verstehen, dann hat es nie eine größere Gelegenheit für uns gegeben, zu heilen und zu wachsen.

Unsere Zeit zeichnet sich dadurch aus, dass alles beleuchtet wird, was verborgen war. Mit diesem Ausleuchten wird der Konflikt deutlich, der in uns selbst und in unseren gesellschaftlichen und politischen Strukturen bearbeitet werden muss. Wie wir diesem Konflikt begegnen, wird bestimmen, ob wir uns auf gemeinsamere Weise vorwärts bewegen oder ob wir uns weiter trennen.

Um eine Richtungsverschiebung zu erreichen, müssen Menschen bereit sein, Unbehagen zu spüren und sich den vielen aufkommenden Konflikten zu stellen – mit der Absicht, sie zu heilen. Eine Schlüsselkomponente im Transformieren von Konflikten ist die Bereitschaft, dich mit jenen zusammenzusetzen, die nicht mit deiner Position übereinstimmen. Ihr müsst einander genau zuhören, die verschiedenen Bedürfnisse wahrnehmen und dann versuchen, einen Punkt zu finden, an dem eure Bedürfnisse sich treffen, so dass ihr zusammenarbeiten könnt, um diese Bedürfnisse in irgendeiner Form des Entscheidungshandelns zu harmonisieren.

Frieden zu schaffen, erfordert mehr als die Abwesenheit von Krieg. Es verlangt von uns, unsere Herzen zu öffnen und unser Denken zu verändern – und damit auch unsere Beziehungen zueinander und zur natürlichen Welt. Die Frage im Kern von Veränderungen lautet: Wie muss ich sein, um Wandel zu ermöglichen? Wenn diese Frage einmal beantwortet ist, werden die erforderlichen Handlungsetappen deutlich. Wir müssen furchtlos werden in unserem Streben nach Einklang, so dass wir die nötige Wirksamkeit erreichen können, die notwendig ist, um Transformation im größeren Rahmen zu bewirken. Es muss mehr bedacht werden als unsere eigenen Probleme und Unbehagen; wir müssen auch das sehr reale Leid bedenken, das anderen in unserem Namen widerfährt, um so zu erkennen, dass unser Komfort eine Illusion ist. Spirituelle Texte aus der ganzen Welt besagen, dass das, was uns auf Kosten anderer gegeben wird, auf gleiche Weise zu uns zurückkehren wird. Damit das Leid nicht noch größer wird, müssen wir die Mühe auf uns nehmen und unsere Bequemlichkeit opfern, um daran mitzuwirken, das sehr reale Leid zu erleichtern, das anderswo stattfindet. Dafür müssen wir Macht zurückfordern, die wir abgetreten haben.

Jene, die illusorische Macht innehaben, leben mit der Angst der Vergeltung. Sie verstecken sich und üben ihre unrechtmäßig erhaltene Macht im Geheimen aus. Eine Möglichkeit, unsere Macht zurückzufordern ist, in die Schatten des Geheimen einzutauchen und das Licht der Wahrheit zu entzünden. Das erfordert von uns, hell zu leuchten und unser Licht in jeden Schatten zu tragen, dem wir begegnen. Zugleich müssen unsere Absichten am Herzen ausgerichtet bleiben. Die uns umgebendenden Konflikte in friedfertiges Handeln zu verwandeln, erfordert volle Transparenz. Es erfordert von uns auch, Beziehungen aufzubauen, die auf Gerechtigkeit und Gleichheit beruhen, und Respekt für die Würde aller Lebewesen zu zeigen, so dass Ungerechtigkeit und Schaden gelindert und ein Raum für wahre Heilung geschaffen werden kann. Wenn wir wirklich den Kurs in Richtung des Lebens und schließlich des Friedens lenken wollen, müssen wir uns erst darin üben, die vor uns liegenden Konflikte in Werkzeuge unseres eigenen Wachsens und Heilens zu verwandeln und dann diese Weisheit aus unserem Inneren in die Gesellschaft zu tragen.

7

Rechte und Verantwortung ins Gleichgewicht bringen

Viele Konflikte in der Welt hängen mit dem Empfinden von Menschen zusammen, dass ihre Rechte verletzt werden. Menschenrechte, Bürger*innenrechte und das einfache Recht auf Leben werden zunehmend öffentlich diskutiert. Überall werden Menschen laut, damit ihre Rechte gewürdigt, respektiert und gewahrt werden. Obwohl die Gesellschaft schon gute Arbeit geleistet hat, die Menschenrechte zu proklamieren und zu definieren, hat sie die Aufgabe nicht erfüllt, diese Rechte gleichermaßen auf alle Bevölkerungsgruppen anzuwenden. Und in den meisten Fällen ist sie komplett daran gescheitert, diese Rechte mit den Rechten der Mutter Erde und allen anderen Lebewesen in Einklang zu bringen. Obwohl wir bedeutende Fortschritte gemacht haben, ist die Gleichstellung unserer Rechte noch immer größtenteils unerfüllt und sehr unausgeglichen. Meines Erachtens wird diese Ungleichheit von unserer Unfähigkeit verursacht, die geforderten

Rechte mit einer Reihe menschlicher Verantwortlichkeiten in Einklang zu bringen, die wir gegenseitig und gegenüber dem Rest der Schöpfung haben.

Rechte werden als gesetzliche, soziale oder ethische Prinzipien in Bezug auf bestimmte Freiheiten oder Ansprüche definiert. Sie sind Regeln, nach denen eine Gesellschaft sich selbst definiert. Unter den vielen Rechten, die wir für uns bestimmt haben, gibt es eine Reihe sich herausbildender Menschenrechte. Menschenrechte wurden auf unzählige Weisen in Gesetzen formuliert und durch sie garantiert. Sie wurden vertraglich skizziert, in den Ausführungen des Völkergewohnheitsrechts benannt, in den Grundsätzen des Verfassungsrechts eingebettet und in der Sprache der zahlreichen Menschenrechtsgesetze, -konventionen, -erklärungen und -beschlüsse integriert. Diese Gesetze verpflichten Regierungen und Regierungsvertretungen dazu, auf bestimmte Weisen zu handeln oder bestimmte Taten zu unterlassen, um die Rechte und Grundfreiheiten einzelner Menschen und Gruppen zu fördern und zu schützen.

Menschenrechte lassen sich in mehrere Kategorien unterteilen: 1. Bürger*innenrechte und politische Rechte, wie das Recht auf Leben, die Gleichheit vor dem Gesetz und die Freiheit der Meinungsäußerung; 2. wirtschaftliche, soziale und kulturelle Rechte, wie das Recht zu arbeiten, die soziale Absicherung, Bildung, Fortbestand der eigenen Kultur; und 3. kollektive Rechte, wie das Recht auf Entwicklung und Selbstbestimmung. All diese Rechte sind unteilbar, miteinander verknüpft und voneinander abhängig. Die Entfaltung jedes einzelnen Rechtsaspekts befördert die der anderen Rechte; und die Aberkennung eines jeden wirkt sich nachteilig auf die anderen aus.

Obwohl diese Rechte nicht gleichermaßen für alle geschützt oder unterstützt worden sind, sind sie weltweit als Grundlage des Schutzes anerkannt worden, der für die Sicherheit aller Menschen erforderlich ist. Die meisten Regierungen der Welt und unzählige Menschenrechtsorganisationen haben erklärt, dass diese grundlegenden Menschenrechte inhärent und unveräußerlich sind. Doch was bedeutet das? Ein solches angeborenes Recht ist ein Recht, das einer Person oder einer Sache dauerhaft und untrennbar als Element, Eigenschaft oder Merkmal innewohnt. Ein unveräußerliches Recht wird oft beschrieben als ein Recht, das dir nicht gegeben und nicht genommen werden kann.

Ohne weiter darüber nachzudenken, erscheinen diese Rechte als eigenständige Wahrheiten, die in sich selbst begründet sind. Doch bei tieferer Auseinandersetzung beginnen wir zu erkennen, dass die Welt gerechterweise nach Prinzipien des Gleichgewichts funktioniert. Das bedeutet, dass nun Gegenmaßnahmen erforderlich sind, um diese Rechte gesellschaftlich zu implementieren. Immer schon haben wir nach diesem Ausgleich gestrebt und dabei oft darauf gewartet, dass andere dafür sorgen. Vielleicht wäre es wirksamer, wenn wir aufhörten, danach zu suchen und vielmehr aktiv an diesem erforderlichen Gleichgewicht arbeiteten. Die Gegenmaßnahme, nach der wir streben, ist die Verantwortung. Und ihr enormes Gewicht muss von uns allen geschultert werden.

Als Penobscot-Frau bin ich mit einem spezifischen kulturellen Verständnis von dem Zusammenhang zwischen Rechten und Verantwortung erzogen worden. Dieses Verständnis beruht auf traditionellen Lehren, die mich an meinen Platz in einer ausgeglichenen und harmonischen Welt erinnern sollen; einer Welt, die zum gegenwärtigen Zeitpunkt kaum mehr zu sein scheint als bloße Mythologie.

Die Erzählungen meiner Gesellschaft haben mich gelehrt, dass unsere inhärenten Rechte als Penawahpskek sich aus unserem ersten Vertrag oder Abkommen ableiten – der Vereinbarung, die wir mit der Schöpfungskraft geschlossen haben, als wir erstmals in diese Welt kamen. Diese Vereinbarung wurde in Harmonie mit den Schöpfungsgesetzen getroffen. Sie autorisiert all die Rechte, die für uns heute grundlegend sind.

Nach dieser Vereinbarung haben wir das Recht, uneingeschränkt auf diesem Land zu leben, mit vollem Zugang zu den Quellen unseres Überlebens, wie Nahrung, Wasser und Unterkunft, solange wir unserer Verantwortung nachkommen, im Gleichgewicht und Einklang mit dem Rest der Schöpfung zu leben. Wir verstehen, dass diese Rechte nicht selbstverständlich sind oder sich selbst hervorbringen. Sie werden durch das Maß an Verantwortung gestärkt oder geschwächt, das wir übernehmen, um unsere Vereinbarung einzuhalten.

Wir haben diese Vereinbarung gewürdigt, indem wir über Jahrtausende in respektvollem Gleichgewicht mit unserem Land und unseren Wasserwegen lebten. Die in unsere jetzigen Regierungsstrukturen eingewobenen Kernprinzipien belegen, dass wir die Vereinbarung weiterhin befolgen. Das zeigt sich auch in den bewussten Entscheidungen, die wir getroffen haben, um die von uns bewohnten Böden und Gewässer zu ehren und zu schützen. Es zeigt sich in den Ertragsbeschränkungen in unseren Forstprogrammen; in den Fischerei- und Jagdgesetzen, die sorgsam maßregeln, um den nachhaltigen Bestand unserer traditionellen Nahrungsquellen sicherzustellen; es zeigt sich in Jahrzehnte dauernden Renaturierungsprojekten zur Wiederherstellung und Wiederbelebung der Gewässer des Penobscot River und in der Etablierung von Standards der Wasserqualität, die die Unversehrtheit unserer Wasserwege für alle jetzigen und zukünftigen Generationen schützen und erhalten.

Aktive Verantwortung für unsere Verpflichtungen aus dieser Vereinbarung zu übernehmen, schafft ein natürliches Gleichgewicht und ein solides Fundament für die Rechte, die wir als Menschen für uns in Anspruch nehmen. Ohne dieses Gleichgewicht würden wir genau diese Grundlage zerstören, auf der diese Rechte aufbauen. Von dieser Wahrheit zeugt die ungebremste Zerstörung der natürlichen Welt, die durch die kapitalistische Gier verursacht wird. Das Scheitern der Industrie, Verantwortung für das Wohlergehen der natürlichen Welt und anderer Menschen zu übernehmen, sowie unsere Selbstzufriedenheit und Kompliz*innenschaft in der resultierenden Zerstörung, entziehen uns schnell das Recht, auf diesem Planeten zu leben.

Die ursprüngliche Vereinbarung, die wir mit der Schöpfungskraft getroffen haben, ist in den Gesetzen der Schöpfung festgehalten. Die Gesetze der Menschen stehen nicht länger in Einklang mit den unveränderlichen Gesetzen der Schöpfung. Wir Menschen sind aus dem Takt gekommen, den der Rest der Schöpfung angibt. Wir haben unseren Weg verloren und unseren Selbstwert überhöht. Dadurch haben wir uns vom Naturgesetz der Schöpfung entfernt, das die Welt im Gleichgewicht hält. So ist die gesamte

Schöpfung in Gefahr geraten. Der Versuch der Menschen, in dieses Gleichgewicht einzugreifen, hat zu einer Reihe rechtlicher Verpflichtungen geführt, die uns sagen, wie wir einander behandeln sollen. Damit meine ich die Gesetze der grundlegenden Menschenrechte, die ich oben skizziert habe. Obwohl diese Gesetze unerlässlich sind, um unsere Freiheiten und Rechte zu sichern, gelingt es ihnen nicht, in Erwägung zu ziehen, dass Menschen im Gleichgewicht mit dem größeren Kontext der Schöpfung stehen müssen. Um ein wahres Gleichgewicht zu erreichen, müssen wir daran arbeiten, diese Rechte auf alle Lebewesen und die Erde selbst auszuweiten.

Wenn wir darauf hoffen, in einer Gesellschaft zu leben, in der Rechte geschätzt werden, dann müssen wir bereit sein, eine ethische Haltung zu unserer inhärenten Verantwortung als Menschen einzunehmen. Zuerst müssen wir anerkennen, dass ein ausschließliches und leeres Beharren auf Rechten ein Vakuum schafft, das nie gefüllt werden kann. Rechte zu fordern, ohne Verantwortung für die Schaffung und den Erhalt dieser Rechte für andere zu übernehmen, schafft eine verzerrte Anspruchshaltung, was häufig zu Gewalt, Ungerechtigkeit und Chaos führt. Zweitens müssen wir anerkennen, dass die gesetzlichen Regeln, die unsere Rechte betreffen, nur dann wirkungsvoll sind, wenn es Menschen gibt, die ehrenwerterweise mit Hingabe daran arbeiten, diese Rechte für alle zu sichern.

Als meine Gemeinschaft entschied, dass der Penobscot River von den giftigen Abfällen der Industrie gereinigt werden muss, haben wir uns nicht einfach erhoben und das Recht auf sauberes Wasser eingefordert. Stattdessen arbeiteten wir mit anderen zusammen und übernahmen Verantwortung für die Reinigung dieses Gewässers zum Nutzen aller Menschen, die den Fluss heute und in Zukunft nutzen und genießen würden. Wir wussten, dass wir, wenn wir das Recht auf sauberes Wasser für uns selbst einfordern wollten, auch Verantwortung dafür übernehmen mussten, sauberes Wasser für alle sicherzustellen.

Als wir über unser Recht auf ein subsistenzwirtschaftliches Leben nachdachten, erkannten wir, dass es mit einer Reihe besonderer Verantwortlichkeiten einherging. Um unser Recht richtig in Anspruch zu nehmen, mussten wir daran arbeiten, das Recht der Mutter Erde zu schützen, damit sie mit all ihren ökologischen Systemen und ihrer intakten biologischen Diversität weiter existieren kann. Wir mussten sicherstellen, dass die Wildtiere in unseren Gebieten auf dem mit uns gemeinsam genutzten Boden nicht nur überleben, sondern gut gedeihen konnten. So respektierten wir, dass unsere Rechte abhängig sind, dass sie an die Rechte all der anderen Lebewesen gebunden sind, mit denen wir unseren Lebensraum teilen.

Dieses Prinzip bedeutet für unsere individuellen Leben und kollektive Arbeit, die Rechte der Menschen und der Erde zu schützen. Es erinnert uns daran, dass sich unsere Forderung nach Rechten im Gleichgewicht befinden muss mit einer Reihe klarer Verantwortlichkeiten. Wir müssen bereit sein, mehr zu tun als eine Forderung zu stellen; wir müssen bereit sein, aktiv an der Schaffung einer Welt zu arbeiten, in der diese Forderung erfüllt werden kann. Wir können nicht das Recht auf sauberes Wasser beanspruchen, ohne für den aktiven Schutz des Wassers vor Verschmutzung und Übernutzung Verantwortung zu übernehmen. Wir können nicht das Recht auf saubere Luft beanspruchen, ohne für die Schaffung gesunder und nachhaltiger Energiequellen Verantwortung zu übernehmen. Wir können nicht das Recht auf eine gerechtere Ökonomie beanspruchen, ohne Verantwortung dafür zu übernehmen, wo und wie wir unser Geld ausgeben. Wir können nicht das Recht auf eine ethische Form der Regierung beanspruchen und dann nicht jene Kandidat*innen wählen, an die wir glauben, sondern jene, denen wir zutrauen, zu gewinnen. Wir können nicht das Recht auf Leben beanspruchen, ohne Verantwortung für die Leben zu übernehmen, die bereits geschaffen wurden. Und wir können nicht das Recht auf Frieden beanspruchen, ohne Verantwortung dafür zu übernehmen, Frieden in uns selbst und in unseren Beziehungen mit anderen zu kultivieren, sogar mit jenen, denen wir widersprechen.

Wenn unsere Rechte nicht mit einem soliden Verantwortungsgefühl im Gleichgewicht stehen, dann begeben wir uns in Abhängigkeit und machen andere für die Probleme verantwortlich, die vor uns liegen. Und wir fordern dann, dass andere einspringen und diese Probleme für uns lösen. Wir zeigen auf andere, klagen an und verurteilen all jene, die sich weigern, das zu tun, was uns selbst nicht gelungen ist. Wenn unsere Forderungen nicht erfüllt werden, werden wir immer wütender und in Reaktion auf diese Wut schlagen wir um uns.

Hier weichen wir entschieden vom grundlegendsten moralischen Kompass der Menschheit ab: »Behandle andere so, wie du von ihnen behandelt werden willst.« Wenn wir etwas für uns selbst einfordern, was wir nicht bereit sind für andere sicherzustellen, verliert unsere Forderung all ihre Kraft. Wenn es uns nicht gelingt, Verantwortung für die Umstände in unserem Leben und im Leben anderer zu übernehmen, dann treten wir die Macht ab, unsere eigene Ausrichtung und die Richtung der Menschheit zu beeinflussen. Wir geben auch unsere Fähigkeit auf, bedeutsame Veränderungen zu gestalten. Doch schon mit kleinen Bewegungen dahin, die erforderliche Verantwortung zu übernehmen und unsere Forderungen ins Gleichgewicht zu bringen, verändern wir unmittelbar und spürbar die Welt.

Wenn wir wirklich hoffen, Veränderung zu schaffen, dürfen wir nicht länger vergessen, dass wir die Macht haben, Veränderung zu bewirken. Wir haben unglaubliche Macht. Wir haben die Macht, den schädlichen Praktiken, die alles Leben auf diesem Planeten verletzen, unsere Leben und unsere finanziellen Ressourcen zu entziehen; wir haben die Macht, uns von der Angstmache, der Sensationsgier und allen weiteren trennenden Taktiken freizumachen, die genutzt werden, um uns zu vereinzeln. Wir müssen bereit sein, füreinander einzustehen und im Geiste der Einigkeit miteinander zu kommunizieren – wir müssen einander in Verbundenheit begegnen. Wenn wir zusammenarbeiten, haben wir die kollektive Macht, unsere wirtschaftlichen und politischen Systeme von den Praktiken der Beherrschung und Zerstörung abzuwenden und wieder an einem menschlicheren und heilenden Weg auszurichten.

Wenn wir unsere Forderung nach Rechten mit einer Übernahme von Verantwortung füreinander und für alle anderen Lebewesen ins Gleichgewicht bringen, erlangen wir unsere Macht zurück. Wenn wir das tun, bilden wir eine Grundlage für eine Gesellschaft, die auf Rechten basiert, die ausgewogen, gerecht und harmonisch ist. Das wird nicht schnell passieren und ist keine einfache Arbeit. Und der Prozess wird nicht abgeschlossen sein, solange wir keine Verantwortung dafür übernehmen.

8

Dekolonisieren

Die Dekolonisierung unseres Denkens und unserer Lebensweisen gehört zu den wichtigsten Dingen, die wir für uns selbst, unsere Kinder und die Zukunft des Planeten tun können. Die Kolonisierung hat uns alle an den Rand der Zerstörung gebracht. Um unsere koloniale Denkart und all ihre Fallstricke loszuwerden, müssen wir erst einmal ihre Auswirkungen auf uns erkennen. Dieses Kapitel ist keine vollständige Abhandlung zu Dekolonisierung, das soll es auch nicht sein. Meine Hoffnung ist vielmehr, dass dieser Textteil gemeinsam mit anderen Bezugnahmen im ganzen Buch ein Verständnis ermöglicht, das die Gegenwart kolonisierten Denkens einfacher erkennbar macht.

Kolonisierung wird über den Akt definiert, sich einen Ort anzueignen oder gewaltvoll zu übernehmen und darüber Kontrolle auszuüben. Wenn wir heutzutage über Kolonisierung sprechen, meinen wir auch die weiterhin bestehenden Kontrollsysteme und hintergründigen Denkmuster, die Kolonisierung mit sich bringt. Viele nennen die heutige Zeit postkolonial, doch dieser Bewertung stimme ich nicht zu. Der Kolonialismus ist nicht nur wohlauf, sondern er gedeiht prächtig. Wir nennen ihn nur bei anderen Namen.

Einer der Namen, der heutige Praktiken der Kolonisierung beschreibt, ist der ›Fortschritt‹. Im Namen des Fortschritts übernehmen Regierungen und Industrieunternehmen gewaltvoll die Kontrolle über das Land und Leben anderer. Koloniale Glaubenssätze und Ideologien sind aktiv in den Herzen und Köpfen von Menschen zugegen – besonders den Nachfahren der kolonialen Macht. So bleiben die kolonialen Strukturen fest etabliert und durchdringen die damit verknüpften Zyklen der Herrschaft und Kontrolle.

Kolonisierung ist wie eine Infektion. Sie dringt ein und steckt das ganze System an, bis der ganze Körper betroffen ist. In vielen historischen Texten wird Kolonisierung bloß als Besiedlung bezeichnet, doch das ist nicht richtig. Kolonisierung ist zutiefst verstörend. Sie zerstört die kulturelle Identität und das Gefühl der Zugehörigkeit bei jenen, die kolonisiert werden. Sie versucht sie dann von ihren Grundwerten und Überzeugungen zu trennen, um sie dem Willen der Kolonisierenden zu beugen – um sie zu brechen. Es folgt die gewaltvolle Auferlegung der Werte und Ideologien der Kolonisierenden. Wenn jene, die der Kolonisierung unterworfen werden, die Art und Weise ihrer Unterdrück*erinnen anzunehmen beginnen, dann beginnen sie auch, andere zu unterdrücken – innerhalb und außerhalb ihrer Gruppe. So wird der Einfluss der Unterdrück*erinnen erweitert und der Wille der Menschen untergraben, die für ihre eigene Freiheit kämpfen.

Um die Auswirkungen der Kolonisierung zu überwinden, ist die wirksamste Möglichkeit, uns der Weisheit unserer eigenen kulturellen Traditionen zuzuwenden und uns mit den kulturellen Werten vertraut zu machen, die diese Traditionen leiten. Wir müssen die Spuren suchen und sie dann tilgen, die die Kolonisierung in unseren Herzen und Köpfen hinterlassen hat, so dass wir diese Einflüsse loslassen und ersetzen können – um so unsere Verpflichtung zu Einigkeit, Harmonie und einer ehrlichen Selbstwahrnehmung zu erneuern.

Schichten der Trennung

Eine der Vorstellungen, die die Kolonisierung uns aufgezwungen hat, ist der Glaube, dass es eine Trennung zwischen uns und der Kraft gibt, die uns erschaffen hat. Dieses verzerrte Bild wurde gezeichnet, um die breiten Massen kontrollieren zu können. Laut dieser Vorstellung wurden einige wenige Personen dazu auserwählt, die Beziehung zwischen den Menschen und der Schöpfung zu verhandeln. So wurde der Kreis an Personen eingeschränkt, die die Kolonisierenden kontrollieren mussten. Wenn sie die religiösen Vorsitzenden einer Bevölkerung unter Kontrolle hatten, konnten sie leicht die ganze Gesellschaft gefügig machen. Dieses Szenario stützte auch den Abhängigkeitszustand, der für die Kolonisierung entscheidend ist. Wenn die Menschen glauben, dass sie von einigen Auserwählten abhängig sind, um »erlöst« zu werden, leisten sie eher Gehorsam. So verließen sich Menschen eher auf diese falschen Hierarchien und wurden dazu gebracht, ihre Macht an jene Instanz abzutreten, die als höhere Macht dargestellt wurde.

Wieder eine unmittelbare Verbindung zu unserer Schöpfung herzustellen, ist also eine der wichtigsten Handlungen, um den Zugriff der Kolonisierung auf unsere Leben zu beenden. Anzuerkennen, dass die Kraft der Schöpfung der Ursprung unseres Seins ist und dass wir nie von diesem Ursprung getrennt werden können, vermittelt uns unsere wahre Macht. Das ist die Essenz, die den kreativen Ausdruck unseres Lebens in uns antreibt und uns mit denselben Kräften der Schöpfung ausstattet, die uns erschaffen haben. Wenn wir in Verbindung mit diesem schöpferischen oder göttlichen Bewusstsein leben, dann begeben wir uns in einen Zustand der aktiven Schöpfung und können die Wirklichkeit um uns herum einfach verändern.

Nahrung, Wasser und die Luft, die wir atmen

Eine eindeutige Taktik der Kolonisierung ist die Kontrolle über die Grundlagen menschlichen Überlebens. Und es ist das deutlichste Beispiel des heutigen Fortbestehens der Kolonisierung. Henry Kissinger, der den Kolonialismus maßgeblich mitgestaltet hat, sagte angeblich: »Kontrolliere das Öl und du kontrollierst Nationen; kontrolliere die Nahrung und du kontrollierst die Menschen.« Ob er das tatsächlich so gesagt hat oder nicht, ist unwichtig. Entscheidend ist, dass es wahr ist. Wenn andere Menschen deinen Zugang zu Nahrung und Wasser kontrollieren, dann bist du um deines Überlebens willen von ihnen abhängig. Die Verwandlung von kleinen Familienbetrieben zur riesigen Agrarindustrie steht für eine Wende von der lokalen Steuerung unseres Überlebens hin zur Abhängigkeit von industriellem Machthandeln. Ohne Zugang zu Nahrung gehen wir in drei Wochen zugrunde.

Der Trend hin zur Kontrolle des Wassers ist in den letzten zwanzig Jahren bedeutend gestiegen. Die Nutzung von Wasser für die giftige Herstellung fossiler Treibstoffe, die industrielle Landwirtschaft und die ausbeutenden Gewinnungspraktiken der Trinkwasserindustrie, haben alle zerstörerische Auswirkungen auf die Leben der Menschen. Mangelnder Zugang zu sauberem Wasser ist eine lebensbedrohliche Wirklichkeit für Millionen von Menschen auf diesem Planeten. Die Kolonisierung unseres Wassers stellt die unmittelbarste Bedrohung des Lebens dar, mit der wir heute konfrontiert sind. Wir können nur drei Tage ohne Wasser überleben.

Der Handel mit Emissionszertifikaten ist eine der genialsten Kolonisierungsmaßnahmen unserer Zeit. Das Pariser Klimaabkommen – angepriesen als großer Triumph des Umweltschutzes – war bloß der Startschuss für die Expansion eines neuen Handelsmarktes. Die Zertifizierung von Emissionsrechten ist eine Verschleierungstaktik. Sie schafft einen Handelsmarkt für unsere Luft und bietet jenen, die unsere Ökosysteme zerstören, die Möglichkeit, Verantwortung vorzutäuschen. Es handelt sich schlicht um eine Maßnahme, die ein weiteres Element unseres Überlebens zur

Ware macht. Emissionszertifikate erlauben es verschmutzenden Industrien, die Aufmerksamkeit von den zerstörerischen Auswirkungen ihrer Umweltverschmutzung abzulenken, indem sie behaupten, diese Auswirkungen auszugleichen, indem sie die Umstände an irgendeinem anderen Ort verbessern. Das Problem mit diesem Szenario ist, dass es keinen anderen Ort gibt. Wir leben in einem geschlossenen System. Jede Verschmutzung – egal an welchem Ort – wirkt sich auf uns alle aus und schadet dem gesamten Planeten.

Ein weiteres Problem mit dem Emissionshandel ist, dass seinetwegen den angreifbarsten Bevölkerungen weltweit noch mehr Land geraubt wird. Große Unternehmen, die ihre Erlaubnis, weiterhin unsere Umwelt zu verschmutzen, ausweiten und verlängern wollen, kaufen riesige Landflächen in Afrika, in Zentral- und Südamerika. Diese Landnahmen vertreiben vielfach Indigene Gesellschaften und schaffen katastrophale Menschenrechtskrisen und gesellschaftliche Dilemmas. Zudem werden die angeeigneten Gebiete oft mit gentechnisch manipulierten Monokulturen bepflanzt, die den Boden zerstören und das Wasser kontaminieren. Diese haben zerstörerische und giftige Auswirkungen auf die Wildtiere, die in jenen Regionen leben.

Die schrecklichen Bilder von verbrannten Orang-Utans sind das Ergebnis industrieller Palmölplantagen. Ihr Lebensraum wird durch großflächige Rodungen und Entwaldungen zerstört, die einzig den Zweck erfüllen, Palmölpflanzen anbauen zu können. Hierfür werden vor allem Tieflandregenwälder zerstört, die zu den artenreichsten Gebieten der Erde gehören, so dass zahlreiche gefährdete Arten noch stärker gefährdet und weltweit unsere

Systeme der Erzeugung und Filterung von Sauerstoff zerstört werden.

Vom Verkauf unserer Luft profitieren nur die, die sie verschmutzen. Wir können nur sechs Minuten ohne Luft zum Atmen überleben. Unsere Erde ist ein Lebenssystem. Die Zerstörung unserer Luft wird zu einem vorhersagbaren Ergebnis führen. Sie wird alles Leben auf diesem Planeten ersticken.

Also müssen wir die Tendenz zur gewinnorientierten Zerstörung des Lebens umkehren. Wenn wir weiterhin überleben wollen, müssen wir beginnen, unsere Wertesysteme so zu verschieben, dass der Wert des Lebens an erster Stelle steht.

Sprache

Eine weitere Eigenschaft der Kolonisierung ist die Abwertung oder Zerstörung der kulturellen Traditionen, Überzeugungen und Praktiken der Kulturen, in die sie einfällt. Sie zerstört systematisch die Kultur der Menschen und ersetzt sie mit einer simulierten Anpassung, die eher die Traditionen, Werte und Überzeugungen der Kolonisierenden widerspiegelt. Dann zerstört die Kolonisierung alle Beweise dieses Verbrechens, indem sie in die Weitergabe von Sprachen, Ritualen und Zeremonien eingreift und die Bedeutung und Absicht von Schlüsselbegriffen verändert, um ihre Bedeutsamkeit in der ursprünglichen Kultur zu vermindern.

Hier im Gebiet der Wabanaki fangen wir gerade erst an, die Auswirkungen der Kolonisierung auf unsere Sprachen zu analysieren. Wir befinden uns gerade in dem Prozess, unsere Sprachen zu dekolonisieren und die ursprünglichen Bedeutungen und vielschichtigen Weisungen zurückzugewinnen, die sie enthalten. Unsere Sprachen sind voller Leben. Sie sind vielschichtig, enthalten all die Gestalten und Formen, die das Universum umfasst. Sie vermitteln uns unseren Platz in der Welt und unsere Beziehung zu allem Lebendigen. Leider sind viele tiefere Bedeutungen, die in unseren Sprachen enthalten sind, in der kolonialen Übersetzung verloren gegangen. Jene, die unsere Sprachen in der Vergangenheit interpretiert und katalogisiert haben – vornehmlich männliche Gelehrte, Geistliche und Linguisten –, taten dies entsprechend ihrer eigenen Weltsicht und beschränkten Überzeugungen. Als wir unseren Zugriff auf unsere Sprachen verloren hatten, waren es diese verzerrten Übersetzungen, die uns noch blieben. Als neue Sprech*erinnen anfingen, diese Übersetzungen aufzugreifen, war die Sprache flach – der Großteil ihres Kontextes und ihrer tieferen Bedeutungen war ihr genommen worden.

Viele männliche Wissenschaftler wurden dazu ausgebildet, die Welt durch einen rationalen und linearen Filter wahrzunehmen. Daher waren ihre Übersetzungen praktisch und effizient, sie entzogen der Sprache alles außer ihrer grundlegendsten Bedeutung. Das hinterließ eine funktionale, aber nicht aufschlussreiche Sprache. Die Männer, die aus kolonialen Bildungssystemen kamen, waren auch darin ausgebildet, der Sprache alle weiblichen Aspekte zu entziehen, was auch alle relationalen Aspekte in der Sprache tilgte.

Frauen neigen zu einer anderen Wahrnehmung von Sprache. Wenn sie Sprache analysieren, tun sie das intuitiv und schließen in ihre Definitionen tiefere kontextbezogene Bedeutungen und relationale Aspekte der Wörter mit ein. Ihre Definitionen sind im Allgemeinen beschreibender und inklusiver. Wenn Frauen, die die Sprache interpretieren, tiefes kulturelles Wissen besitzen, dann nehmen sie die Sprache aus einer noch breiteren Perspektive wahr und interpretieren sie auf eine Weise, die die kulturellen und traditionellen Lehren aufrecht erhält. Somit sind ihre Definitionen nicht nur beschreibend, sondern assoziativ und relational – sie beziehen die gesamte kulturelle Wirklichkeit und die damit zusammenhängenden Aspekte in die Bedeutungsgebung mit ein. Damit die Sprache lebendig sein kann, damit sie rund sein kann, ist es entscheidend, dass der kulturelle Kontext mit der entschlüsselten Sprache verknüpft wird. Unsere Sprachen sollen relational sein. Sie lehren uns, wie wir in Verwandtschaft miteinander leben können, wie wir mit den natürlichen Elementen in unserer Umgebung in Verbindung stehen sollten und wie wir unseren eigenen Platz in der größeren Schöpfung finden.

Es folgen zwei Beispiele, die die genannten relationalen und assoziativen Aspekte veranschaulichen. In der Sprache der Passamaquoddy lautet das Wort für »Herz« *mushon* und das Wort für »Großvater« *muhsomul*. *Muhsomul* wurzelt im Wort *mushon*. Das Wort *muhsomul* bestimmt die liebevolle Beziehung zwischen einem Großvater und einem Enkelkind und drückt die tiefe Liebe aus, die Großeltern für ihre Enkel*innen empfinden. Das Wort zeigt auch an, dass die herzensbasierte Weisheit mit dem Alter vertieft wird. Denn es deutet auf das Wechselspiel zwischen dem Männlichen und dem Weiblichen hin, insbesondere auf die Übertragung der herzensbasierten Weisheit vom Weiblichen zum

Männlichen. Es impliziert, dass es für einen Menschen mit männlichem Fokus ein ganzes Leben dauert, um die herzensbasierte Bewusstheit des Weiblichen zu verkörpern. Da das Suffix *-mul* auch mit der Zeit der Monatsblutung assoziiert ist, verstärkt es hier das Bewusstsein für die Übertragung weiblicher Weisheit. Die Rolle des Großvaters steht für das Herz des Weiblichen – mit seinem nährenden, lebensbewahrenden Wesen.

Das zweite Beispiel finden wir im Wort für eines unserer Medikamente, *kiwhoswiskw* (Kalmus). Das Wort ist mit *kiwhos* verwandt, das für die Bisamratte steht. Sie ist als jene bekannt, die Kalmus frisst. Die Gemeinsamkeit dieser Worte bestimmt die Beziehung zwischen der Pflanze und dem Tier. Diese Bezugnahme vermittelt uns, wo wir die Medizin finden können, indem wir die Bisamratte beobachten und herausfinden, welche Pflanzen sie frisst. Die Wörter vermitteln uns auch, wo wir die Heilungseigenschaften finden können, wenn die Pflanze nicht verfügbar ist. Da die Bisamratte die Medizin verdaut, enthält auch ihr Körper die Heilungseigenschaften dieser Medizin. Unsere Gemeinschaft nutzt Kalmus zur Behandlung von Erkältungen, Halsweh und anderen Atemwegsbeschwerden, die in den Wintermonaten üblich sind. Unsere Vorfahren haben die Wurzeln zur Anwendung über den gesamten Winter im Herbst gesammelt und getrocknet. Als zusätzlichen Schutz aßen wir auch Bisam-Suppe. Meine Urgroßmutter kochte sie im Winter und schrieb ihr zu, dass sie voller guter Medizin stecke und die Familie gesund halten werde.

Eine Verbindung zu den tieferen Bedeutungen unserer Sprachen herzustellen, trägt dazu bei, dass wir uns tiefer miteinander und mit den Orten beschäftigen, an denen wir uns zu Hause fühlen

– egal woher wir kommen. Uns die volle Bedeutung wieder anzueignen, die in unseren Sprachen enthalten ist, hilft uns dabei, uns in Beziehung zu unseren aktuellen Wirklichkeiten richtig zu verorten – und es verbindet uns mit unserer kulturellen Geschichte.

Um zu begreifen, wie wichtig die Sprachwiederherstellung für die Dekolonisierung unseres Denkens und unserer Seelen ist, müssen wir die Ursachen und Auswirkungen der Veränderungen in unseren Sprachen untersuchen. Wir müssen daran denken, dass wir in einem schwingenden Universum leben und Sprache in dieser Schwingung existiert. Die energetischen Veränderungen zu erkennen, die in unserer Sprache enthalten sind, hilft uns dabei, zu verstehen, wie auch die heute benutzten Wörter sich auf uns auswirken. Wenn die Veränderungen in der Sprache das Ergebnis von Verbindungen und vom respektvollen Zusammenkommen unserer Gesellschaften sind, dann ist der Tenor in diesen Sprachveränderungen einigend und spiegelt diese harmonische Integration wider. Wenn die Veränderungen in unseren Sprachen jedoch von Gewalt und Beherrschung bestimmt sind, dann wird diese Gewalt und Beherrschung in der Sprache nachhallen.

Sprache ist auch mit sozialer Gerechtigkeit verknüpft. Sie wird benutzt, um zu bestimmen, welche Menschen an den Rand gedrängt werden und wie diese marginalisierten Bevölkerungen in der Gesellschaft behandelt werden. Wenn zum Beispiel zweisprachige Schül*erinnen ins US-amerikanische Schulsystem eintreten, wird ihre Hauptsprache bestimmen, wie die Schule sie einordnet. Schül*erinnen, die die dominante Sprache nicht fließend sprechen, werden als defizitär gekennzeichnet und in der Bildungshierarchie untergeordnet. Die Schül*erinnen, die die dominante Sprache sprechen, nehmen diese Wertung wahr und fühlen sich überlegen. Diese subtilen Sprachaspekte verstärken die Machtbasis und die hierarchischen Muster der Kolonisierenden. Wenn wir uns unsere Sprachen wieder aneignen, stärkt das unser Gefühl der Identität und der Zugehörigkeit. Diese Stärke brauchen wir, um die Fesseln der Unterdrückung zu zerreißen und um die zerstörerische Mentalität zu überwinden, die die Kolonisierung mit sich bringt.

Ritual und Zeremonie

Die Zersetzung zeremonieller und ritueller Praktiken ist ein weiteres zentrales Werkzeug der Unterdrückung. Rituale wirken sich auf Gedanken, Gefühle und Verhalten von Menschen aus. Die Zerstörung der traditionellen Rituale kann weitreichende Folgen haben, gesellschaftliche Erwartungen und gemeinschaftliches Verhalten verändern und das Gefühl der Hoffnung schwächen. Um eine Vorstellung davon zu bekommen, wie tiefgreifend die Auswirkungen von Ritualen sein können, denke nur an die vielen Rituale, die von Athlet*innen und Sport-Fans vollzogen werden. Die Überzeugung ist weit verbreitet, dass die Störung des Rituals einer einzelnen Person sich auf die Leistung des gesamten Teams auswirken kann. Sport*lerinnen, die ihre Glückssocken nicht finden konnten, betreten das Stadion mit einer gewissen Furcht. Das Ritual durchzuführen, ist für diese Spiel*erinnen direkt mit dem Glauben an ihre Fähigkeit zu gewinnen verknüpft.

Das Gleiche gilt für Menschen mit festen Tagesritualen, wie dem Aufwachen zu einer bestimmten Uhrzeit und auf eine bestimmte Weise, der Meditations- oder Yoga-Praxis, der Dusche, der ersten Tasse Kaffee oder anderen Formen der allmorgendlichen Routine. Wird ihre Routine unterbrochen, fühlt sich der ganze Tag für sie unausgeglichen an. Wenn du jetzt an tiefere kulturelle Rituale denkst, die mit dem Wohlbefinden der Gemeinschaft verknüpft sind, oder an spirituelle Zeremonien, die schützen oder heilen sollen, dann wird ansatzweise vorstellbar, wie zerstörerisch die Unterbrechung ritueller Praktiken sein kann. Unsere Verbindung zu Ritualen bildet einen Rahmen für unser Leben. Diese Ordnung zu zerrütten, erzeugt Gefühle der Unsicherheit und Haltlosigkeit.

Rituale bieten Gewissheit und Behagen sowie ein Gefühl der Verbindung zu etwas Größerem als dem eigenen Selbst. Sie werden genutzt, um Schmerz zu lindern und Heilung zu erleichtern. Die Rituale, die wir rund um den Tod zelebrieren, sind ein deutliches Beispiel. Sie bieten Struktur und Ordnung in einer Zeit der enormen Trauer und lassen uns unsere Emotionen gemeinsam ausdrücken und erfahren. Sie helfen uns, der Wirklichkeit des Todes zu begegnen, und für viele bestätigen sie das Versprechen eines künftigen Lebens nach dem Tod.

Rituale zu praktizieren, bietet Individuen und der Gemeinschaft ein gewisses Gefühl der Kontrolle über ihre Lebensumstände. Wenn dieser Prozess gestört wird, fördert das Gefühle der Hoffnungslosigkeit und Verzweiflung; ein umfassendes Gefühl des Kontrollverlusts macht sich breit. Deshalb haben die Kolonisierenden zielgerichtet die rituellen Praktiken jener zerstört, die sie beherrschen wollten. In den USA wurde das umgesetzt, indem Indigene Zeremonien und Sprachen unter Strafe gestellt wurden. 1884 wurden den Native Americans ihre zeremoniellen Praktiken gesetzlich verboten. Indigene Menschen wurden dafür ermordet und eingesperrt, ihre Rituale und Zeremonien zu praktizieren oder ihre Sprachen zu sprechen. Jene, die in Haft genommen oder in Internate gezwungen wurden, mussten ihre Haare abschneiden. Das ist wichtig, weil für viele Indigene Gesellschaften das Haar ein Symbol der Stärke und spirituellen Weisheit ist. Tatsächlich schneiden in dieser Tradition viele Menschen ihre Haare nur, wenn ein geliebter Mensch gestorben ist. Das abgeschnittene Haar wird dann der verstorbenen Person als Ausdruck der Trauer und als Gabe der Kraft dargeboten. Es wird geopfert, um die Reise der geliebten Person auf die andere Seite zu unterstützen. Menschen, die diese Überzeugung haben, zum Abschneiden ihrer Haare zu zwingen, wurde genutzt, um ihnen Trauer aufzuerlegen und ihnen ein Symbol ihrer Stärke zu nehmen. Auch Gesichtsbemalungen, zeremonielle Kleidung, Gesellschaftstänze und Gemeinschaftsfestmahle wurden verboten.

1890 wurden am Wounded Knee mehr als dreihundert Männer, Frauen und Kinder der Lakota Sioux von US-Militärtruppen massakriert, als sie die Geistertanzzeremonie abhielten. All diese Angriffe brachen den Mut, zerstörten Verbindungen innerhalb der Gemeinschaft und waren darauf ausgerichtet, die Herzen der Menschen zu zerschlagen. Die Gesetze gegen die Sprachen und religiösen Zeremonien der Indigenen Bevölkerung blieben bis 1978 in Kraft. Heute sind Indigene Glaubenssysteme und Rituale zwar nicht verboten, doch sie werden von der Gesamtbevölkerung noch immer weitgehend trivialisiert, angeeignet und nicht respektiert. Außerdem begegnet ihnen nach wie vor Gewalt, wie wir am Standing Rock bezeugen konnten, wo friedliche, betende Menschen mit Wasserwerfern, Hunden, Tränengas, Schockgranaten und Schlagstöcken angegriffen wurden. Wie Polizei und Militär auf Menschen im Gebet zum Schutz des Wassers reagiert haben, ist ein Spiegel der anhaltenden Auswirkungen der Kolonisierung in den Köpfen der Menschen dieser Gesellschaft. Auch wenn sich die Gesetze verändern mögen, werden die Herzen und das Denken der Menschen vergiftet bleiben, bis sie sich bewusst werden, welchen Einfluss diese Geschichte auf sie hat.

Uns unsere Zeremonien und Rituale wieder zu eigen zu machen und Anspruch auf sie zu erheben, ist ein wichtiger Teil unserer inneren Dekolonisierung. Um das tun zu können, müssen wir die von uns praktizierten Rituale ehrlich daraufhin untersuchen, welchen Einfluss die Kolonisierenden auf sie genommen haben. Enthalten unsere Rituale Hierarchien? Ermutigen sie zur Ausübung von Kontrolle über andere? Sich alte Rituale wieder anzueignen oder neue zu schaffen, ermöglicht es uns, in unseren Gemeinschaften und Gesellschaften ein Gleichgewicht zu finden. Und es ermöglicht uns, unsere Lebensweise wieder an den Werten auszurichten, die uns am wichtigsten sind.

Ökonomie und Ökologie

Wenn wir über die Auswirkungen der Kolonisierung auf die Erde nachdenken, wird deutlich, dass es drastische Veränderungen geben muss. Der kolonialistische Glaube an die Expansion, der für viele eine mentale und spirituelle Erkrankung darstellt, umfasst die Vorstellung, dass es unendlichen Raum für Wachstum gibt – sogar während unleugbar bewiesen ist, dass Ressourcen begrenzt und bald verbraucht sind. Meines Erachtens ist die Vernichtung der lebensnotwendigen Ressourcen eine akutere Bedrohung als die Veränderungen unseres Klimas. Menschen haben definitiv eine negative Auswirkung auf unsere Umwelt. Und doch hat es immer Zeiten der Erwärmung und Kälteperioden gegeben.

Die Prophezeiungen der Maya und die ökologische Geschichte der Erde zeigen beide, dass wir uns in 5000 Jahre dauernden Kreisläufen durch diese Phasen bewegen, die mit der Erwärmung und Abkühlung des Klimas und mit dem Aufstieg und Fall von Zivilisationen korrespondieren. Der Niedergang vergangener Zivilisationen geht wahrscheinlich direkt mit den Veränderungen des Klimas einher. Die Zivilisationen, die nicht bereit waren, den Warnungen der natürlichen Welt zu folgen, und ihre Art der Beziehung zu ihrer Umwelt während dieser Veränderungen nicht anpassten, konnten nicht überleben. Unsere uralten Geschichten erzählen auch davon, dass wir mehrere Epochen der Menschheitsgeschichte durchlebt haben und dass die Menschen überlebt haben, die sich besonders nah mit dem Rhythmus der Erde verbinden konnten. Unabhängig von dem tatsächlichen Klima, mit dem wir konfrontiert sind, werden wir untergehen, wenn wir uns den Veränderungen nicht anpassen, die um uns herum stattfinden, und wenn wir alle Ressourcen aufbrauchen, die zum Überleben notwendig sind.

Jene, die dem kolonialen Denken folgen, verkünden freudig, dass diese Veränderungen für den Fortschritt stehen, dass sie unsere Wirtschaft aufbauen und uns sicherer machen. Wir wissen, dass diese Behauptungen unwahr sind. Wir können nicht länger so tun, als wäre diese Geisteshaltung förderlich, und wir können nicht länger die Folgen und Auswirkungen ignorieren, die sie auf unsere Leben hat. Wir befinden uns im rasanten Niedergang, rasen in eine unumkehrbare Krise des Lebens an sich. Wir können nicht länger um des Erfolgs wegen die Erde schänden, wenn wir im Herzen wissen, dass dies unvermeidlich zu unserer Zerstörung führt.

Uns wieder mit der Erde zu verbinden, ist grundlegend für eine Dekolonisierung unserer Beziehung zum Leben. Kolonisierung untergräbt unsere Fähigkeit zur Selbstbestimmung und Selbstgenügsamkeit. Sie entfernt uns von den Gaben, die die Erde bereit hält und macht uns abhängig und gefangen in der kolonialen Ökonomie. Historische Zeugnisse belegen, dass die Menschen, die zum Ziel von Kolonisierung gemacht wurden, sich selbst versorgt haben und meist in einem harmonischen Gleichgewicht mit der natürlichen Welt lebten. Durch die Kolonisierung wurden diese Menschen zur Armut und zur Abhängigkeit von den Kolonisierenden verurteilt. Wenn wir unsere Verbindung zur Erde verlieren, dann verlieren wir unsere Freiheit – und wir verlieren unsere Fähigkeit zu überleben.

Kolonisierung ist in diesem Sinne eine Täuschung. Sie bietet den Sied*lerinnen ein falsches Gefühl der Sicherheit, lässt Kolonisierende glauben, dass sie nur im kolonialen System sicher sind, da in der Welt da draußen lauter Entbehrungen und Gefahren lauern. In Wahrheit ist die wirkliche Gefahr die Kolonisierung, weil die sie antreibende Kraft nie befriedigt werden kann. Wenn die Kolonisierenden nicht mehr genug Land haben, dass sie erobern können, dann beginnen sie, sich ihre eigenen Siedlungen einzuverleiben. Sie beginnen mit den Schwächsten und arbeiten sich von dort hoch. Wir sehen diese Einverleibung heute in den USA, wo Landnahmen und ökologische Zerstörung, die vormals nur an den Rändern stattfanden, sich heute über öffentliches Land erstrecken und Folgen für alle haben.

Bedeutende Gebiete werden jetzt regelmäßig enteignet, nicht um die Böden als Gemeingut zu nutzen – wie es geplant war – sondern für die Profite privater Unternehmen. Öffentliche Wasserquellen werden routinemäßig kontaminiert, was zu Krankheiten und Schäden bei den Menschen führt, die in der jeweiligen Gegend leben. Diese Praxis ist nicht überraschend für Indigene sowie ländlich-verarmte Bevölkerungen, die schon seit Generationen unter diesem System leiden. Doch sie ist überraschend für jene, die früher von der Kolonisierung profitierten. Als Teil der kolonisierenden Gesellschaft glaubten sie, dass sie vor den zerstörerischen Verheerungen der Kolonisierung geschützt seien. Doch Kolonisierung kennt keine treue Gefolgschaft. Sie hat keine Grenzen. Sie verzehrt weiterhin alles auf ihrem Weg, bis alles verschlungen ist. Wir können diese alles verschlingende Zerstörung nur aufhalten, indem wir uns von dieser kolonialen Geisteshaltung befreien und uns wieder an der Quelle des Lebens ausrichten.

9

Unsere kindliche Abhängigkeit beenden

Ein anderes Kennzeichen der Kolonisierung ist die Abhängigkeit. Eine abhängige Gesellschaft fühlt sich meist nicht dazu in der Lage, ihre eigenen Probleme zu lösen. Dieser Zustand der Abhängigkeit führt dazu, dass Verantwortung auf andere übertragen wird. In diesem System ist kein Mensch selbst für schlechte Zustände verantwortlich, sondern allen anderen wird der Vorwurf gemacht.

Jahrhunderte der paternalistischen Regierung haben uns darin geübt, vom Wohlwollen der herrschenden Klasse abhängig zu sein. Paternalistische Herrschaft schafft eine Beziehung von Beschützenden und Schutzbefohlenen, in der die Menschen, die an der Macht sind, Entscheidungen treffen dürfen, die unsere Freiheiten außer Kraft setzen, sie beschränken oder in sie eingreifen – und dies geschieht auf Basis der Vorannahme, sie handelten in unserem besten Interesse. Doch die Geschichte hat gezeigt, dass die herrschende Klasse – ob ihre Macht nun vererbt ist oder gewählt – fast immer im eigenen Interesse handelt und das häufig auf Kosten der Menschen, die sie regiert.

Diese Regierungsstruktur ist nicht in einem Vakuum entstanden. Durch die gesamte Geschichte hindurch waren die regierten Menschen von deutlich größerer Zahl als die herrschende Klasse. Zu jedem Zeitpunkt hätten sie verweigern können, auf diese Weise regiert zu werden, und ein gerechteres, gleicheres System einfordern können – haben sie aber nicht. Stattdessen haben die Menschen diese Systeme durch unzählige gemeinschaftliche Vereinbarungen und Gesellschaftsverträge genehmigt.

Abgesehen von bestimmten Indigenen Modellen, war die paternalistische Herrschaft das vorherrschende Regierungssystem in der gesamten Geschichtsschreibung. Unsere lange Geschichte mit dem Paternalismus hat eine Kultur der Abhängigkeit geschaffen, in der Menschen entweder unwillig oder unfähig sind, in ihrem eigenen besten Interesse zu handeln. Stattdessen treten sie die Macht – oft zu ihrem Nachteil – an Machtinstanzen ab, um zu vermeiden, selbst Verantwortung für die Umstände ihres Lebens oder ihrer Gemeinschaften zu übernehmen.

Die Kultur der Abhängigkeit reicht in jeden Winkel unserer Leben. Vom Tag unserer Geburt an werden wir darauf eingetaktet, auf Macht zu gehorchen und von einer höheren Autorität abhängig zu sein. Dieses Folgsamkeitssystem ist in unsere Regierungsstrukturen, Bildungssysteme, Arbeitsgesetze und in die Grundsätze der meisten Religionen eingebettet.

Unser Gehorsam diesen Systemen gegenüber ist oft mit Ritualen verknüpft, die deren Macht über uns verstärken. Wir erklären unseren Gehorsam durch irgendein offizielles Zeremoniell, das eine Initiation oder einen Treueschwur beinhaltet. In unserem Gehorsam gegenüber religiösen Strukturen ist das besonders deutlich. Religiöse Traditionen umfassen häufig mehrere Stufen der Weihung. Zur Geburt weihen die Eltern ihr Kind in die religiöse Gruppe ein. In der Jugend müssen die Kinder dann das Gelübde ihrer Eltern bestätigen, indem sie sich selbst den Gesetzen und Lehren des jeweiligen Glaubens verpflichten.

Im jüdischen Glauben beispielsweise haben die Kinder eine Bar bzw. Bat Mitzwa, wenn sie erwachsen werden. Sie bedeutet, dass sie den Schutz ihrer Eltern verlassen und von nun an selbständig ihre Kenntnis der Gesetze der jüdischen Religion und alle Verstöße gegen deren Gesetze verantworten. Im christlichen Glauben wird diese Weihung im Jugendalter als Konfirmation oder als Firmung bezeichnet. Das ist der Moment, in dem das Individuum die von den Eltern bei der Taufe abgelegten Gelübde bestätigt und seinen fortwährenden Glauben verspricht. Im Hinduismus gibt es die Zeremonie des Heiligen Fadens. Es handelt sich um einen Übergangsritus, der junge Männer in das religiöse Leben einführt. Während der Zeremonie erhalten die Gläubigen sieben Fäden, die die sieben Tugenden des Glaubens symbolisieren. Sie tragen diese Bänder dann für den Rest ihres Lebens als Symbol der Hingabe zu ihrem Glauben. Außerdem müssen religiöse Leitfiguren sich zum Gehorsam verpflichten. Ihre Schwüre stellen sicher, dass diejenigen, die im Namen einer religiösen Gruppe sprechen, sich an die bestehenden Regeln und anerkannten Autoritätsstrukturen halten.

Wir legen ähnliche Eide und Schwüre in unseren jeweiligen Gesellschaften ab. Als ich aufwuchs, mussten Kinder jeden Morgen zu Beginn eines Schultags aufstehen und den Fahneneid sprechen. Unsere politischen Abgeordneten sind gesetzlich dazu verpflichtet, einen Amtseid abzulegen, der ihre Verpflichtung bestätigt, die Verfassung – das höchste Gesetz des Landes – zu vertreten und zu verteidigen. Auch Personen, die sich dem Militär anschließen, legen den Eid ab, dass sie die Verfassung aufrechterhalten und verteidigen werden und sie schwören ihren Gehorsam gegenüber dem Staatsoberhaupt und ranghöheren Personen. Viele Unternehmen fordern ähnliche Versprechen von ihren Angestellten, die Ziele, Zwecke und Vorhaben ihrer Organisation zu verfolgen. Überall wird der Gehorsam gegenüber herrschender Macht gestärkt.

Solch unhinterfragter Gehorsam ist gefährlich, da er einen Verzicht auf moralische Eigenständigkeit erfordert. Wenn wir erst einmal eine andere Person oder Instanz als Autoritätsfigur akzeptiert haben, werden wir automatisch darauf konditioniert, ihr zu folgen. Der ›blinde Gehorsam‹ gegenüber Autoritätsfiguren hat die Menschheit in einige der schrecklichsten Handlungen der Geschichte gestürzt.

Wenn wir unsere Macht an ein paternalistisches System übergeben, treten wir alle Verantwortlichkeit und Mündigkeit für unser Leben ab. Das ermöglicht uns, immer kindlich zu bleiben, was wie eine Art Freiheit erscheinen mag. Doch das ist keine Freiheit, sondern ein psychologisches Gefängnis. Wenn wir die Macht über unser eigenes Leben abgeben, geben wir auch die Macht ab, es zu verändern.

10

Eroberung und Aktivismus

Kolonisierung wird vom Motiv der Eroberung angetrieben. Es ist seit siebzehn Jahrhunderten der vorherrschende Modus Operandi und hat alle Bereiche unserer Leben durchdrungen. Uns ist selbstverständlich geworden, Macht und Kontrolle übernehmen zu wollen. Viele unserer Aktivismen haben zum Ziel, ein System umzustürzen und es mit einem anderen zu ersetzen. Diese Praxis verfestigt die Spirale von Herrschaft und Dominanz und hilft uns nicht dabei, unser großes Ziel des Zusammenhalts und der Einigkeit innerhalb unserer Bewegungen zu erreichen.

Eines der Merkmale von Eroberung ist die Unterwerfung. Die Geisteshaltung der Beherrschung ist von oben nach unten strukturiert, sie beruht auf Machthierarchien. Eine der Gefahren dieser Haltung ist, dass sie ihre Macht dadurch gewinnt und verfestigt, dass anderen ihre Eigenmächtigkeit entzogen wird. Die Unterdrückenden nehmen den Unterdrückten die Macht. Die Unterdrückten wiederum unterdrücken andere im Versuch, einen Teil ihrer Macht zurückzuerlangen. Wenn es uns nicht gelingt, in diesen

Prozessen unsere Rolle zu reflektieren, können wir auch nicht verstehen, wie sie sich auf unsere Leben auswirken und darauf, wie wir aktiv die Welt gestalten.

Menschen sprechen viel darüber, Einigkeit und Zusammenhalt zu wollen, aber das erfordert, dass wir einander mit Offenheit und Wohlwollen begegnen und bereit sind, einander zu verstehen. Wenn wir nach Eroberungsprinzipien funktionieren, können sogar unsere Versuche, Einigung zu erreichen, letztlich Herrschaftskonzepte stützen. Wenn wir nach dem Beherrschungsmodell funktionieren, möchten wir mit unserem Einigkeitsanspruch eher erreichen, dass andere sich unserer Denkweise anschließen. Das ist eine Dominanzposition. Die Struktur, auf der Eroberung beruht, erfordert Machthierarchien. Damit wir uns in dieser Struktur erfolgreich fühlen können, müssen wir uns über andere erheben.

Es gibt unzählige Beispiele, wie sich das in unserer Gesellschaft ausspielt. Unser politisches System ist ein fruchtbarer Boden für diese Art von Machtspielen. Eine Partei glaubt, eine Position einzunehmen, die einer anderen moralisch überlegen ist. Also wird versucht, dieser Partei das Amt zu nehmen und mit der eigenen moralisch überlegenen Partei zu ersetzen. Selbstverständlich kommt hierdurch nicht die Demokratie voran; es wird bloß das Herrschaftsmodell gestärkt. Anstatt sich in Richtung eines sinnvollen Gleichgewichts weiterzuentwickeln und gemeinsame Nenner zu finden, haben sich unsere politischen Parteien mehr und mehr in die Absicht verbissen, einander zu besiegen – trotz der Folgen dieses Kampfes für das Land und seine Bevölkerung. Diese fortwährende Schlacht in unserer Regierung nährt die Teilung in unserer Gesellschaft. Dadurch fokussieren Menschen weniger die wirklichen Probleme, um die es eigentlich geht, sondern bleiben damit befasst, sicherzustellen, dass ihre Seite gewinnt. So kann das Herrschaftsmodell gedeihen und das Patriarchat die Menschen im Griff behalten. Es gibt keine Möglichkeit, das Herrschaftsmodell in ein Gleichgewicht zu bringen. Es ist darauf angelegt, Ungleichgewicht, Ungleichheit und Ungerechtigkeit herzustellen.

Dieses Ungleichgewicht wird unter anderem durch die Manipulation des Informationsflusses erreicht. Der Informationsfluss wird in Dominanzgesellschaften von jenen kontrolliert, die die Macht haben. Sie bestimmen, welche Inhalte wahrgenommen werden, von wem und wann. Wenn Informationen durch die verschiedenen Ebenen der Autorität nach oben weitergegeben werden, stehen denjenigen am oberen Ende die gesamten Informationen zur Verfügung und sie können den größeren Zusammenhang erkennen. Sie können dann die Information benutzen, um die Menschen unter ihnen zu manipulieren. Wenn sie Informationen freigeben, wird den Menschen, die die Information erhalten, nur so viel Einblick gewährt, dass damit der Status Quo der Herrschenden und deren jeweilige Position in der Dominanzhierarchie aufrechterhalten wird.

Die Manipulation der Medien spielt heute eine bedeutende Rolle in der Aufrechterhaltung patriarchaler Macht. Die US-amerikanischen Medien waren mal eine vertrauenswürdige Informationsquelle. Ausgenommen einiger Regierungspropagandist*innen und einiger schamloser Werbefirmen waren die Mach*erinnen von Nachrichten verlässlich und ihnen wurde vertraut. Traurigerweise sind die Tage des vertrauenswürdigen Journalismus lange vorbei. Heute wird in den USA jedem bisschen Information mit einer ordentlichen Dosis Skepsis begegnet. Diese Skepsis mag wie ein Hindernis gegen Manipulation erscheinen, doch das Gegenteil ist der Fall. Stattdessen wird sie benutzt, um Zweifel und Angst zu schüren und die Menschen in ihrer Verwirrung zu belassen. Der Informationsfluss ist so schnell und so einfach zu kontrollieren, dass es ziemlich leicht ist, die Menschen dadurch unausgeglichen und reizüberflutet werden zu lassen, wodurch sie zum leichteren Ziel werden.

Jeden Tag stürmen unvollständige Geschichten, Halbwahrheiten und Übertreibungen auf uns ein; sensationsgierige Storys, die Aufmerksamkeit erheischen und eine emotionale Reaktion hervorrufen sollen. So werden wir ständig zu Klicks getrieben, damit die Medienunternehmen ihre Quoten an Webseitenaufrufen und andere unmögliche Anforderungen erfüllen können, die unbeteiligte Inhab*erinnen und Invest*orinnen an sie stellen. Die Richtigkeit der Nachrichten ist weniger wichtig als die Reaktion darauf. Unter solchen Bedingungen hat journalistische Integrität keine Chance. Einer der ganz Großen im Verbreiten von Fehlinformationen, Andrew Breitbart, sagte einmal: »Die Medien zu füttern, ist wie das Trainieren eines Hundes. Du kannst einem Hund kein ganzes Steak hinwerfen und ihm beibringen, sich hinzusetzen. Du musst ihm wieder und wieder kleine Stückchen geben, bis er lernt.«[13] Wir wurden also trainiert, indem uns immer wieder kleine Stückchen an Informationen hingeworfen wurden, die es leicht machten, uns von einer zur anderen Position zu bewegen, bis wir genau da angekommen sind, wo die Machthabenden uns haben

---

13 Andrew Breitbart, *Righteous Indignation: Excuse Me While I Save the World*, Grand Central, 2011.

wollen. Das Ziel des Teilens von Informationen ist nicht länger die Information oder Bildung, sondern das Erheben der eigenen Position über eine andere. Es ist zu einem Werkzeug der Eroberung geworden.

Das ganze System ist so gestaltet, dass es das Elitedenken stärkt. Damit es eine herrschende Klasse geben kann, muss es eine Bevölkerung geben, die beherrscht wird. Das Bedürfnis, uns mit der dominanten Gruppe zu identifizieren, zwingt uns dazu, uns an ihrer Position auszurichten und nach Wegen zu suchen, sie zu rechtfertigen und ihre Überlegenheit zu beweisen. In diesem Prozess verlieren wir unseren Willen und unsere Fähigkeit zu beurteilen, ob diese Position angemessen oder gerecht ist. Wir wollen einfach nur nach oben kommen oder uns der Gruppe angleichen, die derzeit in der höchsten Position ist. Wir wurden in den Glauben hinein konditioniert, dass unsere Sicherheit und Akzeptanz in unseren jeweiligen Gesellschaften und Gemeinschaften davon abhängt, jene an der Spitze der von uns mitgeschaffenen Hierarchien zu unterstützen. Deshalb unterstützen so viele Menschen jene in Machtpositionen, obwohl deren Handeln dem eigenen Wohlbefinden schadet.

In den USA wurde der Prozess sorgsam gefördert, das eigene Selbst an diesen Hierarchien auszurichten und aufzubauen. Über Jahrhunderte befanden sich die Indigenen Menschen dieses Landes am unteren Ende der gesellschaftlichen Hierarchie. Sie waren es, über die sich alle anderen erheben konnten. Die organisierte Unterwerfung der Indigenen Bevölkerung ergab einen kollektiven Gewinn, der aus dem Raub ihrer Böden geschöpft wurde. Die gemeinschaftliche Inanspruchnahme Indigener Böden hat eine

Gruppenidentität geschaffen, die es allen anderen – sogar jenen, die auf andere Weise entrechtet wurden – ermöglichte, sich mit etwas zu verbinden, das als die siegende Macht wahrgenommen wurde. Das war sogar für jene möglich, die versklavt in dieses Land kamen. Versklavten Männern wurde erstmals die Gelegenheit gegeben, ihre Freiheit zu erlangen, indem sie Militärdienst leisteten. Diesen Dienst übten sie in der Gestalt des *Buffalo Soldiers* aus. Zu dessen Aufgaben gehörte es, Indigene Menschen zu töten. Diese Rolle anzunehmen, ermöglichte es versklavten Menschen, sich innerhalb der Bevölkerung höher zu stellen, indem sie sich dem gemeinsamen Bestreben anschlossen, Indigene Menschen zu entrechten. Obwohl diese Teilprivilegierung nur sehr geringfügig war und ihnen keinen richtigen Platz in der Gesellschaft verschaffte, wurden sie gegenüber den Indigenen Menschen höher gestellt und dadurch konnten sie ein kleines Stück Macht zurückzugewinnen, die ihnen genommen worden war.

Es kamen weitere Menschen auf dem Kontinent an, die aufgrund ihrer Religionen oder Herkunftsländer selbst Diskriminierung erfuhren. Doch auch sie waren davon überzeugt, dass sie sich als *W*eiße über die Versklavten und Indigenen in der Gesellschaft erheben könnten. Ihr Aufstieg beruhte auf ihrem *W*eißsein, das ihnen zumindest das Recht verschaffte, im politischen System und im Rechtswesen als Menschen anerkannt zu werden. Diese gesellschaftliche Rollenverteilung bezog sich nicht nur auf die einzelnen Gruppenidentitäten. Innerhalb jeder Gruppe gab es mehrere Stufen in der Rangordnung. Zum Beispiel stellten sich die Reichen über die Armen, die Gebildeten über die Ungebildeten. Männer erhoben sich über Frauen und so weiter und so fort. Es gab zahlreiche Trennlinien und sie wurden kreativ umgesetzt. Sie entsprangen der Ideologie der Eroberung, die das gesamte gesellschaftliche Bewusstsein infiziert hatte.

Wenn du in einer hierarchischen Gesellschaft lebst, werden solche Unterteilungen unausweichlich bestehen. Es kommt nicht darauf an, ob du den getroffenen Unterscheidungen zustimmst oder nicht. Sie werden von der Struktur selbst bedingt. Auf der Grundlage unserer Geschichte der Eroberung und Beherrschung haben wir eine tief verinnerlichte Geisteshaltung entwickelt, die den Rahmen dafür liefert, wie wir einander wahrnehmen, wie wir einander behandeln und wie wir unseren Platz in der Welt bestimmen. Es gibt unzählige Beispiele, wie sich diese Geisteshaltung in unseren Gesellschaften auswirkt, von alltäglichen Bereichen bis hin zum Fanatismus.

In den Sozialen Medien sind Schimpftiraden über die Vorrangstellung der einen vor den anderen zur bereits erwarteten Norm geworden, die uns überall begegnet. Künst*lerinnen greifen öffentlich andere Künst*lerinnen an, so dass sie sich selbstgerecht überlegen fühlen können; es gibt halsabschneiderische Vermarktungskampagnen, die uns nichts über das verkaufte Produkt erzählen, sondern nur über die Defizite der Wettbewerbsprodukte; eine Flut verschiedener Trainings soll Menschen in eine Position bringen, in denen sie anderen im Wettbewerb überlegen sind. Wir erhalten keine Botschaften, die uns dazu ermutigen, Praktiken des Zusammenwirkens, der Zusammenarbeit oder der gemeinsamen Kreativität wertzuschätzen, positiv zu bewerten oder als Ideal wahrzunehmen. Die Botschaft, die uns übermittelt wird, ist darauf ausgerichtet, die Geisteshaltung der Eroberung zu stärken – mit dem hauptsächlichen Ziel, zu gewinnen oder ganz vorne zu stehen.

Am überraschendsten ist es, die Ideologie der Eroberung innerhalb aktivistischer Szenen vorzufinden. Viele soziale Bewegungen sind an Motiven der Eroberung ausgerichtet. Zum Beispiel ist der Aufruf einer großen Naturschutzorganisation, »dem Klimawandel den Kampf anzusagen«, ein Aufruf zur Eroberung. Das ist für die Menschen schwierig zusammenzubringen. Wie können sie in Eroberungsdenken verhaftet sein, wenn sie einfach nur versuchen, andere davon abzuhalten, sie oder die Erde zu erobern?

Wie wir unsere Bewegungen in Sprache fassen, bestimmt, ob sie vereinigend oder trennend wirken. Die Zerstörung, die wir aktuell in der Welt beobachten, ist eine direkte Folge der trennenden Ideologie der Eroberung. Von Audre Lorde haben wir gelernt: »The master's tools will never dismantle the master's house.«[14] Dennoch nutzen wir weiterhin die trennenden Eroberungswerkzeuge und erwarten, dass sie uns zu mehr Einigung bringen. Das werden sie nie tun. Wir werden die Getrenntheit, die wir in der Welt wahrnehmen, nie aufheben können, wenn wir die Praktiken der Eroberung anwenden – ganz egal, für wie gerecht wir unser Anliegen halten.

Wenn das Ziel unserer Bewegung die Schaffung von Gerechtigkeit und Gleichheit ist oder der Schutz der Menschen und des Planeten, dann muss dies alle einbeziehen. Wir können nicht Rechte und Schutz für uns selbst fordern, den wir anderen nicht bieten wollen, auch jenen, deren Ansichten unseren

---

14 »Die Werkzeuge des Herrn werden niemals das Haus des Herrn niederreißen.« Audre Lorde, *Sister Outsider: Essays and Speeches*, Crossing Press, 2007, 110.

widersprechen. Das Problem beim Aufbau oppositioneller Bewegungen ist, dass sie etwas erfordern, gegen das sie sich richten. Wenn wir eine Bewegung aufbauen möchten, die zu mehr Einigung führt, dann müssen wir Raum schaffen, damit sich andere uns anschließen können. Wir müssen bereit sein, gemeinsame Interessenslinien zu finden, an denen unsere Bedürfnisse und die Bedürfnisse der anderen zusammenkommen.

Ein gutes Beispiel ist die Bewegung für Umweltgerechtigkeit. In der Auseinandersetzung mit Problemen der Umweltgerechtigkeit wird argumentativ immer die Umwelt gegen die Wirtschaft aufgestellt. Diese Diskussion spitzt sich häufig auf eine Gegenüberstellung zu: Profitorientierte Unternehmen versus Naturschütz*erinnen. Doch wenn wir die Sache genauer betrachten, erkennen wir, dass es um eine Reihe weiterer Interessen geht. Auf der Seite der Umwelt gibt es Menschen, deren Gesundheit von der Boden-, Gewässer- und weiteren Umweltverschmutzung geschädigt wird. Dann gibt es Menschen, für die ein gesundes Ökosystem eine Lebensgrundlage darstellt, zum Beispiel in der Fischerei oder im Ökotourismus. Hinzu kommen kleine Unternehmen, deren Einnahmen mit lokal verorteten Ökonomien verknüpft sind. Und schließlich gibt es Einzelpersonen, die unsere wechselseitige Verbundenheit mit der natürlichen Welt und unsere enge Beziehung mit einer gesunden und gedeihenden Umwelt anerkennen.

Auf der Seite der Wirtschaft gibt es all die Arbeit*erinnen, die ihre Familien von dem Einkommen ernähren, das sie in den Betrieben verdienen; die Konsum*entinnen, die mit fossilen Brennstoffen ihre Wohnungen heizen, ihre Autos antreiben und ihr Essen kochen; sowie die lokalen Unternehmen, die beim Abzug der Industrien Pleite gehen würden. Wenn wir das Dilemma zwischen Umwelt und Wirtschaft lösen möchten, dann müssen wir bereit sein, all die Menschen zu berücksichtigen, auf die die Entscheidungen Einfluss nehmen – und eine Möglichkeit finden, deren Grundbedürfnisse zu erfüllen. Wir müssen Optionen schaffen, die es Arbeit*erinnen ermöglichen, von ihrer umweltzerstörenden Anstellung in eine umweltfreundlichere zu wechseln, mit der sie weiterhin ihre Familien versorgen können.

Dasselbe Szenario, das ich hier für die Umwelt skizziere, gilt für das Militär. Alle Diskussionen, die das Militär abschaffen wollen, sind unrealistisch. Wenn das Militär morgen abgeschafft würde, wären [in den USA] Millionen von Familien nicht mehr in der Lage, sich zu ernähren. Wie mein Freund Paul Chappell argumentiert: Wir müssen das Militär umstrukturieren und ihm einen neuen Zweck verleihen, indem es dafür eingesetzt wird, die Situation der Menschen zu verbessern und nicht dafür, die Industrie zu fördern. Um mit machbaren Alternativen aufzuwarten, die all diesen Personen ein Gefühl der Sicherheit ermöglichen, müssen beide Seiten bereit sein, zusammenzuarbeiten und gemeinsam zu wirken. Wenn wir die Menschen auf der anderen Seite zu Bösewichten erklären und sie entmenschlichen, wenn wir nicht erkennen können, dass auch für sie etwas auf dem Spiel steht, dann verpassen wir die größte Gelegenheit, um Einigkeit zu schaffen.

Uns Aktivismus mit der Absicht zu nähern, eine gegnerische Position besiegen zu wollen, lässt immer eine Bevölkerungsgruppe zurück, auf die unser Handeln negative Auswirkungen hat. Diese Personen werden dann zu Gegenspiel*erinnen unserer Sache und unwillig, in unseren Bewegungen mitzuwirken. Wenn wir uns dem Prozess jedoch aus einer Perspektive der Verwandtschaft nähern, uns die Zeit nehmen, die Bedürfnisse aller einzubeziehen und dann Stück für Stück daran arbeiten, diesen Bedürfnissen nachzukommen, dann wird es uns gelingen, unsere Bewegungen aufzubauen und sie zu stärken, indem wir mehr und mehr Menschen in die Arbeit einbeziehen, die wir machen. Wir müssen unseren Aktivismus auf die gleiche Weise umsetzen, wie wir auch unsere Gemeinschaft aufbauen: indem wir offen für neue Personen und Ideen sind. Wenn wir einem gemeinschaftlichen Ansatz folgen und sicherstellen, dass alle sich wertgeschätzt fühlen und alles haben, was sie brauchen, um ihre Leben in Würde und Sicherheit zu leben, dann finden wir eher langfristige Lösungen.

Uns dem Griff der Eroberung zu entziehen, erfordert bewusstes Bemühen. Wir müssen dafür die uns hinterlassenen Werkzeuge der Eroberung erkennen und sie zur Seite legen, um sie mit den herzensbasierten Werkzeugen zu ersetzen, die in unseren weisen Traditionen zu finden sind. Um diese Weisheit aufzuspüren, müssen wir uns mit unseren Grundwerten und uralten kulturellen Lehren wieder verbinden. Auf dieser Grundlage können wir lebensbejahende Lösungen für eine sich verändernde Welt schaffen – indem wir die Macht der Liebe in die Tat umsetzen. Wenn wir diesem Weg gemeinsam folgen, werden wir realisieren, dass wahre Macht nicht in Eroberung, Trennung und Beherrschung zu finden ist, sondern in Akzeptanz, Einigkeit und wahrer Liebe.

Homogenität

Ein weiteres koloniales Bestreben ist die Homogenität – alle sollen gleich werden. Wir sind nicht geschaffen, um gleichartig zu sein. Vielfalt und Unterschiede sind wesentlich für ein gesundes System. Eine Symphonie braucht den einzigartigen Klang eines jeden Instruments und ein Körper braucht jedes unterschiedliche Organ, um richtig zu funktionieren. Es ist unsere Vielfalt, nicht unsere Einzigartigkeit, die es uns ermöglicht zu wachsen. Ebenso wie die monokulturelle Landwirtschaft den Boden schwächt und ihm wertvolle Nährstoffe entzieht, schwächt die kulturelle Homogenisierung unsere Gesellschaften und entzieht uns unsere wichtigsten Werte.

Wenn wir unsere unterschiedlichen Begabungen annehmen, dann können wir besser den Problemen begegnen, die uns bevorstehen. Damit die Menschheit die Schwelle erreichen kann, an der ein evolutionärer Sprung stattfinden kann, müssen wir unsere einzigartigen Begabungen und persönlichen Stärken in Bestform bringen. Wenn wir die Begabung einer jeden Person anerkennen, begrüßen und einbinden, dann schaffen wir eine radikale Gelegenheit für die Verbesserung des großen Ganzen. Einssein bedeutet nicht Gleichsein; es bedeutet, den Widerstand gegen Unterschiedlichkeit zu überwinden, und unsere Vielfalt ganz zu integrieren und zu begrüßen. Wenn wir die Individualität einer jeden Person als wunderbare Schönheit wahrnehmen, dann eröffnen wir alle Möglichkeit dessen, was wir kollektiv werden können.

Dekolonisierung ist der Anfang. Sie ist nicht der Schlusspunkt. Wir wissen nicht, was auf der anderen Seite der Dekolonisierung liegt, weil wir noch nicht die Gelegenheit hatten, sie zu schaffen. Aber wir wissen, dass Dekolonisierung uns ermöglicht, uns wieder mit den Menschen und Orten zu verbinden, aus denen wir stammen; sie ermöglicht uns, unsere eigene Identität zu bestimmen – in unseren eigenen Worten und auf Weisen, die unser eigenes Verständnis unserer selbst widerspiegeln. Und sie ermöglicht uns, die Wahrheit über unsere gemeinsame Geschichte der Gewalt auszusprechen, unsere traumatischen Wunden zu heilen und einen würdigen Weg zwischen uns als Menschen und zwischen Menschen und dem Rest der Schöpfung neu zu bestimmen. Dekolonisierung ist die erste erforderliche Handlung, um die Art von Welt zu schaffen, in der wir leben möchten. Dekolonisierung ist der Beginn unserer Bewegung in Richtung Heilung, Einigkeit und Ganzheit.

11

Frauen tragen das Wasser der Welt

Als *Skejinawe Apid* – Indigene Frau – habe ich gelernt, dass Frauen das Leben nähren und entstehen lassen; wir schöpfen das Leben und wir beschützen das von uns geschaffene Leben. Frauen besitzen eine einzigartige Magie. Als Frauen können wir das Leben von der anderen Seite herbeirufen und es an dem stillen Ort unter unserem Herzen kultivieren. In unseren Körpern tragen wir eine Öffnung zum Göttlichen, ein Portal, dass es Seelen ermöglicht, in diese Welt einzutreten. Weil wir durch den herzensgeleiteten Raum mit dem Göttlichen verbunden sind, sind wir auch die Bewahrerinnen der göttlichen Intuition und der herzensbasierten Weisheit. Somit sind die Lehren, die wir in uns tragen, wichtig, um unsere Gesellschaften spirituell gesund und emotional ausgewogen zu halten.

Jedes Leben, das unseren Leib durchquert, entwickelt sich im Wasser und wird in ihm ernährt; wir tragen das Wasser des Lebens in uns, wir tragen das Wasser der Welt. Deshalb drehen sich Frauenzeremonien um Wasser und werden von Großmutter Mond angeleitet. Diese Zeremonien sind unsere Weise, anzuerkennen, dass das Wasser, das in uns und um uns herum lebt, zentral für das Leben ist und mit der Bewegung des Universums verbunden. Wir sind unentbehrlich für das Fortbestehen, den Schutz und das Gleichgewicht des Lebens. Wenn Frauen abwesend sind, wenn sie unhörbar gemacht oder ignoriert werden, dann fehlt die herzensbasierte Weisheit, die erforderlich ist, um das Leben zu leiten und im Gleichgewicht zu halten. Das Leben fällt dann aus dem Einklang und die Sicherheit aller wird gefährdet.

Jeden Monat entfaltet sich der gesamte Lebenszyklus im Körper der [meisten] Frauen, wenn das Lebensblut der Erde und die Bausteine der Schöpfung sie durchfließen. Während dieser heiligen Zeremonie ist eine Frau offen für das Göttliche und zutiefst verbunden mit den Energien der Erde. Es ist der Moment ihrer größten Macht. Es wird gesagt, dass Frauen nicht die gleichen Zeremonien brauchen wie Männer, weil ihre Körper jeden Monat auf natürliche Weise in ein Zeremoniell eintreten. Wenn sie sich der Energien bewusst sind, die durch sie hindurch fließen, können sie diese Energien nutzen, um ihren Körper und Geist zu heilen und zu reinigen. Die Mondhütte wurde nicht gebaut, um Frauen vom Rest der Gemeinschaft zu trennen, wie viele behauptet haben. Sie wurde gebaut, um es Frauen zu ermöglichen, sich auf die Kraft zu konzentrieren, die während dieser heiligen Zeit der Öffnung zwischen den Weltenräumen durch sie hindurch fließt, so dass sie diese Kraft in die Schöpfung des Lebens oder in die Heilung lenken konnten.

Frauen sind nicht nur die Schöpferinnen von Leben; sie sind auch die Bewahrerinnen des Lebensfadens, der uns über die Zeiten hinweg verbindet. Während die Lebenskraft sie jeden Monat durchfließt, verbindet sie sie mit der Lebensquelle, die uns alle geschaffen hat. Ohne die Weisung der Frauen geht dieser Faden verloren – und die Herzen und Geister der Männer und Kinder verlieren ihre Verbindung.

Leider fehlt dem öffentlichen Diskurs die Stimme der Frauen – in ihrer reinsten Form – schon viel zu lange. Dadurch ist das Leben aus der Ordnung geraten. Die Unterwerfung und Unterdrückung des göttlichen Weiblichen ist direkt mit allen Gefährdungen des Lebendigen verbunden, mit denen wir heute konfrontiert sind. Wenn wir uns die Geschichte der Unterdrückung von Weiblichkeit anschauen, dann erkennen wir, dass sie direkt mit der Zerstörung des Lebens auf der Erde zusammenhängt. Zuerst hörten Männer auf, die Stimmen der Frauen und die Stimme der Schöpfung zu beachten. Dann begannen sie, die weibliche Weisheit anzugreifen, indem sie Frauen als Hexen verfolgten und ihre Körper verbrannten und verletzten. Diese Abwertung führte zu einer Zunahme an Gewalt gegen Frauen. Das zeigte sich auch in nach außen gerichteten Angriffen gegen den Körper von Mutter Erde, indem ihre Substanz zerrissen, verbrannt und geschändet wurde. Heute greifen patriarchal denkende Männer wieder die Rechte von Frauen an – das Recht auf Selbstbestimmung in Bezug auf den eigenen Körper, insbesondere die Rechte im Bereich von Schwangerschaft und Geburt. Im Außen spiegelt sich das in der zügellosen Zerstörung unserer lebensspendenden Gewässer. Der Angriff auf unsere Gewässer ist ein direkter Angriff gegen das

Leben an sich. Wenn der Geschäftsführer eines großen Wasserunternehmens sagt, dass Menschen kein Recht auf Wasser haben, dann sagt er eigentlich, dass Menschen nicht länger das Recht haben, zu leben.

Dieser Ausnahmezustand wird durch die Abwesenheit göttlicher weiblicher Weisheit in unseren Gesellschaften verursacht. Sogar die Frauen, die in Spitzenpositionen des gegenwärtigen Systems aufsteigen, tun dies, ohne diese lebenswichtige Weisheit anwesend zu machen oder vorzubringen. Nur die Frauen, die gelernt haben, wie Männer zu klingen, werden in den gegenwärtigen Machtstrukturen, die unsere Gesellschaft regieren, ernst genommen. Die Frauen, die sich erheben und für das Leben eintreten, werden weiterhin zum Schweigen gebracht, lächerlich gemacht und gemieden. Das Ergebnis ist eine zunehmende Bedrohung, die nun alles Leben in Gefahr bringt.

In Reaktion auf diese Bedrohung haben Frauen in der ganzen Welt begonnen, sich zu erheben. Auch wenn sie meinen, aus einer Vielzahl von Gründen aktiv zu werden, gibt es in Wirklichkeit einen tieferen Ruf, der sie alle in Bewegung versetzt – und das ist der Schutz und Erhalt des Lebens.

Zum jetzigen Zeitpunkt ist das wichtigste Thema für den Erhalt des Lebens auf diesem Planeten der Schutz unseres Wassers. Das Überleben von allem Lebendigen auf der Erde ist von Wasser abhängig. Wenn wir hoffen, lange genug zu überleben, um all die Herausforderungen zu bewältigen, mit denen wir konfrontiert sind, dann müssen wir sicherstellen, dass die Quelle unseres Lebens geschützt ist.

Auf diesem Planeten gibt es eine begrenzte Menge an Wasser und sie wird immer schneller zerstört. Zum ersten Mal in der Geschichte der Menschheit entnehmen wir dem Grundwasserspiegel Wasser, indem wir es durch den Prozess der hydraulischen Risserzeugung – Fracking – unter das Lagergestein pressen. Außerdem fördern wir weiterhin unsaubere Energieprojekte, die kontinuierlich unser Wasser verschmutzen: die Erschließung natürlicher Ressourcen sowie Gewinnung, Vertrieb und Nutzung fossiler Brennstoffe, führen alle zur Verschmutzung unseres Wassers. Deshalb schwindet das Wasser, das nötig ist, um das Leben zu erhalten.

Es gibt weltweit immer mehr Gebiete, die unmittelbar davon bedroht sind, kein Wasser mehr zu haben. Das stellt eine unglaubliche Gefahr für uns alle dar, nicht nur durch Trockenheit und weil keine Nahrung mehr angebaut werden kann, sondern auch durch eskalierende gewaltvolle Konflikte, die um den Zugang zu Wasser ausbrechen. Zur Veranschaulichung, wie kritisch diese Situation ist, vergleichen wir sie mit dem Zugriff auf fossile Brennstoffe. Öl und Gas sind nicht lebensnotwendig für die Menschen; sie bieten bloß Bequemlichkeiten, die einen verbrauchsorientierten Markt hervorbringen. Doch vom Wasser hängt jedes Leben ab – jedes menschliche Leben, jedes tierische Leben, jedes pflanzliche Leben. Das bedeutet, dass die Ölkriege, die wir in den letzten Jahrzehnten erlebt haben, verblassen werden im Vergleich zu den Wasserkriegen, die ausbrechen werden, wenn wir nicht dramatische Maßnahmen ergreifen, um das Wasser zu schützen, das wir noch haben und das Wasser zu reinigen, das wir verschmutzt haben.

Die Lebensspenderinnen und Wasserträgerinnen sind aus diesen Diskussionen entfernt worden. Deshalb wurden in den Entscheidungen, die unsere Regierungen und führenden Industriellen getroffen haben, die Konsequenzen für das Leben nicht angemessen abgewogen. In der Folge leiden wir alle. Um unsere Beziehung zum Leben wieder ins Gleichgewicht zu bringen, müssen die Stimmen der Wasserträgerinnen wieder in den Vordergrund rücken und gewürdigt werden.

Männliches und Weibliches ins Gleichgewicht bringen

Das Patriarchat hat den Lebenskontext zerstört, in dem Frauen einen wichtigen Platz einnehmen. Falsche historische Übertragungen, die in unsere Mythologie und Religion eingewoben wurden, haben die Stimmen der Frauen unhörbar gemacht und ihren – für eine Welt im Gleichgewicht entscheidenden – Platz getilgt. Das zeigt sich auch in den verzerrten Interpretationen unserer kulturellen Erzählungen. Zum Beispiel ist das Mi'kmaq'i-Wort *Nisqum* das Wort für die schöpfende Kraft, beziehungsweise für »den Schöpfer«. Als die MissionarInnen die Indigenen Leute fragten, wer ihr »Schöpfer« sei, sagten die Mi'kmaq'i: »Nisqum«. Die MissionarInnen übersetzten das auf Grundlage ihres eigenen Weltbilds in ihren eigenen Kontext und definierten Nisqum als den Großen Geist, den sie als männlichen Gott verstanden. Doch diese

Interpretation ist eine Umkehr der ursprünglichen Bedeutung. Wenn das Wort in seine Sprache zurückübersetzt wird, dann bedeutet es »jene, die alle Eier trägt« – also die Frau. Um dem Weiblichen seinen Platz wiederzugeben, müssen wir uns unsere ursprünglichen Geschichten wieder aneignen und uns mit den Bedeutungen verbinden, die in diesen ursprünglichen Lehren enthalten sind. Sie bilden den Rahmen für unsere Glaubenssysteme und unsere Werte – und sie bestimmen unser Weltbild. Sie sind auch ein Vorbild für das Gleichgewicht der männlichen und weiblichen Elemente in uns selbst und in unseren Gesellschaften.

Kluskap ist eine zentrale Figur in unserer Mythologie. Sein Zwilling Mulsum ist nicht nur von einer Frau zu einem Mann verklärt worden, sondern zu einem bösartigen Mann mit zerstörerischen Absichten. Ein Großteil der ursprünglichen Bedeutung der Geschichten ging in den missionarischen und volkskundlerischen Übersetzungen, etwa von Charles Godfrey Leland, verloren. Der koloniale Kontext der Übersetzenden wurde in die Geschichten eingeschrieben. In diesen übersetzten Geschichten wird Kluskap zur zentralen Figur. Ihm wird die Schöpfung der Landschaften und der Tiere sowie des menschlichen Lebens zugeschrieben. In diesen Geschichten fehlt Mulsum. Sie wurde aus der Erzählung entfernt und ihre Rolle in der Schöpfung des Lebens verleugnet. Dieses Narrativ findet sich auch in der christlichen Bibel. Dort wird Eva ihre eigentliche Rolle in der Entstehung des Lebens nicht zugestanden. Die Schöpfungsgeschichte, die die Konzile von Nicäa überlebt hat, erzählt, dass die Frau aus den Rippen des Mannes erschaffen wurde. Wenn die Frauen nach dieser Geschichte dann ihren eigenen Platz in der Rolle der Schöpfung zugewiesen bekommen, wird dieser als Strafe verstanden – vor allem der Schmerz des Gebärens sei die ewige Strafe für die Ursünde der Frau. Diese archaischen verzerrten Vorstellungen haben Frauen jahrtausendelang abgewertet.

In der Wabanaki-Tradition zeigen unsere Zeremonien die Notwendigkeit eines Gleichgewichts der männlichen und weiblichen Kräfte. Zum Beispiel besteht die heilige Pfeife aus zwei Teilen: der Pfeifenkopfschale und dem Stiel. Die Schale repräsentiert die Frau und der Stiel den Mann (Mutter und Vater). Die Schale enthält das Feuer, das für die Lebenskraft steht. Der Stiel erwächst aus dieser Lebenskraft und ist die Verbindung zwischen dem Körper des Mannes und der Macht der Frau. Der Mann zieht an der Pfeife, um den Rauch aus der Schale in das Zentrum seines Körpers zu holen. Symbolisch atmet er hier die innere, herzensbasierte Weisheit des Weiblichen ein. Sobald er den Rauch in seinen Körper aufgenommen hat, bläst er ihn in die äußere Welt. Das symbolisiert den Prozess, die innere weibliche Weisheit aufzunehmen und sie in männliches Handeln in der äußeren Welt zu übersetzen. Auch der Sonnentanz ist ein Spiegel der weiblichen Rolle. Der Sonnentanz symbolisiert den Geburtsprozess, indem er den Schmerz des Gebärens imitiert. Im Sonnentanz atmen und ziehen die Tanzenden an ihrer Haut, bis ihr Fleisch reißt. Im Geburtsprozess atmen und pressen die Frauen, bis ihr Fleisch reißt. Die Schwitzhüttenzeremonie steht für das Eintreten in den schwangeren Körper. In dieser Zeremonie wird der Mutterleib aufgesucht, um die Öffnung zum Göttlichen und die Verbindung zur herzensbasierten Weisheit nachzuvollziehen, die während der Schwangerschaft besteht.

Die Zeremonien der Männer ehren die Macht und die Weisheit der Frauen. Sie greifen die inneren Prozesse auf, die im weiblichen Körper stattfinden und holen sie ins Außen, damit Männer die Stärke und Weisheit dieser Prozesse bekommen können, die die Frauen bereits auf natürliche Weise in sich tragen.

Dieses Gleichgewicht spiegelt sich auch in unseren Erzählungen. In den traditionellen Geschichten sind Frauen mit dem Mond verbunden, der den ruhigen intuitiven Innenraum repräsentiert. Männer sind mit der Sonne verbunden, die für die aktive äußerliche Bewegung des Tages steht. Die Rollen der Männer sind dazu bestimmt, die Rollen der Frauen auszugleichen und zu unterstützen. Die Männer beschaffen und beschützen die äußeren Bedürfnisse der Menschen. Sie lernen, was diese Bedürfnisse sind, indem sie der weisen inneren Führung der Frauen folgen. Ohne dieses Gleichgewicht bleiben die Bedürfnisse der Menschen unerfüllt und unsere Gemeinschaften werden krank.

Eine der Verantwortlichkeiten von Männern ist der Schutz und die Ehrung der weiblichen Stimmen, um so sicherzustellen, dass ihre herzensbasierte Weisheit gänzlich in den gesellschaftlichen und politischen Diskurs einfließt. In dem Prozess nehmen Männer diese Weisheit des Herzens in sich auf und integrieren sie in ihr Leben. Dieser Austausch innerer Weisheit und äußerer Stärke hat sowohl Männern als auch Frauen Zugang zu den Gaben der jeweils anderen verschafft. Auf diese Weise war das Sein im Gleichgewicht.

Der Auftritt des Patriarchats

Leider kam dann das Patriarchat ins Spiel und zerstörte das lebenswichtige Gleichgewicht. Das Patriarchat nahm den Frauen ihren rechtmäßigen Platz in der Gesellschaft. Es unterdrückte ihre Stimmen und ließ sie durch Gewalt und Beherrschung unhörbar werden. Das Patriarchat fürchtete die Macht der Frauen. Für diese Angst gibt es zahlreiche historische Beispiele. Sie zeigt sich in der Zeit der Scheiterhaufen, in der Frauen, die alte tiefe Lebensverbindungen noch aufrecht hielten, lebendig verbrannt wurden. Und sie wurde in den Wasserproben deutlich, in denen die Quelle des Lebens benutzt wurde, um das Leben von Frauen zu nehmen, die die Geheimnisse der erdverbundenen Heilung kannten. Das Patriarchat wies Frauen in seiner hierarchischen Struktur eine untergeordnete Position zu, verurteilte und verdammte sie für ihre Weisheit. Doch das reichte noch nicht, um das Patriarchat abzusichern.

Das Patriarchat überzeugte die Männer auch davon, dass sie bloß Wesen mit unkontrollierbaren räuberischen sexuellen Trieben seien. Sie schoben die Schuld für ihre mangelnde Selbstkontrolle auf die Anwesenheit von Frauen in der Gesellschaft. Das rechtfertigte es, Frauen in nicht wahrnehmbare Bereiche zu verdrängen. So wurde auch der Nährboden für eine Normalisierung von Vergewaltigung gesät, auf dem sexualisierte Gewalt häufig als »so sind Jungs eben« relativiert wird, als ob vorherbestimmt wäre, dass junge Männer zu sexualisiert gewaltvollen Wesen werden. Durch diese Glaubenssätze misstrauten Männer sich selbst und traten alle Verantwortlichkeit für ihr schlechtes Verhalten ab – in dem Glauben, dass dieses Verhalten einfach ein Ausdruck ihrer männlichen Natur sei. Diese verzerrte Wahrnehmung macht unmöglich, dass die Beziehung zwischen Frauen und Männern auf Gleichheit beruhen. Stattdessen hebt sie Männer in eine dominante Position, aus der sie Frauen – vermeintlich zu ihrem Besten – ausschließen und sie unterdrücken.

Das Patriarchat nahm den Frauen ihre Rollen und übergab sie den Männern – denen allerdings die so wichtige weibliche Weisheit fehlte. Ohne die Teilhabe und Führung der Frauen gerieten unsere Gesellschaften zunehmend aus dem Gleichgewicht. Doch auch die Männer konnten wenig dagegen tun. Das Patriarchat überzeugte sie davon, dass sie ihre Schwächen bekämpfen und ›ganze Männer‹ sein müssten – was bedeutete, dass sie all ihre Probleme ohne die Anleitung der weiblichen Weisheit lösen mussten. Obwohl diese Position Männern Macht und Privilegien in der physischen Welt verschafft, zahlen sie einen hohen Preis bezüglich ihrer emotionalen Gesundheit und spirituellen Entwicklung. Unterdrückungssysteme zerstören auch die Herzen und Sinne der Unterdrückenden enorm. Sie sperren sie in ihr selbst errichtetes Gefängnis ein und fordern von ihnen, die Mauern kontinuierlich höher zu bauen, um ihr falsches Machtgefühl aufrechtzuerhalten. Die einzige gute Nachricht ist hier, dass dieses Verhalten erlernt ist und mit bewusstem Bemühen auch wieder verlernt werden kann.

Die Wissenschaft beweist mittlerweile, dass ein Gleichgewicht zwischen der herzensbasierten (weiblichen) Weisheit und dem rationalen (männlichen) Denken wesentlich für unser allgemeines

Wohlbefinden ist. Wir glaubten zuvor, dass alles Denken im Gehirn stattfindet und dass sich dort der einzige Ort unserer Intelligenz befindet. Heute wissen wir es besser. Wissenschaft*lerinnen haben herausgefunden, dass es im Herzen ungefähr vierzigtausend Neuronen gibt, was zeigt, dass das Herz funktionale Intelligenz besitzt. Das Herz kann denken, fühlen, wahrnehmen und erinnern. Und es schickt Botschaften an die bewussten und die unbewussten Teile des Gehirns, die es zum Handeln anleiten.

Wenn die Intelligenz des Herzens anerkannt wird, wenn wir unsere Gefühle würdigen, wenn wir mitfühlend, liebend und gütig sind, dann wird unser Herzschlag stabiler und ausgewogener. Das Herz sendet dann Botschaften des Wohlbefindens an das Gehirn, das wiederum im Rest des Körpers eine Reaktion auslöst, die den Körper neurologisch, biochemisch und energetisch in ein besseres Gleichgewicht bringt. Das bedeutet, dass unser natürlicher Zustand des Wohlbefindens ein Gleichgewicht zwischen den weiblichen und männlichen Elementen unseres Seins erfordert. Das Herz schickt mehr Informationen ans Gehirn als das Gehirn ans Herz übermittelt. Das Herz informiert das Gehirn, wie es handeln soll, und das manifestiert sich dann in unserem physischen Körper – so wie die herzensbasierte, göttlich-weibliche Weisheit das göttlich-männliche Handeln in der Welt anleitet. Dieses Gleichgewicht brauchen wir alle.

Traditionelle männliche und weibliche Rollen in den Wabanaki-Gesellschaften

In Gesellschaften, die nach den alten Traditionen leben, sind Männer und Frauen gleichberechtigt. Sie stehen Seite an Seite und teilen sich die Verantwortung, sich um alle Aspekte des Lebens zu kümmern. In meiner Kultur sind Frauen für die Bereiche Geburt und Tod zuständig. Sie gebären die Kinder und geben ihnen in den ersten Lebensjahren Nahrung und Weisung, während sie zugleich die spirituellen Verbindungen der Familie und Gemeinschaft stärken. In der traditionellen Lebensweise haben Frauen die Nahrung geerntet und waren an der Jagd beteiligt. Sie bauten auch die Häuser ihrer Familien. Frauen kümmerten sich um alles, was das Leben nährte. Zum Zeitpunkt des Todes trennten sie dieses Leben vom Körper, indem sie Zeremonien abhielten, die Todesgesänge sangen, die die Seelen zurück auf die andere Seite führten, und die Körper der Entseelten für ihre Rückkehr in die Erde vorbereiteten.

Die Aufgabe der Männer war es, das Leben mit der Erde zu verbinden. Sie lehrten die Jüngeren über die Lebensweise des Waldes und wie sie dem Land zuhören konnten. Sie lehrten sie, wie sie in Gewässern navigieren und wie sie Feuer am Brennen halten konnten. Frauen brachten Leben in die Welt und hielten die Verbindung zwischen diesem Leben und der göttlichen Welt aufrecht. Männer verbanden das Leben mit der Erde und schützten es. Dieses System funktionierte über Jahrtausende hinweg gut, bis das Patriarchat des Weges kam und es auseinander riss.

Das Patriarchat entfernte Männer von ihrer Aufgabe, das Leben zu bewahren, und ließ sie stattdessen materielle Dinge schützen. Sie lernten, diese materiellen Dinge mehr zu schätzen als das Leben. Auch die weibliche Rolle wurde vom Patriarchat verzerrt. Es führte sie weg von der wahren Stärke, die Frauen in Herz und Geist mit sich tragen, und überzeugte sie davon, dass die einzige Macht, die sie erlangen konnten, nur eine innerhalb der patriarchalen Ordnung sein konnte.

Die einzige Möglichkeit, diese Wirklichkeit zu verändern, ist eine Veränderung unserer Wahrnehmung. Wir müssen das Fundament des Patriarchats untersuchen und diesem System unsere Zustimmung entziehen – im öffentlichen Bereich und in unseren eigenen Leben. Dafür müssen wir unsere kulturellen Werte von den Werten, die das Patriarchat zentral setzt, wegführen und sie wieder hinbewegen zu einem spirituell und emotional ausgeglicheneren Sein.

Diese Verschiebung zeigt uns dann, dass das Patriarchat nicht nur ein männliches Problem ist. Die mit dem Patriarchat verknüpften Ideen und Vorstellungen sind uns allen eingepflanzt. Wenn wir das Patriarchat ins Wanken bringen wollen, müssen wir anerkennen, dass wir zu dessen Fortbestehen beigetragen haben. Wir müssen alle zusammen aktiv das patriarchale Narrativ verändern. Männer müssen anderen Männern gute Vorbilder sein und so die Vorstellung anfechten, dass rücksichtsloses und dominantes Verhalten die erwartete Norm darstellt. Auch Frauen müssen ihre Erwartungen an Männer verändern und sie darin unterstützen, dass Männlichkeit ein breites Spektrum an Identitäten umfasst. So können sie der Vorstellung ein Ende machen, dass toxische Männlichkeit oder Machismus der erwartete Standard wäre.

Das bedeutet nicht, dass es in der Gesellschaft keinen Raum für starke, maskuline Männer gibt; es bedeutet nur, dass Männer nicht länger an eine Identität gebunden sind, die lebenswichtige Aspekte ihres Seins verleugnet – wie Sensibilität, Verletzbarkeit und Empathie. Wir müssen Männern Raum eröffnen, damit sie sein können, wie sie wirklich sind, und damit sie ihr Mitgefühl, Verantwortungsgefühl und Bedürfnis nach gleichermaßen unterstützenden und liebevollen Beziehungen ausdrücken können. Sie sollen wissen, dass sie mit all diesen Seiten anerkannt und angenommen werden. Wenn wir dies umsetzen, dann werden wir langsam den Griff lösen, in dem uns das Patriarchat alle noch hält.

Das Patriarchat wurde über Generationen hinweg künstlich am Leben gehalten, obwohl es völlig zerrüttet ist. »Das Patriarchat ist ruiniert, weil seine Errungenschaften sich nicht mit seinen Katastrophen messen können: Klimawandel, Rassismus, endlose Kriege und so weiter.«[15] Wenn wir darauf hoffen, die Katastrophen zu beenden, die das Patriarchat gebracht hat, dann müssen wir anfangen, in uns die Neuronenverbindungen zu verändern, die das Patriarchat in unserem Denken gelegt hat. Anders ausgedrückt: Wir müssen unser Denken dekolonisieren. Das erfordert, dass wir uns aufrichtig mit den vielen Auswirkungen auseinandersetzen, die die kulturellen Normen des Patriarchats auf unser Denken haben und sie dann eine nach der anderen verändern. Der

---

15 Robert Hartman, »So You Think Patriarchy Is Dead?« www.endingpatriarchy.org, 4. Februar 2016. Der Blog ist seit 2018 offline, hier ein Link zu einem verwandten Text des Autors: [https://kindredmedia.org/2018/06/ending-patriarchy/]

Anti-Apartheid-Aktivist Steve Biko sagte: »Das mächtigste Werkzeug in den Händen der Unterdrückenden ist der Verstand der Unterdrückten.«[16] Somit ist das wirksamste Mittel für die Beendigung aller Formen von Unterdrückung, unser Denken zu befreien und unsere Selbstbestimmung zurückzuerlangen. Dann können wir beginnen, uns und unser Leben Stück für Stück wieder in ein Gleichgewicht mit dem Rest der Schöpfung zu bringen.

---

16 Steve Biko, *I Write what I Like: A Selection of His Writings*, Heinemann, 1987, 92.

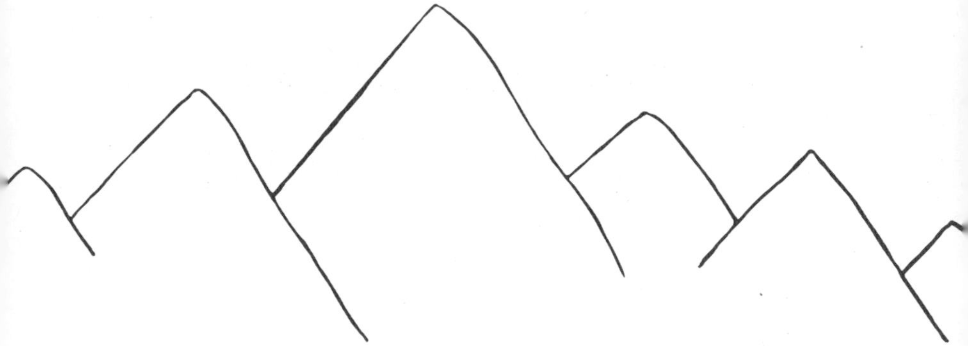

TEIL III
Uns den weiteren Weg vorstellen

12

Von der Resonanz zur bewussten gemeinsamen Schöpfung

Das Gesetz der Resonanz oder der Anziehung ist in den letzten zwei Jahrzehnten als scheinbar neuer Begriff in den Mainstream aufgenommen worden. Doch es handelt sich gar nicht um eine neue Information. Das Gesetz der Resonanz – oder vielmehr: das Gesetz der Schöpfung – umfasst uralte Weisheiten, die von schamanischen Heilenden und Menschen, die in spirituelle Weisungen eingeweiht sind, seit Tausenden von Jahren angewendet werden. Dass diese Weisheiten jetzt im Mainstream ankommen, zeigt uns bloß, dass wir einen Wendepunkt in der Entwicklung erreicht haben, an dem die breitere Bevölkerung bereit ist, sie aufzunehmen.

Alle Gedanken oder Ideen, die in unser Energiefeld eintreten, tun das über ein bereits vorhandenes Muster. Das gilt für alle scheinbar neuen Gedanken und Ideen, die individuell oder kollektiv aufkommen. Sie werden von einer Weisheit geleitet, die ihnen den bestmöglichen Aufnahmepunkt in den Bewusstseinsstrom weist. Jedes neue evolutionäre Muster wird subtil in unseren Bewusstseinsstrom eingeführt, so dass wir sanft mit ihm fließen können und uns an seine Rhythmen gewöhnen. Das stellt sicher, dass diese Gedanken oder Ideen auch angenommen werden. Um ein bestehendes Muster zu verschieben, ist die beste Möglichkeit, sich in seinen natürlichen Fluss zu begeben und es von innen zu verändern. Der Versuch, den Bewusstseinsstrom durch eine unmittelbare Störung seines Musters zu verändern, ist wie der Versuch, durch den Sprung in einen reißenden Fluss dessen Strömung zu verändern. Damit Veränderung leicht integriert werden kann, muss ihr Eintreten auf irgendeine Weise an unserer gegenwärtigen Bewusstseinsebene ausgerichtet sein.

Über Tausende von Jahren hinweg wurde unser Energiefluss an der sich entwickelnden kapitalistischen Ideologie ausgerichtet. In diesem Fluss wurden wir langsam dazu konditioniert, zu glauben, dass individueller Erfolg das höchste Maß an persönlicher Sicherheit bieten würde. Auf Basis dieser Annahme sind die Lehren der Resonanz nun in unser globales Bewusstseinsfeld eingetreten.

Als das Gesetz der Resonanz erstmals dem Bewusstsein der Massen eröffnet wurde, war das für viele eine lebensverändernde Offenbarung. Die Menschen mussten nicht länger hart für Wohlstand und persönlichen Erfolg arbeiten; sie konnten sie nun anziehen, indem sie einer Reihe mentaler und spiritueller Anweisungen folgten. Unter diesen ›neuen‹ Gesetzen veränderten sich die alten Bezugssysteme. Den Armen und Sanftmütigen war nun nicht mehr vorbestimmt, erst im Himmelreich das Erdreich zu erben – also belohnt zu werden und Glück zu finden; sie sollten vielmehr im Hier und Jetzt mit finanziellem Gewinn und materiellem Wohlstand belohnt werden.

Als diese Idee sich etabliert hatte, verwandelten die Marketing-Leute das Gesetz der Resonanz in Gesetze des Überflusses. Wenn diese Gesetze gelten, brauchen wir uns nicht mehr schinden und schuften und Opfer bringen. Wir bestimmen einfach unsere Absichten und kreieren Traumcollagen. Wir schneiden Bilder von schicken Autos und teuren Häusern aus, die wir uns am meisten wünschen. Wir imaginieren unsere idealen Lebenspart*nerinnen und verbringen dann täglich Zeit damit, uns vorzustellen, wie gut es sich anfühlen würde, die Dinge zu haben, die wir uns ausgemalt haben. Das Gesetz der Resonanz ist tatsächlich ein spirituelles Wunder, doch seine eigentliche Kraft wurde erst ansatzweise verstanden. Damit Menschen all die Auswirkungen des Gelernten gänzlich verstehen können, müssten sie ihren Horizont weiten und auch Aspekte jenseits ihrer individuellen Bedürfnisse wahrnehmen.

Um zu verstehen, mit welch großer Kraft wir es hier zu tun haben, müssen wir anfangen, das Gesetz der Resonanz nicht mehr nur als Mittel wahrzunehmen, um etwas zu bekommen. Wir müssen verstehen, wie es das Chaos in unserem Leben beseitigen kann. In den 1960er Jahren entdeckte der Meteorologe Edward Lorenz, dass sogar die kleinsten Veränderungen in den atmosphärischen Luftströmen, die nach üblichen Standards als unbedeutend erachtet wurden, große Unterschiede in den entstehenden Wettermustern bewirkten. Dieses Phänomen wurde als Schmetterlingseffekt der modernen Chaostheorie bekannt. Schon eine kleine zusätzliche atmosphärische Strömung kann demnach drastische Veränderungen in den globalen Wettermustern erzeugen. Etwas so kleines wie der Flügelschlag eines Schmetterlings könne also bestimmen, ob im Folgejahr am anderen Ende der Welt ein Sturm entstehen wird. Die Chaosforschung hat gezeigt, dass jede Strömung, die in etwas Fließendes eintritt, eine Auswirkung auf das Gesamtmuster hat. Und genau dieses Prinzip spielt sich ab, während unsere aktuelle Wirklichkeit geformt wird.

Unsere Gedanken erzeugen eine energetische Reibung. Wenn wir uns mit diesen Gedanken beschäftigen und sie mit Emotionen verbinden, dann wird durch die Reibung Druck aufgebaut und Rauch erzeugt; der Rauch nimmt Gestalt an und sobald in dieser Gestalt ausreichend Druck entstanden ist, wird sie in den Strom der aktiven Schöpfung geleitet. Wir schöpfen nicht nur dann, wenn wir die Bilder unserer Traumcollagen erschaffen. Wir schöpfen in jedem Moment eines jeden Tages. Jeder Gedanke, jedes Wort und jede Handlung, der wir Leben verleihen, tritt in diesen Strom ein und erschafft unsere Wirklichkeit.

Bislang wurde das schöpferische Prinzip, das die Gesetze der Resonanz veranschaulichen, so genutzt, dass wir ganz und gar der kapitalistischen Überzeugung folgen, zu deren Annahme wir konditioniert wurden: dem Glauben, dass wir nicht viel mehr sind als Konsum*entinnen. Durch diese Konditionierung haben wir unsere wahre Persönlichkeit ebenso vergessen wie unsere Menschlichkeit und unsere Verbundenheit mit dem Rest der Schöpfung. Doch nun befinden wir uns inmitten eines weiteren Entwicklungssprungs: ein Sprung, der von uns erfordert, unsere Wahrnehmung zu erweitern und unsere wahre Verbundenheit anzuerkennen.

Dann verstehen wir, wie sich unsere Gedanken, Worte und Handlungen auf die gesamte Schöpfung auswirken. Es ist an der Zeit, dass wir wahrnehmen, was wir durch die Gesetze der Resonanz gelernt haben, und beginnen, unsere Schöpfungskräfte zu nutzen: um die Menschheit wieder zu vereinen, um die von uns verursachten spirituellen und psychischen Wunden zu heilen und um die prozesshafte Heilung der Mutter Erde zu beginnen.

Einst war unsere Wahrnehmung im Rhythmus mit der gesamten Schöpfung und unsere Vorstellungen von Erfolg waren an den Erfolg des Ganzen gebunden. Irgendwann haben wir diese Ausrichtung verloren. Jetzt müssen wir sie wiedererlangen und anfangen, uns kollektiv vorzustellen, eine friedlichere, gerechtere und harmonischere Welt ins Leben zu rufen.

Wie die Gesetze der Schöpfung funktionieren

Andrew Carnegie sagte: »Jede Idee, die im Kopf behalten wird, die betont wird, die gefürchtet oder verehrt wird, wird sich auf die zugleich geeignetste und angemessenste verfügbare Weise ausdrücken.« Wir haben eine Gesellschaft geschaffen, die darin geübt ist, angsterfüllten Vorstellungen viel Raum zu geben. Das mündet in unserer äußeren Wirklichkeit in Ergebnissen, die auf Angst basieren. Wenn du den Nachrichten und anderen Medien folgst, erscheint Flüchtigkeit als neue Normalität. In einer Welt, in der Informationen immer verfügbar sind und in der Leid und Zerstörung glorifiziert, zur Sensation gemacht und in Echtzeit vorgeführt werden, kann es schwer fallen, uns weiter auf die Welt zu konzentrieren, die wir erschaffen möchten. Es gibt so viele Ablenkungen, so viele Momente, in denen all die Angst und all der Schmerz zu groß erscheinen. Unsere Sinne werden belagert und unsere Empfindsamkeit wird an ihre Grenzen gebracht. Der Ansturm an Informationen – in dem eine Geschichte schrecklicher ist als die andere – hält uns in einem fortwährenden Zustand der Angst und Abwehrreaktion. In dieser Realitätsvorstellung ist die Welt ein fürchterlicher Ort. Wenn wir den Vorstellungen erliegen, die im Mainstream präsentiert werden, wenn wir uns auf sie beziehen, sie betonen, oder auch, wenn wir sie verurteilen, dann schaffen wir aktiv mehr von diesen Vorstellungen. Wenn wir uns einer Idee annehmen, unsere Energie in diese Vorstellung stecken und unsere Gefühle darum kreisen lassen, dann nähren wir ihr Wachstum. Wenn wir darauf hoffen, eine neue Wirklichkeit zu schaffen, dann müssen wir unsere emotionale Energie umlenken – weg von der uns präsentierten Wirklichkeit hin zu einem Fokus auf die Wirklichkeit, die wir erzeugen möchten.

Die uns umgebenden Bilder spiegeln unsere innere emotionale Landschaft. Sie veranschaulichen die Konsequenzen unserer energetischen und emotionalen Involviertheit. Sobald wir verstehen, dass wir und wie wir diese Bilder schaffen, wird es möglich, andere Entscheidungen zu treffen. Ein gutes Beispiel für die energetische Ebene der Veränderung, die es braucht, findet sich in der wachsenden Desinvestitionsbewegung: Weltweit lösen Menschen ihre Geldanlagen bei Organisationen und Unternehmen auf, die die fossile Brennstoffindustrie finanzieren. Diese Bewegung zeigt uns, wie unsere schöpferischen Kräfte dazu genutzt werden können, die Ausrichtung unserer Welt zu verändern. Wenn wir Dinge auflösen möchten, müssen wir ihnen entziehen, was wir dort eingebracht haben und auf das setzen, was wir stattdessen erschaffen möchten.

Das bedeutet nicht, dass wir aufhören, für das, was um uns herum geschieht, aufmerksam zu sein. Es ist wichtig für uns, die Wirklichkeit zu reflektieren. Sie zeigt uns, was verändert werden muss. Wir können keine Veränderung schaffen, wenn wir nicht bereit sind, uns mit den Dingen zu befassen, die verändert werden müssen. Wir müssen bereit sein, der Armut, dem Schmerz, der Ungerechtigkeit, der Umweltzerstörung und allen Formen von Fanatismus und Hass direkt zu begegnen. Zugleich müssen wir lernen zu begrenzen, was wir mental, emotional und energetisch in diese Bilder fließen lassen. Ich nenne das die 80-10-10-Regel. Wir investieren 10 Prozent unserer Energie, um zu erkennen, was verändert werden muss; weitere 10 Prozent investieren wir, um unsere vorherige Beteiligung am Schaden rückgängig zu machen; und mit den restlichen 80 Prozent erschaffen wir eine Wirklichkeit, die Mitgefühl, Sicherheit, Gleichheit, Gerechtigkeit und Nachhaltigkeit für alles Lebendige bietet.

Wir könnten ein ganzes Leben damit verbringen, darüber zu diskutieren, wie ein Problem gelöst werden könnte, es untersuchen und es aus allen Perspektiven beschreiben – oder wir können einfach anfangen, es zu lösen. Wenn eine Person hungrig ist, dann ernähren wir sie; wenn sie krank ist, dann heilen wir sie; wenn sie Zuflucht braucht, dann bieten wir ihr Schutz; wenn eine Person die Erde zerstört, dann halten wir sie auf; wenn eine Person andere schädigt, dann greifen wir ein.

Unser Ziel ist es, uns auf größere Achtsamkeit und einen gerechteren Weg einzustimmen. Dafür kultivieren wir eine umfassende Empathie: Wir unterstützen uns gegenseitig und wertschätzen die Gaben der anderen sowie die Gaben der Erde. Wir begegnen einer fremden Person mit freundlichen Worten oder Gesten; wir begegnen einer Person, die uns verletzt hat, mit mitfühlendem Verständnis; und wir öffnen unser Herz mehr liebenden Energien. All das hebt uns auf eine andere Ebene des Seins. Das Universum um uns ist in Bewegung. Wir erschaffen, erhalten und verstärken seine Frequenzen, erhalten sie aufrecht und nähren sie. Indem wir uns dazu entscheiden, diese gedanklichen und emotionalen Schwingungen auf der höheren Bewusstseinsebene zu nähren, passen wir unsere eigene Frequenz an ihre Höhe an. Wenn wir unsere eigene Frequenz erhöhen, tragen wir zur planetarischen Schwingung bei und wir öffnen uns und die uns umgebende Welt für größere schöpferische Möglichkeiten.

Eines Tages hatte ich nach einer Meditation eine intensive Erfahrung, durch die ich die schwingende Beschaffenheit der Welt wahrnehmen konnte. Als ich meine Meditation beendet hatte, sah ich meinen Ex-Mann vor mir sitzen und ein Bild von mir zeichnen. Er bat mich, still zu sitzen, damit er seine Zeichnung fertigstellen konnte. Während ich so saß, blickte ich auf seine Hand hinab und sie begann, vor meinen Augen ihre Form zu verändern. Vom Handgelenk bis zu den Fingerspitzen, sah ich nicht länger Fleisch und Knochen. Stattdessen sah ich eine Reihe winziger Lichtpunkte, die von kleinsten Energiefäden zusammengehalten wurden. Ich konnte erkennen, wie sich die Moleküle verschoben, während er seine Zeichnung studierte und anfertigte und sich auf jedes Detail konzentrierte. Als er innehielt und zu mir aufsah, veränderten sich die Farben der Moleküle in dem Moment, in dem er seine Aufmerksamkeit lächelnd von der Zeichnung weg und auf mich lenkte. Und ich konnte die Beschleunigung ihrer Umdrehungen wahrnehmen, die gleichzeitig mit dieser emotionalen Veränderung geschah. Die ihn umgebenden Moleküle reagierten auf jede Veränderung seines Fokus' und seiner Emotionen, und die Moleküle, die sein Sein bildeten, bewegten sich im Einklang mit diesen Reaktionen.

Wenn wir verstehen, wie unser Universum funktioniert und wie Schwingungsfrequenzen unsere Wirklichkeit erschaffen, dann können wir anfangen, mit dieser Struktur zu arbeiten, um die Welt zu formen. Diese Praxis ist eine Anwendung des schamanischen Prinzips. In unserer Tradition lässt sich das Wort für Schaman*in als »hohler Mensch« oder »hohles Wesen« übersetzen. Das Konzept ist dasselbe wie das hohle Schilfrohr in der christlichen Philosophie. Die schamanische Person wird zu einem hohlen Gefäß, durch das Energie fließen kann. Sie vermittelt jenseits von Denken und Handeln die fühlende Energie des Geistes mit einer emotionalen Absicht. Sie tritt in den Bereich der aktiven Schöpfung ein und bewirkt Veränderungen in den physischen, emotionalen und spirituellen Körpern. Wahre Schaman*innen arbeiten im Einklang mit der Schöpfung, sie nutzen die Kräfte der Schöpfung, um das Leben zu stärken – nie, um zu schaden oder zu zerstören.

Da wir an der Schöpfung beteiligt sind, müssen wir dazu bereit sein, Verantwortung für alles zu übernehmen, das wir erschaffen.

Denn wir wissen, dass die Welt in sich verbunden ist und dass jeder Gedanke, jeder Atemzug und jede Handlung sich auf das Ganze auswirkt. Das erfordert von uns, bewusst über unsere Schöpfungen zu entscheiden. Wenn wir um großen Wohlstand für uns selbst bitten, berauben wir womöglich andere. Wenn wir um materielle Dinge bitten, müssen wir bereit sein, die Kosten zu tragen, die mit ihrer Herstellung zusammenhängen. Das bedeutet, dass wir uns fragen müssen: Wurde das Leben durch meine Wünsche geschädigt oder gestärkt? Wurden Böden verunreinigt, Gewässer verschmutzt oder Tiere geschädigt? Hat das, was ich ins Leben gerufen habe, Leid erzeugt? Wie immer müssen wir unser Handeln weiterentwickeln. Und das muss schnell passieren. Viel Wissen bringt viel Verantwortung. Deshalb müssen wir darauf achten, die uns gegebene Macht bewusst und verantwortlich einzusetzen, so dass wir die Lebensbedingungen aller Lebewesen und von Mutter Erde verbessern können. Wenn wir alle bewiesen haben, dass uns diese Macht anvertraut werden kann, wird sich uns mehr offenbaren.

13

Von Lehrenden und Lehren

Viele Menschen sind ihr Leben lang auf der Suche nach einem spirituellen Vorbild, nach spiritueller Erkenntnis und Leitung, nach einer Person, die ihnen hilft, ihre Wahrnehmung von der sie umgebenden Wirklichkeit zu erweitern. Viele haben sehr spezifische Vorstellungen im Kopf, wenn sie sich diese Lehrperson vorstellen. Wenn sie eine Person treffen, die der von ihnen vorformulierten Beschreibung zu entsprechen scheint, glauben sie, am Ziel zu sein. Doch alles, was sie wirklich gefunden haben, ist eine Reihe an Lehren, die zu einer bestimmten Zeit passen. Es ist kein Ankommen.

Wir erleben ein tiefes Wohlgefühl, wenn wir uns mit Personen umgeben, die aufrichtig die Wahrheit unseres gegenwärtigen Moments erkennen. Alles, woran wir glauben, ergibt dann Sinn. Wenn das passiert, kann es sich anfühlen, als seien wir angekommen. Doch wenn wir nicht aufpassen, können wir von diesem behaglichen Gefühl verführt werden und uns darin einrichten. Dieses Gefühl der Geborgenheit kann uns langsam wieder in den Schlaf wiegen. Der spirituelle Weg geht jedoch immer weiter; er ist kein sicherer Hafen zum Verweilen. Wenn wir uns an einem Ort niederlassen, dann hören wir auf zu wachsen.

Spirituelle Lehrende umgeben uns überall. Wir beginnen, sie zu erkennen, sobald wir uns mit dem lehrenden Anteil in uns selbst verbinden. Die innere Lehr*erin ist unsere wichtigste Richtungsweisung und die einzige Instanz, die uns zu unserer höchsten Wahrheit führen kann. Die Hauptaufgabe weltlicher Lehr*erinnen ist es, dich mit deiner inneren Lehre in Kontakt zu bringen. Sie sollen nicht zwischen dir und der Schöpfung vermitteln. Sie sollen dir nur dabei helfen, Verbindung zur göttlichen Weisheit herzustellen, die bereits in dir steckt. Alle Lehr*erinnen, die dich zu überzeugen versuchen, dass du sie auf unbestimmte Zeit brauchst, arbeiten nicht aus einer Perspektive der spirituellen Wahrheit, sondern aus ihrem Ego heraus.

Wir werden von Personen und Erfahrungen angezogen, die in derselben Frequenz schwingen, auf der wir uns bewegen. Deshalb gibt es den Ausdruck: »Wenn die lernende Person bereit ist, wird die Lehrende erscheinen.« Wir ziehen die Lehren an, die für unseren jeweiligen Stand der spirituellen Entwicklung von Bedeutung sind. Mit jeder neuen Ebene, die wir erreichen, erscheinen neue Lehren. Jeder Mensch, der uns etwas lehrt, und alle neuen Lehren eröffnen uns einen Weg zu einer neuen Bewusstseinsebene. Wenn wir mutig genug sind, diesem Weg zu folgen, wird er uns zu weiteren Bewusstseinsstufen und zu einer fortwährenden Erweiterung unserer Wahrnehmung führen. Doch wenn wir es uns in der Behaglichkeit eines bestimmten Moments bequem machen und versuchen, dort zu bleiben, unterbrechen wir unser

Fortkommen. Wenn wir in einzelnen Momenten verhaftet bleiben, dann versagen wir uns die Fülle verschiedener sich entfaltender Erfahrungen. Das Leben hat keinen Pause-Knopf. Wenn wir zu lange an einem Ort bleiben, halten wir uns selbst davon ab, die neue Wirklichkeit zu erkennen, die vor uns liegt, oder davon, eine neue Wahrnehmung zu begrüßen, die in uns entstehen könnte. Unser unerschütterliches Festhalten an dem Moment der Geborgenheit lässt uns eben das aufgeben, was unsere Suche überhaupt veranlasst hatte: nämlich unseren Wunsch aufzuwachen.

Der Drang, einer bestimmten lehrenden Person zu folgen, ist auf ein tiefes Bedürfnis in unserer Seele zurückzuführen. Dieses Bedürfnis kann uns zu einer tieferen Wahrheit bringen, indem wir andere Ebenen der Wahrnehmung zulassen und integrieren können. Wenn wir das Ende einer bestimmten Wahrnehmungsstufe erreicht haben, verebbt der mit dieser Stufe verbundene Drang und ein neuer Wunsch kommt in uns auf, der uns zur nächsten Entwicklungsstufe führt. Wenn wir wirklich erwachen und wach bleiben möchten, dann müssen wir unsere Bindung an einzelne Lehrende lösen und stattdessen den Lehren folgen, wo auch immer sie uns hinführen mögen.

Jeder Mensch, von dem wir etwas lernen, hat einen bestimmten Zweck. Einige besetzen und versorgen eine bestimmte Entwicklungsstufe. Ihre Rolle ist es, Lernende auf diese Entwicklungsstufe zu holen und sie durch die entsprechenden Lehren zu führen. Sobald diese Lehren gelernt sind, wird die lernende Person ihr neues Verständnis integrieren und sich auf die nächste Ebene begeben. Wenn wir sehr an unseren Lehrenden hängen, kann es eine schmerzhafte Erfahrung sein, sie hinter uns zu lassen, wenn wir uns weiter bewegen. Doch wenn wir den Lehren aufgeschlossen folgen, dann würdigen wir die Lehrenden in ihrer jeweiligen Rolle und zeigen ihnen Dankbarkeit für das, was sie uns geschenkt haben.

Manche Lehrende transportieren Lehren, die sie selbst noch nicht verinnerlicht haben. Es ist möglich, dass sie bestimmte Lektionen unterrichten, obwohl sie sie selbst noch nicht in ihr eigenes Alltagsleben integrieren konnten. Eine der schwierigsten Erfahrungen, die wir auf unserem spirituellen Weg machen können, ist eine lehrende Person, die den hohen Erwartungen nicht entspricht, die wir an sie hegen. Häufig erhöhen wir unsere Lehr*erinnen und erwarten von ihnen, schon fertig entwickelt zu sein. Das sind sie aber meist nicht. Unsere Lehr*erinnen sind – wie wir – Menschen auf ihrem eigenen spirituellen Weg. Auch sie sind häufig nicht perfekt und scheitern regelmäßig. Die Herausforderung in dieser Situation liegt darin, an den Lehren festzuhalten, den Wert des Gelernten zu wahren und zugleich Mitgefühl für die Menschlichkeit der Person zu finden, die dir diese Lehren geschenkt hat.

Ich habe mehrere Erfahrungen mit spirituellen Lehr*erinnen gemacht, die menschliche Wesen mit Fehlern waren. Einer war ein älterer Herr, der mich aufnahm und mir das Gefühl gab, Teil seiner Familie zu sein. Er teilte viele wertvolle Lehren mit mir, die mir halfen, die Dinge aus einer umfassenderen Perspektive wahrzunehmen. Eines Tages machte er dann einen sexualisierten Annäherungsversuch und meine Illusion seiner Perfektion war zerschlagen. Der Vorhang fiel und ich konnte sein skrupelloses Wesen erkennen. Ich war am Boden zerstört. Ich erlebte eine extreme kognitive Dissonanz, während ich versuchte, das was ich für wahr gehalten hatte, mit der Wirklichkeit in Einklang zu bringen. Anfangs wollte ich nicht glauben, dass es real war. Ich versuchte, mir einzureden, dass ich seine Absicht missverstanden hätte, doch mein Bauch sagte mir, dass es stimmte. Ich hatte ihn deutlich gehört und die Bedeutung genau verstanden. In diesem Moment meldete sich meine innere Lehrerin und forderte mich dazu auf, mir selbst zu glauben. So erzählte ich einer Frau, der ich vertraute, von dem Vorfall und sie bestätigte meinen Verdacht. Auch sie hatte hinter seine Maske blicken können und zweifelte an seiner Aufrichtigkeit. Mit der Zeit meldeten sich mehrere andere Frauen, die dieselbe Erfahrung gemacht hatten. Wir waren zutiefst verstört, dass es diesem Mann möglich war, seine Führungsposition zu behalten und als Heiler und spirituelle Leitfigur anerkannt zu sein. Wie viele andere junge Frauen waren Opfer seiner Taktik geworden? Ich vollzog die notwendigen Schritte und informierte die richtigen Personen über das Geschehene, um weitere Frauen vor dieser Erfahrung zu schützen.

Später musste ich mich dann neu mit den Lehren auseinandersetzen, die ich von ihm gelernt hatte. Waren sie alle eine Farce oder lag in dem, was er mir gezeigt hatte, irgendeine Wahrheit? Als ich mich ruhig darauf besann, was ich alles von ihm gelernt hatte, erkannte ich, dass er eine*r meiner besten Lehrenden gewesen war. Nicht nur hatte er eine Reihe zeremonieller Lehren mit mir geteilt, die mich zu einer größeren Bewusstheit und erweiterten Perspektive geführt hatten. Er hatte mir nun auch eine wertvolle Lektion über Lehr*erinnen, Lehren und menschliche Schwäche erteilt. Er trug eine Reihe tiefer emotionaler Wunden in sich, die ihn auf zerstörerische und oberflächliche Weise nach

Macht, Anerkennung und Bestätigung streben ließen. Doch er trug auch einige grundlegende spirituelle Lehren in sich, die er anderen vermitteln konnte. Statt weiterhin auf diesen Mann wütend zu sein und darüber, wie er mich verletzt hatte, tat er mir nun leid und ich begann, für die Heilung seiner Wunden zu beten.

Eine andere Lehrerin von mir lehrte zu Harmonie, Frieden und Liebe. Sie war eine wunderbare Frau, die ihre Schül*erinnen dazu anregte, die Schönheit in sich und den anderen wahrzunehmen und sie in der Welt um sie herum zu erkennen. Nachdem ich über ein Jahr lang Zeit mit ihr verbracht hatte, hörte ich, wie sie wütend über ihren Ex-Mann schimpfte und ihn verurteilte. Sie war boshaft in ihrem Angriff gegen ihn und Männer im Allgemeinen. Er war bei dieser Tirade nicht anwesend und da ich ihn nie getroffen hatte, fragte ich mich, was er Furchtbares getan haben könnte, um eine solch heftige Reaktion in ihr auszulösen. Später erfuhr ich, dass sie sich auf Handlungen bezog, die mehr als zehn Jahre zurücklagen und dass die beiden schon seit mehreren Jahren geschieden waren. Doch die Wunde in ihr war eindeutig offen, pulsierte und blutete. Sechs Monate nach diesem Wutanfall erhielt sie die Diagnose Eierstockkrebs. Sie starb wenige Monate nach Beginn der Behandlung. In ihrer Sterbephase saß ich bei ihr und hielt ihre Hand. In dieser Zeit erfuhr ich, dass ihr Ex-Mann einen Herzinfarkt erlitt, als er von ihrer Krankheit erfuhr. Sie wiederum weigerte sich loszulassen, bis sie wusste, dass er stabil war und gesund werden würde. Fünfzehn Minuten, nachdem sie das erfahren hatte, machte sie ihren letzten Atemzug. Trotz des Traumas, das zwischen ihnen stattgefunden hatte, waren sie noch immer tief miteinander verbunden. Die Krankheiten, die beide ereilten, waren mit dieser Verbindung und den gemeinsamen, ungeheilten Wunden verknüpft. Unsere Wunden wirken sich auf unsere Fähigkeit aus, die Lehren zu verinnerlichen, die wir lernen. Doch sie halten uns nicht davon ab, Wissen zu erlangen und es weiter zu geben. Wenn wir uns der Lehren bewusst sind und gleichzeitig unser Mitgefühl für andere erhalten können, werden wir dazu in der Lage sein, die Lehren anzunehmen und zugleich die Menschlichkeit der Lehr*erinnen zu akzeptieren.

Die wichtigsten Lehr*erinnen in unseren Leben finden wir oft in unseren Familien. Unsere Familien lehren uns Geduld, Akzeptanz und Selbstschutz, Grenzen, Feingefühl und bedingungslose Liebe. Sie spiegeln uns unsere besten und unsere schlechtesten Seiten – gleichzeitig. Sie kennen unsere Auslöser und wissen, wie und wo die Knöpfe zu drücken sind. Sie lehren uns, zu vergeben, und Angst, Wut, Frustration und all die anderen Hindernisse, die wir der Liebe gebaut haben, zu überwinden. Unsere Familien lehren uns mit ihrer Anwesenheit und ihrer Abwesenheit, mit ihrer Güte und ihrer Härte, oft die wichtigsten Lehren über die Liebe – sogar wenn diese Liebe große Entfernungen überbrücken muss.

Wenn wir die Welt aus der Perspektive eines Kindes wahrnehmen – und damit meine ich die Offenheit zu lernen – dann erkennen wir, dass wir von vielen Menschen lernen können. Wenn du mit deiner inneren Lehr*erin verbunden bist, wird jede Person zur Lehr*erin und jede Erfahrung zur Lehre. Die Hauptaufgabe äußerer Lehrender ist es, deine Beziehung zu deiner inneren Lehr*erin zu stärken. Deine innere Lehr*erin ist der allwissende

Teil in dir, der mit der Schöpfungskraft und mit der gesamten Schöpfung verbunden ist. Um unsere inneren Lehren zu finden, müssen wir innehalten und beginnen, uns mit der Stille in uns wohl zu fühlen. Denn in dieser Stille lernen wir, die kleine, leise Stimme zu hören, die oft in all dem Lärm und den Ablenkungen in unseren Leben untergeht. Nur in der Ruhe und Stille finden wir die Weisung, die wir brauchen. Wegen der vielen Geschichten, die wir uns ausgedacht haben, erwarten wir, dass unsere innere Lehr*erin mit großer Geste auftritt – einem aufleuchtenden Blitz, einem brennenden Busch oder einer dröhnenden Stimme aus dem Himmel. Doch die innere Lehr*erin kommuniziert feinsinniger mit uns: in kleinen Augenblicken der Inspiration, durch ein nagendes Gefühl, das wir nicht abschütteln können, durch sich wiederholende Zeichen oder zufällige Vorschläge von anderen Menschen. Unserer inneren Lehr*erin zuhören zu lernen, erfordert Disziplin und Übung. Doch sobald wir es tun, erkennen wir, dass die Weisung, die wir gesucht haben, uns überall und zu jeder Zeit umgibt. Wir haben nur vergessen, wie wir sie empfangen können.

Wenn wir kleine Kinder sind, sind wir stark mit unserer inneren Stimme verbunden. In unserem Aufwachsen verlieren wir diese Verbindung. Wir ziehen los und lernen, was uns als Person ausmacht – in Bezug auf unseren Körper, die Menschen um uns herum und die Welt, in der wir leben. Aber dann beginnen wir zu spüren, dass da noch mehr ist und wir entwickeln die Sehnsucht herauszufinden, was es ist. Also laden wir die innere Lehr*erin ein, zu uns zu kommen. Ich war Jugendliche, als ich das tat. Ich erinnerte mich deutlich daran, wie meine innere Lehrerin mich als Kind geführt hatte und ich sehnte mich nach der damals empfundenen Verbindung. Also unternahm ich bewusste Schritte, mich wieder zu verbinden. Zuerst suchte ich meine Älteren auf, um bei ihnen die Weisheit zu finden, nach der ich mich sehnte. Obwohl sie mir eine ganze Menge wertvoller Einsichten schenkten, konnten sie nicht die Verbindung herstellen, nach der ich suchte. Eines Tages entschied ich dann, dass ich die innere Lehrerin einfach bitten würde, sich zu zeigen und mir mitzuteilen, was ich am dringendsten wissen musste. Ich bat um ein Zeichen, das ich einfach erkennen und verstehen würde. Ich bat meine innere Lehrerin, mir im Traum zu begegnen, zur Haustür hereinzuspazieren, mir durch die Tiere oder irgendeine andere Quelle eine Botschaft zukommen zu lassen. Ich bat immer wieder und wieder, auf jede Weise, die mir zu fragen einfiel – doch noch immer geschah nichts.

Frustriert suchte ich eine der Älteren auf, mit der ich schon gearbeitet hatte und erklärte ihr meine Bemühungen. Sie hörte zu und dann lachte sie lange. Als sie zu lachen aufgehört hatte, sagte sie zu mir: »Du musst aufhören zu fragen und still sein, wenn du eine Antwort hören willst.« Also wurde ich ruhig und begann zuzuhören, doch auch in meinem Zuhören war ich aktiv. Ich suchte in meinem Geist nach etwas, sehnte mich und griff danach. Erst als ich wirklich loslassen und in der Stille anwesend sein konnte, erhielt ich schließlich eine Antwort. Sie enthielt keine tiefsinnige Erklärung oder göttliche Weisung. Alles, was ich vernahm, war: »Ich bin bei dir.« Das genügte. Von da an begann sich unsere Beziehung zu entwickeln. Ich lernte, mit der Stille zu sein und die Anwesenheit meiner inneren Lehrerin überall um mich zu spüren. Ich lernte, ihre Stimme wahrzunehmen und das ziehende Gefühl zu erkennen, das mich wissen ließ, dass sie mich zu sich rief. Ich begann, die feinen Zeichen zu entschlüsseln, die sie mir im Außen schickte und zu erkennen, wenn sie durch andere mit mir sprach.

Wenn ich mir nicht die Zeit genommen hätte, zu lernen, meine innere Lehrerin wahrzunehmen, dann hätte ich mir selbst die Gelegenheit versagt, meine eigene Wahrheit kennenzulernen. Wenn wir der Weisheit anderer zu viel Wert beimessen, verleugnen wir, dass wir unsere eigenen Weisungen in uns tragen. Traurigerweise sind Menschen seit Jahrhunderten fehlgeleitet worden, indem sie irdischen Lehr*erinnen folgten. Sie glaubten ihnen, wenn sie sagten, ›Gott‹ erwarte von ihnen, in seinem Namen zu töten. Sie glaubten ihnen, wenn sie ihnen sagten, sie seien vor anderen auserwählt worden – und so zogen sie los und eroberten und unterdrückten diese anderen, raubten ihnen ihre Lebensgrundlage, nahmen ihre Leben und erniedrigten sich dabei selbst. Die falschen Lehren einiger Menschen haben zu den dunkelsten Erfahrungen der Geschichte geführt.

Um diesen Kreislauf zu beenden, müssen wir uns unsere eigene Wahrheit wieder aneignen und uns wieder mit unserer inneren Weisheit vertraut machen, so dass wir uns mit der göttlichen Weisung verbinden können, die wir nur durch unsere eigene Verbindung mit der spirituellen Weisheit finden können. Diese Verbindung war nie verloren. Sie hat keine anderen zur Vermittlung gebraucht. Um sie wahrzunehmen, müssen wir nur unseren Geist beruhigen und unser Herz mit der Wahrheit verbinden, die in uns lebendig ist. Bevor du in die Welt hinausziehst und Lehr*erinnen suchst, die dich führen, solltest du also sicherstellen, dass du dir die Zeit genommen hast, dich auf deine inneren Lehren einzustimmen, um mit ihnen die Weisheit aus dem Ich zu entschlüsseln. Dann wirst du wissen, ob die Weisungen, die du von Außen erhältst, auch an deiner tiefsten Wahrheit und deinem reinsten Herzen ausgerichtet sind.

Die Herausforderungen, die uns in unseren Leben begegnen, erfordern von uns, dass wir unser Selbst so gut wie möglich leben – geleitet von der herzensbasierten Weisheit der spirituellen Wahrheit. In dieser Wahrheit werden wir die Antworten finden, die uns versagt geblieben sind, und wir werden uns wieder aufeinander zubewegen und an den Ort zurück finden, an dem wir im Einklang mit der Welt um uns stehen.

14

Die Kultivierung von Krieg*erinnen

Dieses Kapitel widme ich in liebevollem Gedenken unserem geliebten Sage Nequtatahwet Rapp. Er widmete sein kurzes Leben dem Militärdienst. In seinem Bestreben, ein Krieger zu sein, wurde er Soldat. Schließlich nahm er sich selbst das Leben, weil sein Weg als Soldat nicht zu seinem Herzen eines Kriegers passte. Wir vermissen dich jeden Tag und werden dich immer lieben.

Es gibt eine Reihe von Vorstellungen davon, was es bedeutet, ein*e Krieg*erin zu sein. In modernen Zeiten ist der Begriff in den Zusammenhang von Soldatentum und Kriegsführung gerückt. Doch in den ältesten Traditionen bezog sich diese Rolle auf einen sehr spezifischen Verhaltenskodex, der Respekt, Ehre, Schutz und das Dienen umfasste. Krieg*erin zu sein, bedeutete in der Wabanaki-Tradition, der Gemeinschaft Hilfe und Schutz zu bieten. Nach dieser Philosophie leben auch andere Indigene Gesellschaften.

Tatanka Iyotake (Sitting Bull Hunkpapa Lakota), der große Lakota-Krieger, der in einer der berüchtigtsten Schlachten der

Geschichte kämpfte – der Schlacht am Little Big Horn (Greasy Grass Creek) – brachte ähnliche Überlegungen zur Rolle von Krieg*erinnen zum Ausdruck, als er Berichten zufolge sagte:

> »Krieg*erinnen sind nicht das, was du dir als Kämpf*-erin vorstellst. Ein*e Krieg*erin ist keine Person, die kämpft, denn kein Mensch hat das Recht, ein anderes Leben zu nehmen. Für uns sind Krieg*erinnen Menschen, die sich für das Wohl anderer opfern. Ihre Aufgabe ist es, sich um die Älteren zu kümmern, um die Schutzlosen, um jene, die nicht für sich selbst sorgen können, und vor allem um die Kinder, die Zukunft der Menschheit.«

Unser traditionelles Verständnis von Krieg*erinnen entspricht diesem Gedanken. In den Wabanaki-Sprachen gibt es eine Reihe von Wörtern, die Krieg*erinnen oder die Philosophie der Krieg*-erinnen definieren. Nicht eines dieser Wörter steht für das Kämpfen oder für Gewalt. Sie alle stehen für den menschlichen Dienst an der Gemeinschaft. Auf zwei Wörter möchte ich besonderen Fokus legen. Sie bezeichnen die Werte und Handlungen, die damit verbunden sind, zu der Gruppe der Krieg*erinnen zu gehören.

Das erste Wort ist *Kinap*, was »Helf*erin« bedeutet. Es handelt sich um Personen, die der Gemeinschaft dienen. Sie suchen nach Möglichkeiten, sich nützlich zu machen und handeln, wenn Hilfe benötigt wird. Diese Hilfe kann viele Formen annehmen, von einfachen Hilfsarbeiten bis zu beeindruckenden Aktionen. Dabei ist unwichtig, welchen Status, Titel oder Qualifikation Personen haben, wenn bestimmt wird, was zu tun ist und durch welche Person. Stattdessen wird Hilfe einfach gegeben, wenn sie gebraucht wird. Wenn *Kinap* nicht tun können, was getan werden muss, dann finden sie eine Person, die es kann, und unterstützen sie dabei. Diese Menschen sind bescheiden und verlässlich, aber sie sind auch stark und fähig. Sie kommen, wenn sie darum gebeten werden oder wo immer es Bedarf gibt, und bieten die Unterstützung an, die erforderlich ist.

Das zweite Wort ist *s'magnus*. Es beschreibt die Handlung, ein Schutzschild zu sein. Buchstäblich bedeutet es, dem Schaden im Weg zu stehen und dabei nur so viel Kraft aufzuwenden, wie nötig ist, um den Schaden abzuwehren, ohne Gegenschaden zu verursachen. Die Flut der Zerstörung soll abgehalten werden und das Leben geschützt. Die Menschen, die sich in Elsipogtog und Standing Rock in einer Schutzhaltung voller Gebete versammelt haben, um das Wasser zu schützen, wendeten diese Praxis an. Die Wasserkrieg*erinnen sind bereit, sich dem Unheil in den Weg zu stellen, um ein größeres Leid abzuwehren. Sie verstehen die Verbindung zwischen Wasser und Leben und wissen, dass wir ohne Wasser nicht lange genug leben werden, um die vielen anderen Probleme lösen zu können, mit denen wir konfrontiert sind. Deshalb stellen sie sich zwischen das Wasser und diejenigen, die es schädigen wollen und bilden buchstäblich ein Schutzschild für das Leben.

Krieg*erinnen sind bereit, ihr Leben zu opfern, um das Überleben anderer zu schützen. Sie sind stark, ausgeglichen und haben keine Angst. Sie zögern nicht, die Wahrheit über Dinge auszusprechen, die eine Bedrohung für das Wohl der Menschen und das Weiterbestehen des Lebens darstellen. Doch sie tun das auf eine Weise, die respektvoll ist gegenüber denjenigen, an die sie sich richten. Sie leben jeden Tag die Prinzipien Ehre, Respekt und Würde und halten sich an eine Reihe grundlegender Werte, die ihr Handeln leiten. Chief Oren Lyons, Bewahrer der Weisheit der Onondaga Nation, sagt, dass wenn wir unsere Füße auf die Erde setzen, die Gesichter unserer Nachfahren aus dem Boden zu uns aufblicken. Wir müssen also vorsichtig gehen. Krieg*erinnen sind sich ihrer Verpflichtung allem – dem vergangenen, gegenwärtigen und zukünftigen – Leben gegenüber bewusst. Sie sorgen dafür, ihren Weg auf der Erde verlässlich zu verfolgen. Solche Krieg*erinnen entstehen nicht einfach so. Sie gedeihen in einer fruchtbaren Umgebung, die sie sorgsam ins Sein bringt.

Wenn nach Krieg*erinnen gerufen wird, ist das nicht einfach ein persönlicher Aufruf zum Handeln, wenn der Ausnahmezustand herrscht; es ist ein Aufruf an uns, den Boden zu bestellen, in dem Krieg*erinnen gedeihen können. Es geht darum, auf eine Weise zu leben, die junge Menschen lehrt, wie sie stark durchs Leben, aber sanft auf der Erde gehen können. Krieg*erinnen müssen respektvoll und diszipliniert in ihren Interaktionen mit allen Lebewesen sein und sich verpflichten, die Heiligkeit alles Lebendigen zu schützen. Diesen Respekt, diese Disziplin und Hingabe müssen sie früh vermittelt bekommen. Ihr Charakter muss sich langsam entwickeln, auf Basis einer beständigen Ethik, die genährt und weiterentwickelt wird, und die kontinuierlich ihre Entscheidungsfindung prägt.

Wenn wir uns heute in der Welt umschauen, dann sind da viele Menschen, die danach streben, Krieg*erinnen zu werden.

Häufig fehlt es ihnen jedoch an einem klaren Ziel, einer Richtung oder auch an einer klaren Anleitung. Sie verlieren den Fokus oder bemühen sich an der falschen Stelle. Die Mainstream-Gesellschaft bietet traurigerweise keine Struktur, in der Menschen zu Krieg*-erinnen werden könnten, die ihr Leben dem Schutz alles Lebendigen widmen. Sie bietet zumal keinen Raum für die Existenz solcher Krieg*erinnen. Stattdessen übt sich diese Gesellschaft darin, Menschen zeitweise zu Erobernden zu machen, die tüchtig mitwirken an der Zerstörung alles Lebendigen und dessen, was es braucht, um Leben möglich zu machen – wie unsere Böden und Gewässer.

Sehr wenige Menschen in Machtpositionen zeigen heute eine wahre Loyalität zum Leben oder die Absicht, Harmonie und Frieden voranzubringen. Stattdessen zeigen sie Loyalität gegenüber falschen Hierarchien der Macht, des Status' und des Geldes. Sie gestalten Systeme, die statt der Zusammenarbeit den Wettbewerb fördern. Diese Führungspersonen sind nicht dazu in der Lage, den jungen Menschen Respekt vorzuleben, da sie selbst diesen Respekt nicht kennen. Was ist mit den Krieg*erinnen geschehen, die das Leben bewahren und es auf heilige Weise weitertragen sollten? Wo sind sie hingegangen und was können wir tun, um sie zurückzuholen?

Krieg*erinnen werden in der Gemeinschaft, in der Familie und durch eine Lebensweise zu dem gemacht, was sie sind. Die Werte, die sie vertreten, werden von klein auf in ihr Leben gepflanzt, genährt und immer wieder gestärkt. Wie beim Mais muss der Boden, in dem Krieg*erinnen wachsen, reichhaltig und stark sein. Wenn der Mais stark und gesund werden soll, musst du ihn am richtigen Ort pflanzen und ihn richtig pflegen. Du kannst ihn nicht in sandigen Boden oder in ein Überschwemmungsgebiet an einem Flusslauf pflanzen und erwarten, dass er wächst. Die Samen werden einfach weggespült.

Unser modernes Überschwemmungsgebiet ist das koloniale Bildungssystem. Sein Boden ist sandig und nährstoffarm. Statt Respekt für die reiche Biodiversität zu lehren, die ein gesundes Gleichgewicht sicherstellt, lehrt es Homogenität und entfernt uns vom Wertesystem, das den Kern unserer kulturellen Lehren in sich trägt. Es lehrt Schül*erinnen, die richtige Antwort entsprechend gesellschaftlicher Normen zu suchen, anstatt ihnen Fähigkeiten des kritischen Denkens zu vermitteln, die sie zum richtigen Handeln führen würden. Und es lehrt Gefolgschaft und Gehorsam gegenüber bestehender Strukturen, ohne es den jungen Menschen zu ermöglichen, abzuwägen, ob diese Strukturen tatsächlich den grundlegenden Bedürfnissen des Lebens dienen. Koloniale Bildung bietet uns nicht die erforderlichen Werkzeuge, um ein nachhaltiges Leben in wechselseitiger Harmonie mit dem Rest der Schöpfung zu leben. Sie lehrt uns, nach Möglichkeiten zu suchen, wie wir weiter nehmen können, ohne jegliche Verpflichtung, Ausgeglichenheit im Geben und Nehmen herzustellen. Und sie hält uns abhängig von den Fallstricken unserer Suchtgesellschaft.

Dadurch verlieren wir die Umgebung, die erforderlich ist, um wahre Krieg*erinnen hervorzubringen. Wir haben zugelassen, dass die Umwelt verschmutzt wird, genauso, wie wir zugelassen haben, dass die Erde verschmutzt wird – indem ihr alle Nährstoffe entzogen wurden. Heilige Stätten werden entweiht, Pipelines durch Gewässer verlegt, die Erde verschmutzt und geschändet, die Verbindung zum Leben geht verloren – all das spiegelt unseren Verlust. Wir haben aufgehört, in die Entwicklung von Engagement und Verantwortung bei unserer Jugend zu investieren. Wir haben aufgehört, sie die Heiligkeit alles Lebendigen zu lehren. Stattdessen haben wir sie losgeschickt, um von denjenigen trainiert zu werden, die die kaputten Systeme steuern und erhalten, die mit unserem Tod Geschäfte machen. Das heißt, wir produzieren nicht länger Krieg*erinnen; wir produzieren gehorsame Soldat*innen, die geübt darin sind, im aktuell scheiternden Paradigma zu funktionieren.

Der hierdurch geschaffene Konflikt in den jungen Leuten zeigt sich auch in der steigenden Suizidrate unter Militärbediensteten. Jene, die helfen und beschützen wollen, landen regelmäßig beim Militär – mit der Erwartung, dort der Menschheit zu dienen. Dann erkennen sie, dass sie stattdessen den Interessen einer Industrie dienen, die aus Tod und Zerstörung Gewinn schlägt. Dieses System unterbindet die Fähigkeit der Menschen zu helfen, indem sie in Regeln eingebunden werden, die ihr Gehorsam sicherstellen, statt ihre Menschlichkeit zu fördern.

Ich hatte die Gelegenheit, vielen wunderbaren Menschen, die zu unseren Streitkräften zählen, zu begegnen und mit ihnen zu arbeiten. Ihr Wunsch, sich nützlich zu machen, zeigt sich unmittelbar in vielen guten Taten, die sie außerhalb des Militärdienstes vollbringen. Sie halten sich verlässlich an die Lehren des Respekts und der Höflichkeit. Sie bieten den Menschen, die sie in ihrem Alltag treffen, Unterstützung an – tragen den Älteren ihre Einkäufe, helfen einer jungen Mutter beim Reifenwechsel oder sind zur Stelle, um einen Kinderspielplatz in ihrer Nachbarschaft zu reparieren. In ihren Herzen hatten sie sich diesen Dienst vorgestellt. Doch in den militärischen Rangordnungen werden sie gelehrt, ihre Einfühlsamkeit und ihr Mitgefühl für ›andere‹ zu ersticken, insbesondere für jene, die als feindlich erklärt werden – und sie mit einer gefühllosen übertriebenen Männlichkeit zu ersetzen. Der eigentliche Dienst, den diese Menschen dem Leben erweisen möchten, geht im Prozess, Soldat*in zu werden, häufig verloren. Sie landen dort, wo sie nicht hinwollten und werden dafür benutzt, auf Kosten menschlichen Lebens und des Erhalts der Erde die Kriegsindustrie zu schützen. Das verursacht unglaubliche Schäden in der Psyche dieser Menschen und erzeugt einen tiefen Konflikt in jenen, die eigentlich ihrem inneren Ruf gefolgt waren, sich nützlich zu machen.

Meine Familie hat die Auswirkungen dieses Konflikts und den von ihm verursachten Verlust erlebt. Mein Neffe kam mit leuchtenden Augen zur Welt. Alle, die ihn sahen, nahmen dieses Licht unmittelbar wahr. Sein spiritueller Name war tatsächlich Nequtatawet, das Licht des Polarsterns. Er erhellte jeden Raum. Er war eine gütige und schöne Seele, die nichts wollte, als der Gemeinschaft zu dienen und sie zu schützen. Sein Weg, um dieses Ziel zu erreichen, war der Eintritt ins Militär gleich nach der Highschool. Seit er ein kleiner Junge war, träumte er davon. Er war vom Militär besessen, seit er sprechen konnte, und wir wussten alle, dass er in irgendeinem Bereich des bewaffneten Dienstes arbeiten würde. Jenseits dieses Ziels war sein ganzes Leben Ausdruck seines Wunsches, anderen zu nützen. Alle seine Freund*innen und die Menschen in seiner Familie können von Situationen berichten, in denen er da war, um ihnen zu helfen, als sie eine schwierige Phase ihres Lebens durchmachten. Er arbeitete ehrenamtlich für Organisationen im sozialen Dienst, war Mentor in Jugendprogrammen und beriet seine Freund*innen, wenn sie Probleme hatten. Er absolvierte alle Übungen und zeremoniellen Rituale, um Mitglied der Wabanaki Eagle Dance Medicine Society zu werden, um andere junge Männer zu begleiten und ihr Mentor sein zu können. Er war höflich, freundlich und immer schnell darin, seine Unterstützung anzubieten. In seiner Abteilung beim Militär war er dafür bekannt, als erster auf neue Rekrut*innen zuzugehen, sie willkommen zu heißen und herumzuführen. Er tat das nicht, weil es sein Job war. Er tat es, weil es zu seinem Wesen gehörte, nett und unterstützend zu sein.

Auch spirituell war mein Neffe sehr begabt. Er war einfühlsam und unglaublich intuitiv. Er wusste, wo er gebraucht wurde und er nahm wahr, wenn etwas nicht stimmte. Er verstand, was andere fühlten und nahm diese Emotionen in seinen Körper auf, ohne zu wissen, wie er sie filtern oder wieder hinaus leiten konnte. Auf seinem eingeschlagenen Weg war kein Platz für den Feinschliff seiner spirituellen Begabungen. Es gab für ihn keine Möglichkeit, das intuitive Wissen zu teilen, das er in sich trug. Also behielt er diese Informationen in seinem Innern und sie suchten ihn heim. Es gab keinen Raum, in dem er das Mitgefühl und die Sensibilität, die so ein grundlegender Teil von ihm waren, zum Ausdruck bringen konnte. Er fand keine Möglichkeit, in ein Gleichgewicht zu bringen, zu welcher Persönlichkeit er innerlich berufen war und wie er als Soldat zu sein hatte. Schließlich wurde der Druck dieses Konflikts zu groß für ihn und er nahm sich das Leben. Die Trauer über diesen Verlust schlug heftig ins Herz meiner Familie ein. Sein Tod hinterließ eine riesige Leere, einen unerträglichen Schmerz. Mehrere Tage hintereinander wachte ich davon auf, dass ich im Schlaf schluchzte. Wir wankten durch jene ersten Tage und Wochen, hielten uns aneinander fest, wissend, dass unsere Leben nie wieder so sein würden wie zuvor, und gewiss, dass sie das auch nicht sein sollten.

Sechs Monate nach seinem Tod suchte er mich auf und sagte mir, dass er in diesem Leben weder den Weg hatte finden können, um anderen zu geben, was er zu geben hatte, noch einen Weg, mit den spirituellen Fähigkeiten umzugehen, die er in sich trug. Obwohl er von außen wirkte, als käme er gut klar, war es ein innerlicher Kampf für ihn, jeden Tag zu überleben. Er konnte sich nicht erden, weil sein Wesen nicht im Gleichgewicht und seine Begabungen in ihm eingeschlossen waren. Er sagte, dass ihn alles wie ein Erdbeben erschütterte. Er konnte hier nie seinen Platz finden, fühlte sich, als würde er nie richtig passen. Obwohl er geliebt wurde und auch uns innig liebte, bot ihm diese Welt nicht den Raum, um zu sein, wer er zu sein bestimmt war. Seine Botschaft ist von großer Bedeutung für uns alle – die Welt bietet nicht allen den Raum, um zu sein, wer sie zu sein bestimmt sind. Wir lernen daraus, dass wir einiges zu tun haben, um einen Raum zu schaffen, in dem alle Menschen diejenigen sein und werden können, die sie zu sein bestimmt sind – besonders unsere jungen Leute.

Wie schaffen wir also diesen Raum? Wie stellen wir den heiligen Raum wieder her, in dem spirituelle Krieg*erinnen entstehen können? Meine Gesellschaft ist davon überzeugt, dass die Wege hin zur Schaffung dieses Raums in unserer Kultur vorhanden sind.

Sie sind in unseren Zeremonien und in unserer Lebensweise enthalten. Und sie sind in unseren alten Sprachen zu finden, die unsere Beziehung zum Rest der Schöpfung bestimmen. Wir müssen aufhören zu versuchen, unsere Kinder in die Welt einpassen zu wollen, in der sie sich heute befinden, und stattdessen anfangen, eine Welt zu schaffen, die zu ihnen passt. Das beginnt mit der Bildung, die wir ihnen zuteil werden lassen.

Mit meiner Freundin Miigamaghan, die Mi'kmaq'i spricht, habe ich viel darüber gesprochen, dass die weiblichen Aspekte der Wörter in unserer Sprache entfernt worden sind. Diese brachten unsere Lebensweise in ein Gleichgewicht und ihre Entfernung aus der Sprache hatte dramatische Auswirkungen auf unsere Gemeinschaften. Ein paar Beispiele habe ich bereits genannt. Ein weiteres liegt in dem Wort *kinah ma'sin*, das für »Bildung« oder »Unterrichten« verwendet wird. Die ursprüngliche Bedeutung des Wortes bezieht sich auf die Weise, wie wir selbst lernen und wie wir uns selbst lehren. Das Wort hat eine weibliche Wurzel, die mit der intuitiven Weisheit verbunden ist, die wir erlangen, wenn wir in uns gehen. Über die Zeit wurde das Wort männlich interpretiert und ihm wurde die intuitive Weisheit entzogen, so dass nur die äußerlichen Aspekte der akademischen Bildung übrig blieben. Die ursprünglichen Weisungen in unserer Sprache lehren uns, wie wir die männlichen und weiblichen Energien in uns in Einklang und unser äußeres Handeln mit unserer inneren Weisheit ins Gleichgewicht bringen können. Wenn die tieferen Bedeutungen entfernt werden, dann geht die Hälfte der Information verloren – meistens der Teil, der mit den weiblichen und intuitiven Aspekten unseres Seins verbunden ist. So bleibt kein Raum, in dem die mitfühlenden oder intuitiven Aspekte gewürdigt, genährt und ins Gleichgewicht gebracht werden können – uns wird die Gelegenheit genommen, ganze Menschen zu werden.

Die Bedeutung, die mit dem Wort Krieg*erin verknüpft ist, wurde auch auf diese Weise verändert: von einem verbundenen Verständnis, mit dem die Heiligkeit des Lebens geehrt wird, hin zu einem militaristischen Verständnis, das Kriegsführung glorifiziert. Wenn wir also hoffen, wieder ein verbindendes Verständnis der Krieg*erinnen in die Welt zu bringen, müssen wir zurückgehen und alles untersuchen, was wir über die Zeit verloren haben. Wir müssen die kulturellen Grundwerte wiederbeleben, die den Boden befruchtet haben, in dem unsere Krieg*erinnen gedeihen konnten.

Wir haben unser Gleichgewicht verloren und damit auch unser Verantwortungsgefühl füreinander. Gleichzeitig haben wir die Rolle der wahren Krieg*erinnen in unserer Gesellschaft beschränkt. Wie Sitting Bull sagte, ist deren Aufgabe, »sich um die Älteren zu kümmern, um die Schutzlosen, jene, die nicht für sich selbst sorgen können«. Krieg*erinnen sollten sich um Bedürftige kümmern. Heute wird diese Aufgabe in Regierungssysteme ausgelagert, die beinahe immer daran scheitern, die Bedürfnisse der Menschen zu erfüllen oder den nötigen Schutz zu bieten. Unsere Regierungssysteme sind so gestaltet, dass sie uns von unserer Verantwortung füreinander trennen. Sie lassen uns nachlässig werden, uns darum zu bemühen und sicherzustellen, dass unsere Familien, Freund*innen und Nachbar*innen gut versorgt sind. Statt unseren hungrigen Bruder aufzunehmen und ihm Essen zu geben, schicken wir ihn zum Sozialdienst. Statt uns um jene zu kümmern, die tiefe emotionale und spirituelle Wunden haben, schicken wir sie zu einer fremden Person zur Gesprächstherapie oder Medikation. All die künstlichen Systeme, auf die wir uns mittlerweile verlassen, haben uns von unserer Menschlichkeit entfernt und unsere Fähigkeit geschwächt, wirklich füreinander zu sorgen.

Wenn wir wieder eine Umgebung schaffen wollen, in der wahre spirituelle Krieg*erinnen gedeihen können, müssen wir uns wieder auf die Erde besinnen und unsere Beziehung zur natürlichen Welt erneuern, so dass wir auch unser Verständnis des Wertes des Lebens neu fassen. Wir müssen Verantwortung dafür übernehmen, den Kindern Mitgefühl, Güte und Großzügigkeit gegenüber anderen vorzuleben. Wir müssen sicherstellen, dass jedes Kind ein solides Gefühl der Zugehörigkeit und Verwandtschaft hat, das sich durch engen Kontakt und sinngebende Bindungen zu liebenden Erwachsenen entwickelt.

Ich hatte das große Glück, in solch einer Umgebung aufzuwachsen. Seit ich mich erinnern kann, wurde mir beigebracht, das Land um mich zu lieben, die Geschichte meiner Verbindung damit zu verstehen und Verantwortung dafür zu übernehmen, wie es behandelt wird. Wenn ich heute auf diesem Boden stehe, dann fühle ich noch immer, was mir als Kind vermittelt wurde: dieses starke Gefühl der Verwandtschaft und die Verpflichtung, diese Landschaft zu schützen.

Ich hatte auch das Glück, in einer Familie aufzuwachsen, die nicht nur Güte und Mildtätigkeit lehrte, sondern sie auch durch ihr Handeln zeigte. Meine ganze Jugend hindurch beobachtete ich, wie meine Großeltern anderen Gemeinschaftsmitgliedern heimlich mit Kleidung, Nahrung, Schulutensilien und Medikamenten aushalfen. Ich erlebte, wie mein Großvater erbittert das Recht Indigener Studierender auf Bildung verteidigte und dann Studienprogramme schuf, um sie beim Erreichen ihrer Ziele zu unterstützen. In meiner Gemeinschaft bekam ich regelmäßig mit, dass Menschen aufeinander achteten und sich um jene kümmerten, die etwas brauchten. Ich erlebte, wie Freund*innen und Familienzugehörige füreinander gegen jeden äußeren Einfluss eintraten, der ihnen schaden wollte. Und gleichzeitig gab es die konstanten sanften Weisungen der Älteren, die uns durch unzählige Geschichten den Unterschied zwischen richtig und falsch beibrachten, uns Verbundenheit lehrten und uns bewusst machten, dass jede unserer Handlungen – positive wie negative – Auswirkungen auf andere hatte.

Ich wuchs in einer Gemeinschaft auf, die im wahrsten Sinne des Wortes verbunden war. Diese Verbindungen und das, was sie symbolisierten, schufen Stärke in den jungen Menschen, die in dieser Umgebung aufwuchsen. Fast alle, mit denen ich aufgewachsen bin, sind starke Führungsfiguren in unserer Gemeinschaft geworden. Sie leiten unsere Ämter, unterrichten in unseren Schulen, kümmern sich um die Kranken und Alten und beschützen unsere Kinder. Sie führen unsere Gerichte und verwalten unsere natürlichen Ressourcen. Sie lehren unsere Sprache, teilen traditionelles Wissen und stellen sicher, dass unsere Zeremonien weitergetragen werden. Sie leiten Jugendprogramme, die ein Gemeinschaftsgefühl und Liebe für das Land und die Gewässer vermitteln, die unsere Gemeinschaft ernähren. Sie erheben sich für die Rechte der Mutter Erde und vermitteln unserer Jugend die starke Verpflichtung, unsere Heimat für die zukünftigen Generationen zu bewahren und zu schützen. Sie alle sind Krieg*erinnen. Ihre Stärke und ihre Werte wurden in fruchtbarem Boden kultiviert und täglich genährt in unzähligen Interaktionen miteinander, mit ihren Familien und mit den Älteren der Gemeinschaft. Diese Umgebung half beim Aufbau eines tiefen Verwandtschaftsgefühls unter ihnen und einer großen Bereitschaft in ihnen, füreinander zu sorgen.

Nun ist es unsere Verantwortung, die Krieg*erinnen von morgen in die Welt zu bringen. Dafür müssen wir Verantwortung übernehmen und den Boden nähren, in dem sie wachsen können. Wir müssen uns um diesen Boden kümmern und die Samen säen, die ihnen Leben schenken werden. Dann müssen wir sicherstellen, dass ihre Umwelt dazu in der Lage ist, sie mit allem zu versorgen, was sie brauchen – einschließlich einer Reihe kultureller Grundwerte, die ihnen ihren Weg weisen werden.

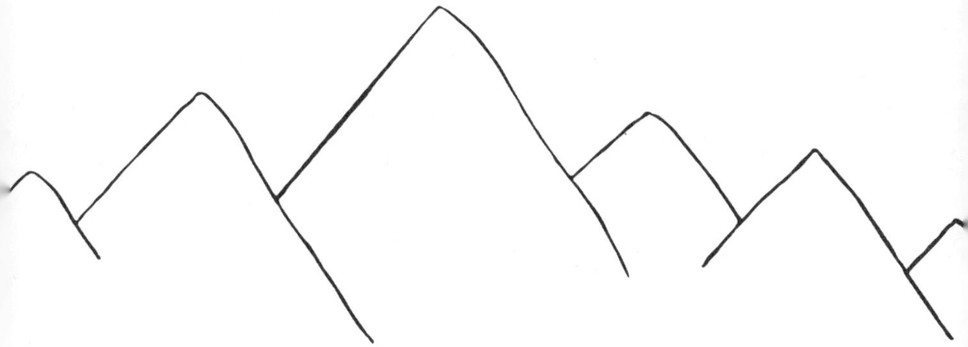

TEIL IV
Vorwärtsbewegen und aus Vergangenem schöpfen

15

Kulturelle Grundwerte

Von unseren Großeltern haben wir alles gelernt, was wir über unsere Rechte und Verantwortlichkeiten dieses Lebens im Einklang mit den großen Gesetzen der Schöpfung wissen müssen. Diese Lehren liegen jenseits der Gesetze der Menschen, sie umfassen das spirituelle Recht und die Naturgesetze. Diese Gesetze lehren uns, wie wir einander behandeln sollen, wie wir mit allen Lebewesen in Harmonie leben können und wie wir die Erde respektieren und ehren können. Sie lehren uns, dass Mutter Erde und alles Leben, das auf ihr existiert, dasselbe Recht hat, zu leben und zu gedeihen, wie wir. Sie lehren uns, dass es in der Schöpfung für alles einen Platz gibt und dass alles Leben den gleichen Wert hat. Diese Gesetze lehren uns auch, wie wir innehalten und uns selbst und anderen zuhören können und wie wir einfach und direkt sprechen können – ohne Schmeichelei und Übertreibung. Sie lehren uns, unserem Leben nicht nachzujagen, sondern mit offenen Händen darauf zu warten, dass es uns erreicht; und wie wir die Träume, die das Leben uns offenbart, lebendig werden lassen können.

Durch das Gesetz der Schöpfung haben wir erfahren, dass alles Leben sich aus der Energie von Mutter Erde nährt, die wiederum von der Energie der Sonne und der Sterne genährt wird. Wir haben gelernt, uns mit dieser Energie zu verbinden, wenn wir unseren Handlungen Form verleihen, so dass das, was wir empfangen mit dem Rest der Schöpfung in Einklang sein wird. Wir lernen, dass wir nie aufhören werden zu existieren, weil die Wurzeln unserer Ursprünge bis zum Anfang allen Lebens zurückreichen und daher mit der Lebenskraft verwoben sind, die jede zeitliche und räumliche Dimension durchwirkt. Dieses Wissen lehrt uns, mit der allmählichen Entwicklung des menschlichen Bewusstseins geduldig zu sein.

Unsere heilenden Weisungen werden durch Schwingungen von einer Generation an die nächste weitergegeben. Sie werden durch lebendige Geschichten übermittelt, die aus den mündlichen Traditionen entspringen. Unsere Lebensweise wird durch Bilder und Erfahrungen weitergegeben, dadurch, die Älteren zu beobachten und durch die aktive Teilnahme an unseren kulturellen Traditionen. Wir lernen eine Menge, indem wir das Gleichgewicht der natürlichen Welt beobachten. Und es wird deutlich, dass nur die Menschen von den Gesetzen der Schöpfung abschweifen. Wir sind es, die für die Zerstörung und Getrenntheit in der Welt die Verantwortung tragen. Und wir sind es, die unsere Schritte zurückverfolgen, einander heilen und unseren Platz in der Schöpfung wiederfinden müssen.

Unsere kulturellen Grundwerte helfen uns dabei, zu erkennen, wie wir als Menschen gewesen sind, wie wir nun sind und wie wir als Gesellschaft sein werden. Diese Werte sind konstant und stabil. Sie leiten unsere Beziehungen und den Beitrag, den wir in der Welt leisten. Es sind übertragene Verhaltensmuster, die alle Aspekte des Lebens beeinflussen: von der Kunst, über Denkprozesse und Überzeugungen bis hin zu Regierungsstrukturen. Als Indigene Menschen basieren unsere Leben und unsere Systeme auf diesen Werten. Unsere Verwandtschaft und Verbundenheit sind die wichtigsten Grundauffassungen und unsere Werte und Systeme beruhen auf Konzepten des wechselseitigen Teilens und der Inklusivität. Wir sind überzeugt, dass das Leben nicht in einzelne Bestandteile aufgetrennt werden kann. Es gibt keine Wertehierarchie, die einen Teil der Schöpfung einem anderen überordnet. Unsere Überzeugungen beruhen auf einem inneren Gleichgewicht der gesamten Schöpfung.

Es gibt einen großen Unterschied zwischen den kulturellen Werten, die mit der euro-amerikanischen Gesellschaft verknüpft sind, und den Werten Indigener Gesellschaften. Vielleicht hilft es, uns diese Unterschiede zu vergegenwärtigen, wenn wir uns weiterbewegen wollen, so dass wir entscheiden können, welche Werte stärker an der Zukunft ausgerichtet sind, die wir schaffen möchten.

Die folgende Übersicht hebt ein paar Werteunterschiede hervor, in denen wir uns seit sechshundert Jahren bewegen. In dieser Übersicht wird deutlich, wie der Kontrast zwischen diesen Grundwerten die Konflikte beeinflusst hat, die wir erlebt haben, und wie die vorherrschenden Grundwerte der Mehrheitsgesellschaft zu Getrenntheit, Aufspaltung und Zerstörung in unseren wichtigsten Beziehungen geführt haben, einschließlich unserer Beziehung zur Mutter Erde und dem Rest der Schöpfung.

Indigen-amerikanische Werte	euro-amerikanische Werte
gemeinschaftlich	individuell
die Älteren	Jugendlichkeit
Kooperation	Konkurrenz
Geduld	Aggression
zuhören	sprechen
Harmonie	Eroberung
Demut	Arroganz
teilen	sparen
einbinden	ausschließen
Ganzheit	Zerteilung
zusammenarbeiten	gewinnen

Gemeinschaftlich statt individuell

Die Indigene Lebensweise war schon immer gemeinschaftlich. In weiten Teilen leben unsere Gesellschaften auch heute noch in gemeinschaftlichen Strukturen. Unser Land ist Gemeingut. Einzelne Familien können einzelne Grundstücke besitzen, aber dieses Land kann nie an Personen außerhalb der Gemeinschaft verkauft werden. Dasselbe gilt für Privatunternehmen. Wenn die Gemeinschaft eine Investition tätigt, dann profitieren auch alle von dem Gewinn. Wir haben gemeinschaftliche Gesundheitsdienste und Gemeinschaftsgärten. Wir erlassen unsere Gesetze in Vollversammlungen, wo alle sprechen und mitbestimmen dürfen. Von den Ressourcen bis zur Entscheidungsfindung wird alles gleichermaßen zwischen den Personen aus der Gemeinschaft geteilt. Auch wenn es selbstverständlich noch Probleme zu überwinden gilt, ist dieses gemeinschaftliche System an unseren Grundwerten ausgerichtet.

Gemeinschaftliches Leben beruht auf einer Philosophie der Gruppe. Zentrales Ziel ist die Erfüllung der Bedürfnisse der gesamten Gruppe statt der Wünsche von Einzelpersonen. Gemeinschaftliches Leben ermöglicht die Festigung menschlicher Verbindungen und die Verwurzelung eines Zugehörigkeitsgefühls. Der individualisierte Lebensstil, der dem europäisch geprägten US-amerikanischen Traum zugrunde liegt, ist mit Vereinzelung, Privateigentum und der Anhäufung individuellen Reichtums verknüpft. Er ermutigt zum Streben nach Wohlstand auf Kosten anderer und verursacht Getrenntheit.

Gemeinschaftliches Leben spart Kosten und Ressourcen. Es gibt im gemeinschaftlichen Leben viel weniger Abfall, weil sich die Menschen der Gemeinschaft Ressourcen teilen. Zum Beispiel wirft eine allein lebende Person tendenziell viel Essen weg. Wenn sie einen Garten hat, produziert der womöglich mehr, als sie verbrauchen kann. Dasselbe gilt für den Einkauf abgepackter Lebensmittel. Hier wird meistens entsorgt, was die Einzelperson nicht verbraucht. Wenn sie aber in Gemeinschaft mit anderen lebt, werden die Lebensmittel aufgeteilt und es gibt weniger oder keinen Abfall mehr.

Individualisiertes Leben hat die Getrenntheit zwischen uns verschärft, zu mehr Konsum und Abfall geführt und dem Wettbewerb den Weg bereitet. Einige der gesellschaftlichen Probleme, mit denen wir konfrontiert sind, könnten durch eine Rückkehr zum gemeinschaftlichen Leben gelöst werden. In Gemeinschaft zu leben, ermöglicht uns, Fähigkeiten, Ressourcen und Belastungen zu teilen und verringert die von uns produzierte Müllmenge. Gemeinschaft fördert ein Gefühl der Verwandtschaft und Zugehörigkeit. Es gibt viele Möglichkeiten, Gemeinschaft aufzubauen oder sich gemeinschaftlich praktisch zu betätigen. Nur einige der vielen Beispiele, um Gemeinschaften zu bilden, sind die Beteiligung an einem Gemeinschaftsgarten oder regelmäßige gemeinsame Mahlzeiten mit Gruppen oder Freund*innen oder die Organisierung von Kinderbetreuung zwischen Eltern mit unterschiedlichen Arbeitszeiten, also der Austausch von Zeit und gemeinsamen Werten für die Kinder. In den letzten Jahren sind überall in der Welt wieder viele solcher gemeinsamen Ökonomien entstanden, in denen das Tauschen und Teilen von Werkzeugen und Geräten, von Fähigkeiten und Zeit die gehandelte Währung sind. So müssen Einzelpersonen nicht jedes Werkzeug oder Gerät kaufen, für alles mögliche Expert*innen engagieren und all ihre Zeit in die vielen Details stecken, die unsere tägliche Aufmerksamkeit erfordern. Solches Wirtschaften stellt eine Rückkehr zur Gemeinschaft dar und reduziert Abfall. Dadurch wird außerdem Zeit verfügbar, die wir auf sinnvollere und aufmerksamere Weise miteinander verbringen können. Erkundige dich mal nach Gelegenheiten in deiner Umgebung, dich einer Gemeinschaft anzuschließen, die nach diesen Prinzipien funktioniert. Wenn du keine findest, gründe eine.

Ältere statt Jugendlichkeit

Die Besessenheit der Popkultur von Jugendlichkeit stellt eine völlige Umkehr der Indigenen Wertschätzung des Alterns dar. In der Popkultur gilt die Jugend als Synonym für Leben, Lebendigkeit und Aufregung. Zu den Älteren zu gehören, wurde früher mit Weisheit, Frieden und einer weiten Perspektive verknüpft, und wird heute mit Tod, Behinderung und Verfall assoziiert. Die Gesellschaft versteckt ihre Älteren, damit die Menschen nicht an ihre eigene Sterblichkeit erinnert werden. Dadurch trennen sie sich auch von der Weisheit, die die Älteren zu bieten haben.

Indigene Kulturen haben eine lange Tradition des Respekts und der Ehrerbietung gegenüber ihren Älteren. Ältere werden für ihre Weisheit und spirituelles Wissen verehrt. Wenn eine Person schließlich zu den Ältesten gehört, dann hat sie lange genug gelebt, um mindestens drei Generationen von Ältesten vor ihr erlebt zu haben: die Ältesten aus ihrer Kindheit und Jugend, die Ältesten aus ihrer Zeit als junge Erwachsene und die Ältesten während ihres späteren erwachsenen Lebens. Daher haben sie enorm viel Wissen, Geschichte und kulturelle Werte gesammelt, die sie mit der Gemeinschaft teilen können. Die Ältesten beschützen unser kulturelles Wissen. Sie bewahren die Struktur dieses Wissens und bestimmen die Form, in der es weitergegeben werden kann.

Amüsanterweise puderten die Gründungsväter der USA ihre Perücken, um älter zu wirken. Damit erkannten sie die Weisheit des Alters an und zeigten diese Ehrerbietung in ihrer Kleidung. Interessant ist auch, dass die meisten jungen Menschen sich wünschen, älter zu sein. Viele stellen sich vor, dass ihr Leben erst richtig beginnt, wenn sie ein gewisses Alter erreichen. Doch wenn sie dieses Alter erreichen, merken sie, dass dort nicht ihr Leben auf sie gewartet hat. Erst möchten Menschen ein bestimmtes Alter erreichen und später wollen sie es dann nicht überschreiten. Währenddessen zieht das Leben an ihnen vorbei – es spielt sich im gegenwärtigen Moment ab. Es hat große Vorteile, unsere Älteren zu ehren, zu respektieren und uns mit ihnen zu beschäftigen. Sie haben uns viel beizubringen; unter anderem, wie wir uns im Prozess des Alterns gut fühlen können. Unsere Älteren sind die lebenden Träg*erinnen unserer Geschichte. Sie bewahren unsere Traditionen und unsere kulturellen Werte.

Kooperation statt Konkurrenz

In Indigenen Traditionen wird Kooperation hoch geschätzt. Jeder Mensch hat Fähigkeiten und keine Fähigkeit ist besser als eine andere. Doch Kooperation und Konkurrenz schließen einander nicht aus. Es gab in unseren Traditionen viele Spiele, die Formen des Wettbewerbs beinhalteten. In diesen Spielen erfolgreich zu sein, erforderte jedoch häufig Zusammenarbeit. Die Spiele boten vergnügliche Gelegenheiten für Einzelne und Gruppen, um an ihren Fähigkeiten zu feilen. Der größte Unterschied liegt darin, dass Wettbewerb keine Option war, wenn das Leben oder Lebensgrundlagen in Gefahr waren. Wenn etwas für das Überleben der Einzelnen und für das Wohl der Gemeinschaft getan werden musste, war immer Kooperation die Norm.

Auf dem modernen Markt regiert hingegen uneingeschränkter Wettbewerb. Unternehmen arbeiten kontinuierlich daran, ihre Konkurrenz auszustechen – und das häufig auf grausame und vernichtende Weise. Die Seite, die in diesem Spiel gewinnt, scheint kaum mit den weniger Glücklichen mitzufühlen. Dieses Verhalten und die damit verknüpften Glaubensmuster haben zu unserer aktuellen Hungerkrise und Wohnungsnot geführt. Auf diesem Markt entscheidet der Unterschied zwischen Kooperation und Konkurrenz über Leben und Tod.

Heute wird die Fähigkeit, auf dem Markt erfolgreich zu sein, höher geschätzt, als alle anderen Fähigkeiten und Eigenschaften. Menschen, die auf dem Markt Erfolg haben, glauben, dass dies ihr Recht auf Leben über die Lebensberechtigung all jener stellt, die dort nicht erfolgreich sind. Die derzeitige Bewertung von Fähigkeiten ist an finanziellen Gewinn und soziale Macht gebunden. Wenn deine Fähigkeiten sich nicht in diese Art von Gewinn übersetzen lassen, dann wird deinen Fähigkeiten und deinem Leben gesellschaftlich weniger Wert beigemessen. Dieses Ungleichgewicht hat weitreichende Folgen.

In längst vergangenen Zeiten wurden die Fähigkeiten aller Zugehörigen einer Gesellschaft wertgeschätzt. Obwohl der beigemessene Wert vielleicht nicht gleichmäßig verteilt war, hatten Menschen die Möglichkeit, ihre Fähigkeiten gegen anderes einzutauschen, um ihre Grundbedürfnisse zu decken. Heute gibt es eine krasse Ungleichheit zwischen den Besitzenden und den Besitzlosen, und viele Menschen in unserer Gesellschaft können sich nicht angemessen versorgen.

Wenn Wettbewerb an Überlebensfähigkeit geknüpft ist, bezahlen diejenigen, die in diesem Wettbewerb nicht konkurrieren können, mit dem Leben. Deswegen wurde in Indigenen Gemeinschaften Wettbewerb nie mit Überleben verbunden. Es stand zu viel auf dem Spiel. Wettbewerb kann gesund sein, wenn er genutzt wird, um unsere Fähigkeiten zu erweitern, unsere Problemlösung zu verbessern und bessere Optionen zu finden. Wettbewerb, der uns ermöglicht, an uns und unseren Gruppen zu arbeiten, ist nötig und nützlich – und er beinhaltet umfassende Kooperation. Nur sehr wenig kann ohne Zusammenarbeit erreicht werden. Einzelpersonen können ihre Fähigkeiten nicht allein weiterentwickeln; nur dadurch, dass wir produktiv diskutieren und verhandeln, können wir uns als ganze Gruppe verbessern. Menschen erreichen ihre höchsten Potenziale sowohl in Übereinstimmung als auch im

Widerspruch mit anderen. Sogar im Kern von Wettbewerb gibt es also ein Element der Kooperation.

Wenn Zusammenarbeit und Wettbewerb ausgewogen sind, dann können sie zu unserem besseren Gelingen beitragen und uns weiterbringen. Doch wenn sie unausgewogen sind und der Wettbewerb überwiegt, dann wird er gefährlich und zerstörerisch. Daher wurden im traditionellen Indigenen Wertesystemen Kooperation und Konkurrenz sorgfältig abgewogen und genutzt, um zu bestimmen, welche Person am besten geeignet war, um bestimmte Aufgaben in der Gemeinschaft zu übernehmen. Dieser Prozess trug zur Stärkung der ganzen Gemeinschaft bei, indem die jeweils fähigsten Personen sich auf die Aufgaben konzentrierten, die am besten zu ihnen passten. Der Hauptzweck von Wettbewerb war es, die Fähigkeiten dieser Menschen zu verbessern und die Gemeinschaft als Ganzes zu stärken. Konkurrenz wurde nicht benutzt, um das Wohl anderer zu untergraben.

Geduld statt Aggression

Geduld ist das Gegenmittel gegen Aggression. Wir neigen häufig dazu, auf unangenehme Gefühle zu reagieren, indem wir die Menschen oder Umstände angreifen, von denen wir glauben, dass sie für unsere negativen Gefühle verantwortlich sind. Das ist Aggression und sie beinhaltet, sich übereilt ins Gefecht zu stürzen. Aggression erfüllt das kurzzeitige Bedürfnis, in Bezug auf einen Konflikt oder ein Unrecht ins Handeln zu kommen. Doch mit unseren aufgebrachten Gefühlen verlieren wir die Fähigkeit, dem Problem vernünftig zu begegnen. Hier ist Geduld entscheidend. Sie bietet uns den Raum, das Problem ausgeglichen – oder zumindest mit einem gewissen Gefühl der Erdung – zu behandeln. Ich erinnere mich an unzählige Aufforderungen durch Ältere an mich, »nichts« zu tun, wenn ich mit einem Problem zu ihnen gekommen war, das mich wirklich aufregte. Sie sagten: »Warte nur, lass die Dinge sich beruhigen und warte ein paar Tage, wie sie dann aussehen.« Wenn ich auf sie hörte, zeigten sich die Dinge tatsächlich immer ganz anders, und ich konnte die Situation aus einer umfassenderen Perspektive wahrnehmen. Wenn ich ihren Rat nicht annehmen konnte, sondern überstürzt handelte, bereute ich später immer das Ergebnis und musste schließlich auf irgendeine Weise den Schaden wieder ausbessern. Der Unterschied ist einfach: Entweder lässt du dich von deinem Kopf und deinem Ego leiten – oder du entschleunigst deine Reaktion und gestattest deinem Herzen den Vorrang.

Unsere Lehren und Erfahrungen stärken unsere Fähigkeit zur Geduld. Wir lernen, dass wir mit der Kraft des Lebens verbunden sind, die seit Anbeginn der Zeit besteht, und wir somit immer auf irgendeine Weise existieren werden. Wir lernen auch, dass die Entfaltung des menschlichen Bewusstseins – wie der Weg zur Gerechtigkeit – ein langwieriger Prozess ist und das Fortbestehen des Lebens unterstützt. Obwohl uns vielleicht Herausforderungen und Hindernisse begegnen, die unser Leben zu bedrohen scheinen, können wir darauf vertrauen, dass sich die Kraft des Lebens fortsetzt. Menschen, die sich dem Leben entgegenstellen, treten also nicht nur gegen uns an, sondern auch gegen diese Kraft des Lebens.

Wir können uns also unserer Aufgabe, das Leben zu schützen, mit Geduld zuwenden – in dem Wissen, dass uns die Lebenskraft selbst dabei unterstützt. Zeit spielt hier keine Rolle. Wir können über Jahrzehnte oder Jahrhunderte Widerstand leisten – in dem Wissen, dass wir an einer Kraft ausgerichtet sind, die mächtiger ist als die Kraft, gegen die wir uns wenden, und dass wir diese Aufgabe an die Nachfolgenden sicher übergeben können, da sich auch in ihnen die Kraft des Lebens fortsetzt.

Wir mussten jahrhundertelang Erfahrungen mit Genozid und Unterdrückung sammeln – aber wir sind noch immer hier. Wir sind noch immer ganz, wir sind noch immer stark und wir wissen noch immer, wo wir im großen Plan der Schöpfung verortet sind. Auch das schenkt uns Geduld für die Arbeit, die weiterhin zu tun ist. Außerdem gibt es das Konzept der Indigenen Zeit, das ich zuvor schon erwähnt habe: sich die Zeit zu nehmen, eine Fragestellung vor dem Handeln aus allen Perspektiven zu untersuchen, führt oft zu einer besseren Entscheidungsfindung und löst weniger Aggression aus. Geduld ermöglicht es uns, Aggression abzuwenden und unnötiges Leid zu verringern. Aggression neigt dazu, sich zu vervielfachen: je mehr du aus Aggression heraus handelst, desto mehr Aggression gibt es.

Es ist wichtig, hier zwischen der oben besprochenen reaktiven Aggression und proaktiver Aggression zu unterscheiden. Proaktive Aggression wird im Allgemeinen erst ausgeübt, nachdem Geduld praktiziert worden ist. Proaktive Aggression basiert auf absichtlichem, wohlüberlegtem Handeln. Sich die Zeit zu nehmen, innezuhalten, zu atmen, Abstand zu nehmen und die Situation aus allen Perspektiven wahrzunehmen, erfordert Geduld. Geduld eröffnet Raum, um gute Entscheidungen zu treffen. Geduld nützt uns auf viele verschiedene Weisen. Sie erlaubt uns, Wut zu überwinden, unnötige Konflikte zu vermeiden und nicht so zu handeln, dass wir es später bedauern würden. Ungehemmte Aggression verursacht häufig zusätzlichen Schaden für uns und für die Menschen um uns herum und führt zu größerem Missklang und Aufruhr in unserem Leben. Deshalb verstehen wir Geduld als einen Grundwert.

Zuhören statt sprechen

Wenn du zuzuhören lernst, geschehen zwei Dinge: Du lernst aus dem, was gesagt wird, und du lernst, zu schweigen und ruhig zu sein. Einer der vielen Segen in meinem Leben war, dass ich gelehrt wurde, still da zu sitzen und meinen Älteren zuzuhören. Ich habe nicht nur eine Menge Wissen aus den von ihnen erzählten Geschichten gewonnen, sondern auch etwas Wertvolles gelernt, indem ich den Rhythmus ihres Sprechens beobachtete. In heutigen Sprechmustern gibt es die Tendenz, jede entstehende Pause gleich zu füllen. Als Kind wurde ich dazu angeleitet, bei den Älteren zu sitzen, ihnen zuzuhören, und nur zu sprechen, wenn sie mich etwas fragten – das erschien mir als Kind etwas rigoros. Doch dieses Training bot mir die Gelegenheit, zu erkennen, was passiert, wenn eine Pause im Gespräch entstehen darf, ohne unterbrochen zu werden.

Ich beobachtete, dass der hohe Anteil langer Pausen in ihrer Kommunikation nicht daraus resultierte, dass sie wenig zu sagen hatten. Die Pausen zeigten stattdessen die Überlegtheit, mit der die Älteren jedes gesprochene Wort wählten. Sie füllten die Lücke nicht mit sinnlosem Gerede. Wenn sie sprachen, gab es etwas Bedeutungsvolles zu sagen. Ich bemerkte auch, dass sie über ihre Entscheidungen nachdachten und dazu neigten, bessere Entscheidungen zu treffen, als ich sie getroffen hätte, wenn ich die Gelegenheit dazu gehabt hätte. Ich erkannte, dass die Älteren eher solche Entscheidungen fällten, die zum größeren, langfristigen Wohl führten oder zu einem umfassenderen Nutzen für alle Beteiligten. In einer Welt, in der Menschen davon angetrieben sind, sofort belohnt zu werden, war die Erfahrung, die ich in meiner Zeit mit den Älteren sammelte, von unschätzbarem Wert. Sie hatten bereits sehr viel mehr Gelegenheit gehabt als ich, die Folgen ihrer Entscheidungen zu beurteilen. So konnten sie die längerfristigen Auswirkungen ihrer Entscheidungen erkennen, und so bessere Entscheidungen für sich und ihre Umgebung treffen.

Die Älteren, mit denen ich Zeit verbringen durfte, waren sehr großzügig mit mir. Wenn sie Entscheidungen trafen, nahmen sie sich häufig ausreichend Zeit, um mir verstehen zu helfen, warum eine jeweilige Entscheidung gefällt wurde. Wenn ich mich beschwerte, dass ihre Entscheidungen länger dauerten oder mehr von mir erforderten, halfen sie mir, den Nutzen und die positiven Auswirkungen der zusätzlichen Zeit oder Mühe zu erkennen. Ich bin überzeugt, dass diese Erfahrungen mich gelehrt haben, in meinem Leben bessere Entscheidungen zu treffen. Ein einfaches Beispiel stammt aus einem Gespräch, das ich mit einer Älteren über ein mögliches Stipendium für ein Jurastudium geführt habe. Ich war in meinen Dreißigern, hatte Kinder und war verheiratet. Ich hatte einen guten Job. Ich wusste nicht, ob ich die Opfer bringen wollte, die nötig waren, um an dem Stipendienprogramm teilzunehmen. Ich hätte meine Stelle aufgeben, mit meiner Familie ans andere Ende des Kontinents umziehen und eine große Summe Geld investieren müssen. Das alles schien mehr Stress zu bringen, als es wert war. Das erklärte ich der Älteren. Sie hörte aufmerksam zu, was ich zu sagen hatte. Dann schwieg sie eine Weile und sagte schließlich: »Naja, es ist eigentlich ganz einfach. Zeit wird ohnehin verstreichen. Am Ende dieser Zeit wirst du etwas aufweisen können, das du derweil getan hast, und bessere Fähigkeiten erlangt haben, um andere zu unterstützen. Oder du wirst dich an genau derselben Stelle befinden wie jetzt. Es ist deine Entscheidung. Aber ich glaube, dass du glücklicher bist, wenn du zeigen kannst, wie du diese Zeit genutzt hast.«

Sie hatte recht; es war wirklich so einfach. Ich hätte all die Gründe durchkauen können, die dagegen sprachen, bis es zu spät gewesen wäre, das Stipendium anzunehmen. Oder ich konnte mich dafür entscheiden, die vor mir liegende Zeit zu nutzen, um meine Fähigkeiten zu erweitern und um so mehr beitragen zu können. Später vertraute sie mir an, dass sie selbst, als sie jünger war, Gelegenheiten hatte vorbeiziehen lassen, weil sie in den akuten Bedürfnissen ihrer unmittelbaren Umgebung festhing, statt die langfristigen Möglichkeiten, die sie hatte, wahrzunehmen. Im Nachhinein konnte sie erkennen, dass die Zeit verstrichen war und sie letztlich nichts Neues gelernt hatte. Sie befand sich immer noch am selben Ort und reagierte auf dieselben unmittelbaren

Bedürfnisse ihrer Umgebung. Ich konnte von dieser Erkenntnis im Nachhinein profitieren, weil ich gelernt hatte, den Älteren zuzuhören und sie zu würdigen.

In der heutigen Gesprächsgeschwindigkeit gibt es nur wenig Raum, um über das Gesagte nachzudenken. Daher sind unsere Gespräche oft mit einer Menge leerer Inhalte gefüllt. Das führt Menschen dazu, anderen nicht zuzuhören und wichtige Zeichen auf der Beziehungsebene zu verpassen. Wenn wir aufmerksam zuhören, können wir entschlüsseln, was andere brauchen. Manchmal brauchen Menschen einfach nur eine Person, die ihnen zuhört, oder eine Person, die den Raum für sie eröffnet, um eine aktuelle und akute Situation zu besprechen. Zu anderen Zeiten brauchen sie vielleicht Unterstützung oder Rat. Wenn du lange genug zuhörst, dann kannst du im Allgemeinen das jeweilige Bedürfnis entschlüsseln. Wenn du es nicht herausfinden kannst, dann frage nach und höre aufmerksam zu, was dir mitgeteilt wird.

Durch die Erfahrung, still sein zu müssen, zuzuhören und zu beobachten, habe ich gelernt, das Zuhören gegenüber dem Gehört-Werden mehr wertzuschätzen. Es hat mir auch das Vertrauen geschenkt, zu schweigen. Wenn wir nicht das Bedürfnis haben, jeden Moment mit Gerede zu füllen, gelingt es uns sehr viel wahrscheinlicher, sinnstiftende Beziehungen mit den Menschen in unserer Umgebung zu entwickeln. Es gelingt uns auch viel wahrscheinlicher, eine sinnvolle Beziehung zu uns selbst aufzubauen und unsere innere Stimme wahrzunehmen. Eine der wichtigsten Fähigkeiten, die wir lernen können, ist das Zuhören. Es verbessert nahezu jeden Aspekt unseres Lebens.

Harmonie statt Eroberung

Frieden zu stiften und zu erhalten, ist eine Indigene Tradition, die sich auf Heilung und Erneuerung konzentriert statt auf trennende oder bestrafende Prozesse. Durch den Frieden stiftenden Prozess soll der Missklang geheilt werden, der den Konflikt oder anderes problematisches Verhalten verursacht. Die zugrunde liegende Überzeugung ist, dass Menschen, die sich verbunden fühlen, nicht danach streben, anderen zu schaden. Nur wenn es in ihnen ein Ungleichgewicht und Missklang gibt, schaden sie anderen. Die Aufgabe der Frieden wahrenden Menschen ist es, Harmonie und Gleichgewicht der Individuen und Gruppen wiederherzustellen und eine konstruktive Lösung zu finden, die für alle heilsam ist und ein langfristiges friedliches Zusammenleben aller Beteiligten sichert.

Die Menschen, die über den Frieden wachten, wussten, dass Angriffe auf andere, sie zu bestehlen oder ihnen das Leben zu nehmen, eine tiefe Spaltung erzeugt und die eigenen Leute in große Gefahr durch Vergeltungsangriffe bringt. Daher versuchten sie stets zuerst, Harmonie herbeizuführen.

Die euro-amerikanische Perspektive ist von siebzehn Jahrhunderten der Eroberung durchdrungen. Daher ist die generelle Reaktion auf Herausforderungen oder Konflikte: Umsturz, Unterwerfung oder Vernichtung. Feind*innen zu besiegen, ist zum Schlachtruf für beinahe alle Aspekte des Lebens geworden: vom Ausstechen der Konkurrenz über das Besiegen von Ängsten bis hin zur Bekämpfung von Körperfett. Eroberung ist ein tragendes

Motiv und wird oft mit Tapferkeit und Erfolg gleichgesetzt. Diese Erkrankung – denn darum handelt es sich gewiss – erzeugt Missklang in den einzelnen Menschen und in der Gesellschaft. Und sie erzeugt Generationen der neuen Geg*nerinnenschaft. Wenn wir auf eine Veränderung hoffen, von einer Gesellschaft der Getrenntheit und Geg*nerinnenschaft hin zu einer friedlicheren und harmonischeren Gesellschaft, dann müssen wir das Streben nach Harmonie zu unserem wichtigsten Ziel machen.

Demut statt Arroganz

In den meisten Indigenen Traditionen ist Demut eine Voraussetzung, um eine Führungsposition einnehmen zu können. Demut ermöglicht es, offen zu sein. Sie befähigt dazu, anderen zuzuhören, neue Informationen einzuholen und sich angemessen zu bilden oder zu informieren. Wir sind überzeugt, dass Demut eine klare Wahrnehmung der Welt ermöglicht, während Arroganz sie vernebelt.

Heute ist Demut noch viel wertvoller, da eine arrogante Haltung ein falsches Machtgefühl vermittelt. In Realityshows im Fernsehen reicht es meist schon aus, die eigene Position auf arrogante Weise zu behaupten, um damit Fans zu gewinnen, besonders wenn diese Position im Gegensatz zu einer anderen steht. Es galt einmal als geschmacklos, sich aggressiv und überheblich aufzuführen. Heute werden feindseliges Verhalten und prahlerische Behauptungen bejubelt. Eine stark vorgebrachte Gegenposition wird höher wertgeschätzt, als genaue Informationen vorzuweisen, ehrlich zu sein und integer zu handeln. Es ist egal, ob deine Gegenposition auf Tatsachen beruht, solange du sie nachdrücklich behauptest. Da der Richtigkeit von Aussagen sehr wenig Bedeutung zugemessen wird, werden die Menschen leicht getäuscht und sind leicht zu verärgern, wenn ihre Position angefochten wird. Sie neigen dazu, zornig zu werden, weil sie unfähig sind, die Gültigkeit der getätigten Behauptungen zu überprüfen. Anstatt die Demut zu haben, die nötig wäre, um die Wahrheit zu erfahren, greifen die Menschen arrogant und häufig aggressiv jene an, die ihre Position anfechten. Sie wollen als die Person wahrgenommen werden, die im Recht ist; tatsächlich recht zu haben, ist dabei nachrangig. Diese Haltung ist sehr selbstbezogen und gefährlich.

Menschen, die Führungspositionen gut übernehmen und ausfüllen können, sind die, die sich den Bedürfnissen anderer widmen. Demut ist die Grundlage guter Führung; mit Demut fokussieren Menschen nicht sich selbst, sondern erkennen, dass sie Verantwortung übernehmen müssen gegenüber Menschen und Dingen, die außerhalb von ihnen stehen. Arroganz überzeugt Menschen davon, dass sie selbst am wichtigsten sind. Arrogante Menschen können nicht falsch liegen; sie neigen dazu, andere tyrannisch unterzuordnen, weil sie das Gefühl der Überlegenheit brauchen. Demut ermutigt Menschen, das Beste aus anderen herauszulocken; bescheidene Menschen unterstützen und inspirieren andere, weil sie danach streben, die Dinge für alle besser zu machen, nicht nur für sich selbst. Menschen müssen bescheiden und demütig sein, um gut führen zu können oder auch bloß, um ein beitragendes Mitglied der Gesellschaft zu sein.

Demut ist ein Zeichen der Stärke, denn mit ihr hängt die Bereitschaft zusammen, an sich zu arbeiten. Alle, die sich weiterentwickeln wollen, müssen wissen, wo Veränderung erforderlich ist. Das erfordert Selbstwahrnehmung und Selbstbewusstsein. Arroganz maßt sich an, überlegenes Wissen zu besitzen und lässt nur sehr wenig Raum für Veränderung. Deshalb ist eine arrogante Person beinahe unfähig, ihr volles Potenzial zu erreichen. Schließlich ist Arroganz ein Zeichen der Unsicherheit. Sie beruht auf Angst vor Unzulänglichkeit, die so groß ist, dass sie jegliche Vorstellung von Entwicklung ausschließt. Arroganz schwächt dich, indem sie dir verbietet zu wachsen.

Viele unserer Indigenen Traditionen sind so gestaltet, dass sie junge Menschen dabei unterstützen, gutes Führen zu lernen. In diesem Prozess gilt es, Demut und Bescheidenheit zu kultivieren. Damit wird sichergestellt, dass unsere Jugend ihr ganzes Potenzial entfalten kann, indem sie dazu angeregt wird, ihr Leben lang zu lernen und zu wachsen.

Teilen statt sparen

Als ich klein war, fühlte es sich so an, als hätte ich alles, was ich brauchte. Ich fühlte mich nie, als fehlte mir etwas oder als müsste ich auf etwas verzichten. Wir hatten nicht nur, was wir brauchten, sondern wir hatten genug, um mit anderen zu teilen; und andere hatten genug, um mit uns zu teilen. Erst als ich älter war, verstand ich, dass wir als arm gegolten hätten. Ich wusste nicht, dass wir arm waren, weil wir in einer Kultur des Teilens lebten, in der alle miteinander teilten, was sie hatten und keine Person je leer ausging. In unserer Familie teilen wir alles miteinander, sogar die Möbel. Jeder junge Mensch, der aus unserer Familie aufbricht, kann sich darauf verlassen, Möbel, Geschirr, Töpfe und Pfannen zu bekommen. Was auch immer wir kaufen und nicht mehr brauchen, wird aufbewahrt, bis es wieder eine Person gebrauchen kann. Wir schmeißen nichts weg, wir bewahren es für die nächste Person auf.

Dieses Indigene Konzept des Aufbewahrens ist nicht das Gleiche wie das Konzept des Sparens – englischsprachig heißt beides *saving*–, das in der dominanten Kultur glorifiziert wird. Dort wird es damit gleichgesetzt, für sich selbst Dinge zu horten. Die Idee, mehr zu besitzen als du brauchst, ist den meisten Indigenen Wertesystemen fremd. Wenn du mehr hattest, als du brauchtest, dann gabst du den Überfluss an andere Menschen weiter und sichertest so, dass alle genug hatten. Es wäre als schändlich erachtet worden, etwas anzuhäufen, während anderen etwas fehlte. Genau das ist jedoch die Struktur, in der wir heute leben. Es gibt manche Menschen mit extremem Reichtum und andere, die sich Essen und Unterkunft nicht leisten können. Manche Menschen sterben und hinterlassen Unmengen an ungenutzten Ressourcen und andere sterben an der Ermangelung von Ressourcen. Das ist eine wirklich unwürdige Lebensweise.

Wenn alle Menschen miteinander auf die gleiche Weise teilen würden, wie wir es in unserer Gemeinschaft taten, dann gäbe es genug Ressourcen, um alle Grundbedürfnisse zu erfüllen. Es gäbe keinen Hunger und keine Wohnungslosigkeit. Menschen müssten sich nicht zwischen dem Kauf von Lebensmitteln und dem Kauf von Medikamenten entscheiden. Es wird mehr als ausreichend Nahrung produziert, um jeden Menschen auf dem Planeten zu ernähren. Und doch wird es nicht menschlich verteilt. Die weiter vorn erwähnten neueren Zusammenschlüsse und Initiativen des gemeinsamen Wirtschaftens, Teilens und Tauschens sind an den Indigenen Werten des Teilens und Aufbewahrens ausgerichtet. Dieser Trend sollte gestärkt werden. Wenn mehr Menschen solche Ökonomien in ihren Umgebungen und Gemeinschaften aufbauen würden, würde dadurch am Ende die ganze Welt zu einem ausgewogeneren, menschlicheren und gerechteren Ort.

Einbinden statt ausschließen

Gefühle der Verbindung und Zugehörigkeit sind wesentlich für eine gesunde Entwicklung. Sie führen zu Belastbarkeit, Wohlbefinden und Zusammenhalt. Um Verbindungen herzustellen und Zugehörigkeit zu empfinden, müssen Menschen einbezogen werden. In meiner Indigenen Gemeinschaft ist es kulturell verankert, sich zu verbinden. Wissen und Entscheidungsfindungen werden unter allen Personen der Gemeinschaft geteilt. Generationenübergreifendes Lernen wird gefördert, um kulturelle Kontinuität abzusichern. Wir praktizieren eine Form der wechselseitigen Einbindung, durch die jede Generation in der Gemeinschaft

Unterstützung erfährt. Wir haben einen erweiterten Familienbegriff und werden von dieser Familie großgezogen. Großeltern spielen – gemeinsam mit den Tanten und Onkeln – eine zentrale Rolle im Aufwachsen der Kinder. Dadurch entsteht ein Gefühl der Zugehörigkeit, das über die unmittelbare Familie hinausreicht. Kinder erfahren, dass sie zu einem breiteren Verwandtschaftsnetz gehören. Unterschiedliche Familienmitglieder sind dafür verantwortlich, den Kindern verschiedene Kenntnisse zu vermitteln. Ich hatte in meiner Kindheit eine enge Beziehung zu meinen Großeltern. Oft habe ich mich an sie gewandt, wenn ich Anleitung und Weisung suchte. Auch meinen vielen Tanten und Onkeln war ich nah. Sie alle kümmerten sich um mich, erzogen mich und machten Ausflüge mit mir. Meine Tanten kümmerten sich um meine inneren Bedürfnisse. Sie verhandelten die Beziehung zwischen mir und meiner Mutter, als ich ein rebellischer Teenager war, und sie standen mir beratend zur Seite, als ich zur Frau wurde. Meine Onkel lehrten mich praktische Dinge wie das Schlagen und Stapeln von Holz oder brachten mir sportliche Betätigungen bei. Als ich älter wurde, war klar, dass nun ich mit den jüngeren Generationen teilen würde, was ich gelernt hatte. Als ich erwachsen wurde, wurden meine Cousins, Cousinen und ich in die Verantwortung geholt, die Fürsorge zurückzugeben, die uns als Kindern zuteil geworden war, indem wir uns um die Älteren in unserer Familie kümmerten. So sind wir nicht nur alle mit einem vielfältigen Netz an Lehrenden und Unterstützung versorgt, sondern so verringert sich auch die Last auf den Eltern. Besonders bei großen Familien wie unserer ist das von Nutzen.

Wir lebten also in einer einbindenden Umgebung – sowohl in unserer Familie als auch in unserer Gemeinschaft. Dadurch entstanden zahlreiche Verbindungen und in uns allen ein tiefes Gefühl der Zugehörigkeit. Meine Geschwister und ich sowie unsere Cousins und Cousinen sind sehr nah aufeinander bezogen. Wann immer wir zu Familientreffen zusammenkommen, empfinden wir noch diesen engen Zusammenhalt, den wir als Kinder erfahren haben. Und wenn Hilfe gebraucht wird, springen wir immer ein, um einander zu unterstützen – trotz aller Differenzen, die wir zu dem Zeitpunkt gerade haben mögen. In solchen Momenten fühlt sich keine Person überlastet. Die Arbeit verteilt sich auf viele Menschen und die Kinder werden von mehreren Generationen versorgt. Alle haben die Gelegenheit, sich nützlich zu fühlen und alle haben die Gelegenheit, sich getragen zu fühlen. Wenn ich wahrnehme, wie wir in Krisenzeiten enger zusammenrücken, bin ich immer berührt vom Zusammenhalt unserer Gruppe und von der echten Liebe, die wir füreinander empfinden. Ich habe mehr als sechzig Cousinen und Cousins und alle haben einen besonderen Platz in meinem Herzen und bringen eine spezifische Erinnerung in meinem Leben mit sich. Das ist ein unglaubliches Geschenk und es ist das Ergebnis meines Aufwachsens in einer verbindenden Umgebung.

Gemeinschaft entsteht durch Einbindung. Exklusivität hat einen zerstörerischen Effekt auf jene, die ausgeschlossen, außen vor gelassen oder an den Rändern der Gemeinschaft gehalten werden. Diese Menschen suchen dann nach alternativen sozialen Gruppen mit Menschen, die die Verletzung des Ausschlusses teilen. Das sind dann Gruppen wie Gangs oder Sekten. Im Persönlichkeitsprofil von jungen Menschen, die in der Schule Menschen erschießen, erkennen wir leicht einen Zusammenhang zwischen ihrem Ausschluss durch Gleichaltrige und ihrem Verhalten. Rechtliche Maßnahmen, die Personen ausschließen, die negatives Verhalten an den Tag legen, können vielleicht zu kurzfristigen Verhaltensänderungen führen. Doch sie führen am Ende häufig zu noch problematischerem Verhalten. Inklusionsprogramme, die Menschen wieder in Einklang mit ihren Gemeinschaften zu bringen suchen, können diese negativen Verhaltensweisen langfristig erfolgreicher verändern.

Die US-amerikanische Gesellschaft beruht auf Prinzipien der Exklusivität. Menschen treten exklusiven Clubs bei. Sie teilen ihre Arbeitsweisen nicht miteinander. Sie haben Besitzansprüche auf Dinge und behalten sie für sich allein. Hat der Ausschluss anderer einen Preis? Welchen Preis hat das Leben in einer Gesellschaft, die auf Ausschluss beruht? Psychologische Forschungen zeigen, dass Exklusion sowohl den Ausschließenden, als auch den Ausgeschlossenen schadet.

> »Wenn eine Person über einen längeren Zeitraum ausgegrenzt wird, verliert sie die eigenen Ressourcen zur Bewältigung dieser Erfahrung und erfährt wahrscheinlich Entfremdung, Depression, Hilflosigkeit und Selbstwertprobleme.«[17]
>
> »Es scheint, als würde nichts unser soziales Wesen mehr bedrohen, als ignoriert oder ausgeschlossen zu

---

17 Kipling D. Williams und Steve A. Nida, »Ostracism: Consequences and Coping«, *Current Directions in Psychological Science* 20:2 (2011), 71–75, doi: 10.1177/0963721411402480.

werden, beziehungsweise andere zu ignorieren oder auszuschließen.«[18]

Zu einer Gruppe zu gehören, die dazu angewiesen oder ermutigt wird, andere auszuschließen, führt dazu, weniger selbstbestimmt zu sein, und hindert Menschen daran, ihre eigenen seelischen Bedürfnisse zu erfüllen. Denn die positiven Effekte von Verbundenheit bleiben ihnen vorenthalten. Die Forschung zeigt, dass es ernsthafte psychologische Folgen hat, sich an solche Weisungen zu halten und sozialen Schmerz durch Ausschlüsse zu verursachen.[19] Der kulturelle Wert von Einbindung ist nicht nur auf der praktischen Ebene förderlich. Einbindung dient auch emotionalen und psychologischen Zwecken, indem sie uns unsere grundlegendsten menschlichen Bedürfnisse rund um Zugehörigkeit und Verbundenheit erfüllt.

Ganzheit statt Zerteilung

Das Indigene Weltbild beruht auf Ganzheit. Meine traditionellen Lehren besagen, dass ich Teil eines lebendigen Systems bin und dass mein Handeln in diesem System Auswirkungen auf das Ganze hat. Dieser Überzeugung ist nicht nur meine lokale Gemeinschaft und sie ist auch nicht spezifisch für Indigene Kulturen. Unversehrte

---

18 Dan Defoe, »Ostracism Hurts: The Psychological Costs of Ignoring or Excluding Others«, *Psycholawlogy*, 14. Mai 2013, [http://www.psycholawlogy.com/2013/05/14/hurting-others-hurts-psychological-costs-of-ignoring-or-excluding-others/].

19 Ebd.

Kulturen in der ganzen Welt folgen einem Weltbild, das mit der Ganzheit der Schöpfung verknüpft ist. Auch Chief Seattle sprach von Ganzheit, als er Berichten zufolge sagte, dass »nicht die Menschheit das Netz des Lebens gesponnen hat. Wir sind nichts als ein Faden darin. Was immer wir dem Netz antun, tun wir uns selbst an. Alles ist miteinander verknüpft. Alles ist verbunden.«

Alles Lebendige ist miteinander verbunden, voneinander abhängig, miteinander verwandt. Im nächsten Kapitel beschreibe ich, wie sich diese Wahrheit in die Lebensweise übersetzt hat, die die traditionellen Werte der Wabanaki-Gesellschaften widerspiegelt. An dieser Stelle reicht es festzuhalten, dass wir untrennbar mit allem Lebendigen verbunden sind.

Die Vorstellung von Zerteilung ist mit der Ideologie der Eroberung und den euro-amerikanischen Überzeugungen verknüpft, dass Land besessen werden kann. Der Glaube, dass die Welt eine kommerzielle Ressource ist, die in verkaufbare Stücke zerteilt werden kann, steht im Gegensatz zu der Indigenen Überzeugung von der Welt als Quelle unseres Überlebens. Das Verständnis von Landbesitz, das nur Besitz anerkennt, der mit ›gewinnbringender Nutzung‹ verknüpft ist, und diese Nutzung auf kommerzielle Tätigkeiten beschränkt, ist zutiefst falsch. Dieses Verständnis schließt aus, dass das Land einen Wert an sich hat. All unsere Wertkonzepte drehen sich dann um uns. Die Wertzuschreibung beruht auf dem für uns gewonnen Nutzen. Wir haben vergessen, dass der Schöpfung selbst ein Wert innewohnt, der weit über unsere egoistischen Wünsche hinausreicht. Wenn wir die Welt in Stücke zerteilen und sie von ihrem inhärenten Wert trennen, dann zerbrechen wir etwas in uns selbst.

Zerteilung passiert dann, wenn etwas zerbrochen ist. Unsere natürlichen Systeme sind so gestaltet, dass sie in Beziehung zueinander perfekt funktionieren. Erst wenn wir diese natürlichen Systeme in Teilstücke aufbrechen, fangen die Probleme an. Es ist, als würden wir die Organe voneinander trennen, die im Körper zusammenwirken, und von ihnen erwarten, allein zu funktionieren. Ohne den Rest des Körpers werden diese Organe sterben. Wir können sie vielleicht für einen kurzen Zeitraum künstlich am Leben erhalten, aber schließlich werden sie zusammenbrechen. Dasselbe gilt für unsere natürlichen Systeme und für unsere Gesellschaften. Wenn wir sie in Bruchstücke zerteilen, verlieren sie ihre Fähigkeit, auf natürliche Weise zu funktionieren und schließlich verlieren sie auch ihre Fähigkeit zu überleben.

Um zu überleben, müssen wir uns der Ganzheit bewusst werden, durch die wir verbunden sind. Wir können uns nicht direkt davor stellen und anfangen, Stücke herauszureißen, ohne zu wissen, wie das Ganze funktioniert. Wir müssen zurücktreten und eine umfassendere Perspektive einnehmen. Wir müssen anerkennen, dass die gesamte Schöpfung gemeinsam im Fluss ist, um ihre wechselseitige Abhängigkeit und Verwandtschaft zu verstehen. Dann müssen wir unseren Platz darin anerkennen. Ganzheit ist kein Ziel, das wir erreichen können. Sie ist kein Ort, an den wir gelangen können; sie ist eine Wahrnehmung, die in uns erwacht. Sie entfaltet sich langsam vor uns, während wir unseren Horizont weiten, um die ganze Landschaft wahrzunehmen.

Um unsere Zerbrochenheit zu heilen, müssen wir erst verstehen, wie alles zusammengehört, wenn es richtig funktioniert. Das können wir nur dann verstehen, wenn wir der Ganzheit gewahr sind und sie sich so in uns entfalten kann.

Zusammenarbeiten statt gewinnen

Das Paradoxe in der Gegenüberstellung vom Zusammenarbeiten und gewinnen ist, dass alle gewinnen, wenn sie zusammenarbeiten. Der Wert von Zusammenarbeit ist mit der Auffassung verknüpft, dass das Wohlbefinden des Ganzen auch der Einzelperson Wohlbefinden verschafft. Wenn wir zusammenarbeiten, können wir mehr erreichen; wir bringen außerdem eine umfassendere Perspektive auf die Arbeit mit, die getan werden muss, und das führt oft zu besseren Ergebnissen. Zusammenarbeit trägt auch zum Aufbau von Gemeinschaft bei und ermöglicht es, Ressourcen gemeinsam zu nutzen.

Dieser letzte Abschnitt führt uns zurück zum Anfang dieses Kapitels. Zusammenarbeit ist mit Gemeinschaft verbunden, wobei die Bedürfnisse des Ganzen die Grundlage der Entscheidungsfindung bilden und nicht die Wünsche des Individuums. Das Konzept des Gewinnens ist an Dominanzstrukturen geknüpft. Es erfordert die Bildung von Hierarchien der Macht oder Wertung. Das übliche Szenario von Menschen, die gewinnen, und Menschen, die verlieren, führt schnell zur Eskalation von Konflikten, wo das intuitiv nicht hätte sein müssen. Es liegt nahe, anzunehmen, dass die verlierende Seite am ehesten erneut die Herausforderung sucht. Obwohl Vergeltung eine Rolle spielen kann, ist es jedoch oft die gewinnende Seite, die zukünftige Wettbewerbe anzettelt, um weiter ihre Stärke zu beweisen und an der Spitze zu bleiben. Über die Zeit hinweg hat die Verknüpfung zwischen diesen Sieg-Niederlage-Szenarien und unserer Geschichte der Kriegsführung und Eroberung eine tiefe Narbe in der Psyche der Menschen hinterlassen. Deshalb haben sie irrationale Angst davor, zu verlieren. Dem Gewinnen und dem Verlieren werden im limbischen System des Gehirns automatische Werte zugewiesen: Gewinnen wird mit Leben und Verlieren mit Tod verknüpft. Das führt einige Menschen zu dem Glauben, dass sie um jeden Preis gewinnen müssen, was sie zu Sabotage und anderem problematischen Verhalten verleitet.

Wenn Wertesysteme verschoben werden, so dass sie statt individuellen Gewinn*erinnen kollaborative Bemühungen bevorzugen, dann werden unsere Gemeinschaften tatsächlich sicherer. Dadurch werden Reibungen verringert, die durch Hierarchien zwischen Gewinnenden und Verlierenden entstehen, und die Erfolgswahrscheinlichkeit für die ganze Gruppe wird erhöht.

Die gesamte Indigene Wertestruktur beruht auf der Gesundheit und dem Überleben der Gruppe – sowohl heute als auch zukünftig. Anders als die Mehrheitsgesellschaft, die Wachstum am kommerziellen und individuellen Wohlstand misst, bestimmen Indigene Gesellschaften ihre Weiterentwicklung anhand von Aspekten wie Gesundheit, Zufriedenheit und Wohlbefinden des Ganzen. Diese Überzeugungen beruhen auf dem Verständnis, dass wir alle verwandt und tief verbunden sind. Daher sind wir alle füreinander verantwortlich und auch alle davon beeinflusst, wie wir einander behandeln. Diese Werte spielten in meinem Aufwachsen und in der Entwicklung meines Weltbildes eine zentrale Rolle. Sie haben geprägt, was für ein Mensch ich heute bin und sie bilden den Rahmen dafür, wie ich morgen sein werde. Im Folgenden werde ich einige der spezifischen Überzeugungen und Praktiken der Wabanaki vorstellen – und wie sie mein Weltbild und meine Lebensweise prägen.

16

Die Indigene Lebensweise

Skejinawe Bemousawakon bezeichnet die Lebensweise meiner Gesellschaft – der Penawahpskek – und der anderen Gemeinschaften im Bund der Wabanaki. Diese Lebensweise beruht auf einem Leben, das eng mit der Erde verbunden und nah mit unseren Verwandten verknüpft ist. Wir leben im Bewusstsein für unsere Verantwortlichkeiten bezüglich der heiligen Verpflichtungen gegenüber allem Lebendigen. Mit dieser Lebensweise möchten wir die Erde, unsere Beziehungen und unsere spirituellen Verbindungen erhalten.

Heute gibt es in der Welt viele Ablenkungen, die uns von dieser Lebensweise entfernen. Es gibt auch einige Verlockungen, die uns in Versuchung bringen, einen einfacheren Weg einzuschlagen. Doch wir sind dem Weg, den unsere Vorfahren uns hinterließen, verhaftet geblieben und halten ihn in Ehren. Wir müssen engagiert und diszipliniert bleiben, wenn wir hoffen, diese Lebensweise inmitten all der Ablenkungen der modernen Welt zu erhalten.

Viele Menschen fragen sich, warum wir an unseren Traditionen festhalten, obwohl es so viel einfacher erscheint, uns anzupassen und uns in die breitere Gesellschaft und vorherrschende Kultur einzufügen. Wir werden gefragt: Warum entscheidet ihr euch für den schwierigeren Weg? Wir sind dazu bereit, weil wir wissen, dass es diese Lebensweise ist, die es unseren Vorfahren ermöglichte, die Grausamkeiten zu überleben, mit denen sie konfrontiert waren. Und wir verstehen, dass es dieser Weg ist, der in der Zukunft zu unserem Überleben führen wird. Wir wissen, dass wir den Lebensfaden verlieren werden, der die Menschheit zusammenhält, wenn wir diese reine und einfache Lebensweise verlieren. Deshalb ehren wir unser Wissen und übernehmen Verantwortung für den Erhalt der Lebensweise, die dieses Wissen am Leben hält – für uns selbst, die zukünftigen Generationen und alles Lebendige.

Im Folgenden erkläre ich einige der Grundwerte, die diese Lebensweise anleiten.

N'dilnabamuk

N'dilnabamuk – »all meinen Verwandten«. Viele Indigene Menschen sagen dies, nachdem sie gebetet haben. Doch was bedeutet es eigentlich? Alle Gesellschaften organisieren sich um ein gewisses Grundprinzip. Das Grundprinzip der Wabanaki-Gesellschaften ist die Verwandtschaft. Unsere Erzählung beginnt mit dem Verständnis, nach dem wir mit allen Wesen der Schöpfung verwandt sind.

Die Zweibeinigen, die Vierbeinigen, die Geflügelten, die, die am Boden kriechen oder sich schlängeln, die Pflanzen, die Bäume und die lebendige Erde sind alle unsere Verwandten. Alles ist verbunden und voneinander abhängig; das Wohlbefinden des Ganzen bestimmt das Wohlbefinden eines jeden Einzelteils. Wir erkennen in unseren Gebeten diese Verbindung an. Wir erkennen auch an, dass das große Ganze durch jede einzelne Handlung verändert wird. Es gibt nur das eine Leben, den einen Atem, den wir alle atmen. Daher wirkt sich unser Handeln draußen in der Welt auf alles Lebendige aus – sogar wenn wir allein beten. Diese Überzeugung bildet das grundlegende Verständnis, das all unsere anderen Werte durchzieht. Diese Überzeugung ist der Faden, der unsere Werte miteinander verknüpft.

Mamabezu und *Alabezu*

Mamabezu bedeutet: »Es ist genug für die Einzelnen da«. *Alabezu* bedeutet: »Es ist genug für alle da«. Dieser Wert versichert uns, dass alle ausreichend versorgt sind, um in Würde und mit einem Gefühl der Sicherheit ihr Leben zu leben – und dass die Gemeinschaft ausreichend versorgt ist, um zu gedeihen. Das ist mit der Überzeugung verknüpft, dass wir alle füreinander verantwortlich sind. Wir müssen bedenken, dass nur eine endliche Menge an Ressourcen verfügbar ist, um das Leben zu erhalten; und dass das, was wir uns nehmen, sich darauf auswirkt, was für andere verfügbar ist. Wenn wir nur nehmen, was wir brauchen, um genug zum Leben zu haben und uns sicher zu fühlen, dann bleibt genug für andere, um dasselbe zu tun. Wenn wir mehr nehmen als wir brauchen, dann entziehen wir anderen die Möglichkeit, ihre eigenen Bedürfnisse zu erfüllen. Sicherzustellen, dass alle genug haben, ist der beste Weg, Gesundheit und Glück unserer Gesellschaften zu erhalten. Wenn die Grundbedürfnisse der Menschen erfüllt sind, dann können sie ihre Energie in andere Aufgaben stecken. Sie können ihre Begabungen entwickeln und sie auf sinnvolle Weise in der Welt einbringen. Wenn Menschen im Mangel leben und nur mühevoll überleben, dann rückt der Überlebenswille in den Mittelpunkt. Es bleibt keine Energie übrig, mit der sie ihre Begabungen entwickeln können, um ihre Gemeinschaft oder ihre Gesellschaft zu stärken.

Diesen Wert der Genügsamkeit – es gibt genug für alle und ich nehme nur, was ich brauche – zu praktizieren, macht unsere Gemeinschaften stärker und lebendiger. Er bietet allen die Gelegenheit, ihr bestes Ich einzubringen und ihre besten Ideen und Bemühungen beizutragen. Es fördert auch das Selbstwertgefühl der Menschen. Diejenigen, die spüren, dass sie sinnvoll zu ihren Familien, Gemeinschaften und Gesellschaften beitragen, haben ein größeres Selbstvertrauen. Wenn wir Menschen eine grundlegende Sicherheit verweigern, dann berauben wir sie ihres Potenzials und ihrer Fähigkeit, sich mit sich selbst gut zu fühlen. Das raubt auch unseren Gemeinschaften und Gesellschaften ihr inneres Potenzial. Wenn wir diesen Wert praktizieren, dann eröffnen wir den Raum, in dem jede Person zu ihrem besten Selbst finden kann, was wiederum unseren Gemeinschaften Erfolg, Erneuerung und Wohlbefinden bringt.

Wolihkomawiw

Wolihkomawiw oder »Harmonie« ist ein innerer Zustand der Ausgeglichenheit. *Wolihkomawiw* handelt davon, inneren Einklang zu finden und zu erhalten, was sich nicht immer friedlich anfühlt. In diesem Zustand wird auf das Gleichgewicht in der Welt vertraut, auch wenn sie außer Kontrolle erscheint.

Das Leben wird dich herausfordern, es wird dich niederschlagen und es wird dich auf wunderbare und auf furchtbare Weise überraschen. *Wolihkomawiw* lädt dich dazu ein, die Wahrheit wahrzunehmen, die jedem Moment des Lebens innewohnt und zu erkennen, dass alles Leben zwei Seiten hat. Wenn wir die binäre Beschaffenheit des Universums verstehen, erkennen wir, dass in allem auch Schönheit liegt, selbst in unseren schmerzlichsten Erfahrungen.

Ich habe gelernt, dass jede Schwierigkeit, die uns im Leben begegnet, im direkten Verhältnis zu der Kraft steht, die wir durch sie erhalten können. Je schmerzhafter die Erfahrung, desto mehr Liebe kann sie in uns eröffnen; je hässlicher die Situation, desto größer die Schönheit, die sie hervorbringt; je tiefer die Dunkelheit, desto heller das Licht.

Dies lehrt uns, in den vermeintlichen Gegensätzlichkeiten Harmonie zu finden. Wenn wir die harmonisierenden Aspekte des Lebens verstehen, dann verstehen wir, dass nichts nur gut oder nur schlecht ist. Einer der Älteren meiner Gemeinschaft erzählte mir, dass es nur das Gute und das Nicht-Gute gibt; nichts ist jemals wirklich schlecht. Es fiel mir sehr schwer, das zu glauben, und manchmal ist es eine unglaubliche Herausforderung, in einigen der schwierigen Erfahrungen meines Lebens die Schönheit zu finden. Als er mir das sagte, wollte er nicht den Schmerz der schwierigen oder zerstörerischen Erfahrungen in meinem Leben trivialisieren; er wollte mir bloß dabei helfen, die wirkliche Beschaffenheit des Lebens wahrzunehmen. Wenn wir das wahre Wesen der spirituellen Kraft und unser aller Ursprung kennenlernen, dann erkennen wir, dass alles Liebe ist. All unsere Erfahrungen und die Erfahrungen anderer lehren uns die immer tiefer reichenden Aspekte der Liebe, die unzähligen Gesichter dieser Liebe. Jede Erfahrung hat das Potenzial, uns für eine größere Wahrnehmung dieser Liebe zu öffnen, wenn wir mit ihrem Ursprung verbunden sind.

Wenn wir mit der Quelle des Lebens verbunden bleiben können und anerkennen, dass sie ausgeglichen und gerecht ist, dann entwickeln wir ein stärkeres Mitgefühl und mehr Geduld für die dunkleren Seiten der Dualität. Wenn wir mit dieser Wahrheit zu leben beginnen, dann leben wir in *wolihkomawiw*, also in Harmonie mit dem Geist der Schöpfung.

Kciye

Das Konzept der »Harmonie mit der natürlichen Welt« lehrt uns, dass es nicht ausreicht, zu wissen, dass wir Teil eines lebendigen Systems sind. Wir müssen auch aktiv handeln, um in Harmonie mit dem Rest der Schöpfung zu leben. Das bedeutet, dass wir keine Haltungen oder Überzeugungen annehmen können, die uns der natürlichen Welt überordnen. Wir können nicht so tun, als würden wir über Land, Wasser oder Tiere herrschen. Wir verwalten und vertreten sie auch nicht. Unsere Aufgabe ist allein das Bewahren einer Lebensweise, die mit der Erde in Einklang ist. Jeden Tag müssen wir in dem Bewusstsein handeln, dass wir Teil eines lebendigen Systems sind, eines vereinten Ganzen.

Dieses Verständnis unterscheidet sich stark von der Überzeugung, dass Menschen vor allem und allen anderen auserwählt sind. Denn diese Denkweise schafft schräge Vorstellungen, die nicht nur die Menschen unangemessen überhöhen, sondern auch den Rest der Schöpfung herabsetzen. Die Welt ist ein verbundenes System. Sie kann nicht in einzelne, verkaufbare Stücke aufgeteilt werden. Das eurozentrische Verständnis von Eigentum erfordert von uns, das Land als von uns getrennt zu erachten. Im Indigenen Verständnis ist das Land mit uns verwandt, es ist Teil eines Lebensnetzes, in dem wir alle verbunden sind. Daher haben wir die Verpflichtung, uns auf die gleiche Weise um das Land zu kümmern, auf die wir uns um unsere menschlichen Verwandten kümmern würden.

Als Wabanaki lernen wir, dass es unsere Verantwortung ist, der natürlichen Welt eine Stimme zu geben. Nicht, weil wir anderen Lebewesen überlegen sind, sondern weil wir eine Sprache sprechen, die andere Menschen verstehen. Menschen sind die einzige Spezies auf dem Planeten, die sich nicht mehr im Takt der Schöpfung befindet. Es sind also Menschen, die die größte Bedrohung für das Leben darstellen. Die einzige Möglichkeit, wieder mit der Schöpfung ins Gleichgewicht zu kommen, liegt darin, das Gleichgewicht mit der natürlichen Welt wieder herzustellen. *Kciye* ist nur ein Wort, aber es ist ein Wort, dass uns an unsere tiefen Verbindungen und unsere tiefe Verpflichtung gegenüber dem Leben erinnert.

Kisankeyasu und *Kolikenenawelemesin*

Der Wert der Selbstsorge. Eine der Verzerrungen, die dem christlichen Glauben in dieses Land gefolgt sind, ist die Vorstellung der Aufopferung. Es gibt sie im traditionellen Wabanaki-Weltbild nicht. Unsere Traditionen lehren uns, uns selbst zu versorgen, so dass wir stark genug sind, um anderen zu helfen – körperlich, emotional und spirituell. Tatsächlich waren viele traditionelle Übergangsriten und Spiele in unseren Gemeinschaften so gestaltet, dass sie Stärke, Durchhaltevermögen und Geschicklichkeit förderten. Wir kannten den Wert von harter Arbeit, Erholung, Humor und emotionaler Verbindung. Unser Leben war ausgeglichen und erfüllt. Wenn wir anderen unser Leben widmeten, geschah das nicht durch Vernachlässigung unserer selbst.

Gute Selbstsorge etabliert eine vertrauensvolle Beziehung mit dem Selbst. Wenn wir anerkennen, dass wir Teil einer lebendigen Erde sind, und dass alles in dieser Sphäre des Lebens heilig ist, dann können wir uns selbst nicht aus dieser Gleichung herausnehmen. Es ist wichtig, dass wir unsere eigene Heiligkeit anerkennen, damit wir unseren Platz in der Schöpfung begreifen können. Während wir lernen, für uns selbst zu sorgen, bringen wir uns selbst auch bei, wie wir für andere sorgen können.

Selbstsorge umfasst alle Aspekte des Lebens: gesunde Ernährung, viel Wasser, genug Bewegung. Sie umfasst auch den Aufbau und Erhalt gesunder Beziehungen und die Teilnahme an Zeremonien und anderen Praktiken, die unsere spirituelle Verbindung aufrechterhalten. Selbstsorge bedeutet auch zu lernen, unsere innere Stimme wahrzunehmen. Wenn wir auf unser inneres Gefühl des Wohlbefindens eingestimmt sind, dann können wir die Bedürfnisse unseres Körpers, Herzens, Geistes und unserer Seele spüren. Eines der Probleme mit dem neuen Wellness-Hype ist, dass Wohlbefinden hier häufig an individualisierte Aspekte unseres Seins geknüpft wird. Manche Menschen trainieren ihre Körper, um stark zu sein. Manche Menschen trainieren ihren Geist, um ihn von überbordenden Gedankenschleifen zu befreien. Andere trainieren ihre Seele, um die Stimme des Göttlichen zu vernehmen. Wenn nur einer dieser Bereiche fokussiert wird, kann das Training nicht zum Wohlbefinden unseres ganzen Seins führen.

Der zurzeit beliebte Trainingsstil, der ausschließlich auf die Stärkung des Körpers abzielt, ist am Geist der Eroberung ausgerichtet. Wir übernehmen uralte patriarchale Praktiken und kleiden sie in moderne Gewänder. Dann schaffen wir Wettbewerbe, die es uns ermöglichen, diese Stärke zu nutzen, um andere zu übertrumpfen. Veranstaltungen wie die Hindernislauf-Wettkämpfe *Tough Mudder* oder *Warrior Dash* sind das verwässerte Äquivalent zu den gewaltvollen Gladiatorenkämpfen vergangener Tage. Obwohl nichts falsch daran ist, den eigenen Körper zu Spitzenleistungen zu bringen, bleiben Menschen unausgeglichen, wenn das nicht gemeinsam mit Bemühungen zur Stärkung von Geist, Herz und Seele geschieht. Menschen, die übermäßig trainieren, unterscheiden sich kaum von jenen, die übermäßig viele Chips essen; beides resultiert aus einem Bedürfnis heraus, Raum in uns zu füllen. Es wird nie ausreichend Trainingszeit oder ausreichend Chips geben, um dieses Loch zu stopfen. Der einzige Weg dahin ist, die Bedürfnisse unseres gesamten Seins ins Gleichgewicht zu bringen.

Um in Einklang zu sein, müssen wir alle Bereiche des Lebens gleich gewichten, einschließlich des Körperlichen, Mentalen, Emotionalen und Spirituellen. Wenn in irgendeinem dieser Bereiche die Harmonie nicht erhalten wird, kann das zu Ungleichgewicht und Schwierigkeiten in anderen Lebensbereichen führen. Und wenn wir glauben, dass wir alle verbunden sind, dann müssen wir anerkennen, dass unser Wohlbefinden das Wohlbefinden unserer Familien, unserer Gemeinschaften und der mit uns verbundenen Welt beeinflusst. Deshalb ist Selbstsorge kein schwelgerischer Luxus, sondern eine absolute Notwendigkeit.

Klusagn

Klusagn ist die Praxis, in einer mündlichen Tradition Wissen zu übertragen. Es gibt viele Gründe, warum unsere Kultur in einer mündlichen Tradition weitergegeben wird. Mündliche Traditionen halten die Erzählungen und die aus ihnen hervorgehenden Lehren lebendig. In unseren Gemeinschaften trugen verschiedene Familienverbunde verschiedene Teile der Geschichten weiter, die erzählt wurden. Ihr jeweiliger Teil der Geschichte bezog sich häufig auf die Verantwortlichkeiten der jeweiligen Familie in der

Gemeinschaft. Wenn in den Wintermonaten die ganze Gemeinschaft zusammenkam, erzählten sie einander die Geschichten. Die Familien mussten sich aufeinander beziehen, um sicherzustellen, dass die Erzählung ins Fließen kam und dass die darin enthaltenen Lehren vollständig vermittelt wurden. Das förderte die Kooperation und zeigte, wie die jeweiligen Aufgaben der einzelnen Familien sich zu einem größeren Ganzen zusammenfügten, das unsere Gesellschaft ausmachte. Die Erzählungen lehren uns, dass wir einander brauchen. Sie drehen sich um Beziehungen und sie erfordern von uns, dass wir zuhören und auf die Hinweise in den Geschichten achten, die uns sagen, wann wir miterzählen sollen und wann wir schweigen. In diesem Prozess lernen wir, zuzuhören und die Stimmen der anderen wertzuschätzen.

Die Kommunikation, die uns durch die Geschichten verbindet, hört nie auf. Sie hält uns miteinander verbunden und erzeugt einen lebendigen Faden über die Zeiten hinweg. Durch die Geschichten lernen wir, unsere Fähigkeiten für das gemeinschaftliche Leben weiterzuentwickeln und gegenseitiges Einfühlungsvermögen zu kultivieren.

Andere Formen des Lernens führen häufig dazu, dass wir nur mit dem Kopf dabei sind. Doch die lebendigen Erzählungen beziehen unsere Emotionen ein und erfordern von uns, im gegenwärtigen Moment mit der lebendigen Erfahrung präsent zu sein, die sich um uns herum entfaltet. Die Geschichten wurden viele Male wiederholt – wenn sie erzählt und wenn sie gelehrt wurden. So wurden alle darin erzählten Lehren immer wieder bekräftigt. Unsere Geschichten sind vielschichtig und enthalten verschiedene Erkenntnisse für alle Altersgruppen und Entwicklungsphasen. So kann jedes

Individuum an den lebendigen Geschichten wachsen und sich weiterentwickeln und immer weitere Bedeutungen darin finden.

Unsere mündliche Tradition transportierte unsere kulturellen Werte, bewahrte die Geschichte unserer Gemeinschaft, unsere Gewohnheiten und Rituale und war Unterhaltung für die Menschen. Jedes Mal, wenn diese Geschichten erzählt werden, hauchen sie der Gemeinschaft neues Leben ein und sichern die kulturelle Kontinuität unserer Indigenen Traditionen.

Wikuwaculal

Der letzte kulturelle Wert, den ich hier teilen möchte, heißt *wikuwaculal*, die Liebe zum Lernen. *Wikuwaculal* bedeutet, Staunen und Neugier im Leben zu empfinden und aufrecht zu erhalten. Um weiter zu wachsen, musst du weiter lernen. Und ebenso wie ein aktiver Lebensstil den Körper davor bewahrt abzubauen, hilft ein aktiver Geist dabei, langfristig mental scharfsinnig zu bleiben.

Etwas, das ich an meiner Gemeinschaft sehr schätze, ist die echte Liebe zum Lernen. Unseren gemeinsamen Lernerfahrungen haftet ein Gefühl der Verspieltheit an, das diese Erfahrungen mit Freude und Lachen erfüllt. Bei Community-Workshops freuen sich die Menschen immer zusammenzukommen und es gibt unter den Teilnehmenden einen gewissen Eifer. Es kommt nicht so sehr darauf an, was wir lernen – es kann ein kulturelles Handwerk, ein Lied oder Tanz sein, eine Sprache, Anleitungen zum Überleben in der Wildnis oder zum Erkennen von Heilkräutern: Die Menschen sind immer neugierig und erfreut zu lernen.

Lebenslanges Lernen hilft uns dabei, unsere natürlichen Fähigkeiten weiterzuentwickeln, und es öffnet unseren Geist für neue Überzeugungen und Ideen. Es hilft uns dabei, uns in der sich verändernden Welt zurechtzufinden und hält uns aktiv ins Leben integriert. Und im Bezug zu allen hier beschriebenen Werten erhöht lebenslanges Lernen auch unsere Fähigkeit, auf wertvolle Weise zu unserer Umwelt beizutragen und ihr dienlich zu sein.

Alle hier beschriebenen Werte skizzieren eine Lebensweise. Diese Lebensweise erinnert uns an unsere Verpflichtungen: die gegenseitige Verpflichtung der Menschen, die Verpflichtung gegenüber der Erde und gegenüber der gesamten Schöpfung. Diese Lehren sind durch zahllose Erzählungen und Lieder, in Zeremonien und weiteren kulturellen Praktiken über die Jahrtausende hinweg transportiert worden. Und sie repräsentieren verschiedene Aspekte der Lehren, die die Menschheit seit Anbeginn der Zeit gelernt hat. Sie mögen einfach erscheinen, aber sie sind sehr tiefgreifend. Chief Oren Lyons sagte einmal:

> »Unser Wissen ist tief und entstammt unserem Leben am selben Ort seit unzähligen Generationen. Unser Wissen speist sich aus der Beobachtung der aufgehenden Sonne im Osten und ihrem Untergehen im Westen über eine sehr lange Zeit hinweg und vom selben Ort aus. Wir sind mit dem Land, den Flüssen und den großen Seen, die uns umgeben, genauso vertraut wie mit den Gesichtern unserer Mütter.

> Tatsächlich nennen wir die Erde *Etenoha:* unsere Mutter, der alles Leben entspringt.«[20]

Für meine Gesellschaft gilt das ebenso. Wir geben der Mutter Erde einen anderen Namen, wir nennen sie *Nikwis Skiktemik*, aber auch wir erkennen an, dass sie das Leben bringt und trägt. Wir erkennen auch an, dass *Kcinewis* – der große Lebenssamen – die Kraft der Schöpfung ist. Zusammen haben sie die Lebenslinie geschaffen, die uns alle verbindet.

Unsere Leute haben eine Menge mit der Welt zu teilen. Wir haben eine lange Geschichte der gemeinsamen Verbundenheit, da wir für mehr als dreizehntausend Jahre am selben Ort gelebt haben. Das hat uns gelehrt, wie wir uns aufeinander beziehen können. Wir haben auch eine lange Beziehung mit unserem Boden, unseren Gewässern und den Wesen der natürlichen Welt, die dieses Zuhause mit uns teilen. Unsere Verbindung zum Leben, dem wir entspringen, und zum Boden, in den wir eines Tages zurückkehren werden, ist ungebrochen. All dies ist in den Werten enthalten, nach denen wir leben, und in der Lebensweise, die daraus folgt. Wir haben Genozid, Vernichtung, Vertreibung, Trennung von unseren Kindern, ökologische Angriffe und zahllose andere Grausamkeiten erfahren, doch wir sind immer noch hier. Wir sind überzeugt, dass wir nur deshalb noch immer hier sind, weil wir unserer Lebensweise gefolgt sind. Und wir sind überzeugt, dass es diese Lebensweise ist, die unser zukünftiges Überleben sichert.

---

20 Oren R. Lyons, Rede bei der Fourth World Wilderness Conference, Denver, Colorado, USA, 11. September 1987, zitiert in Vance G. Martin (Hg.) *For the Conservation of Earth,* Fulcrum, 1988, 2.

17

Vier Grundlagen selbstbestimmter Gesellschaften

Um die verketteten Abhängigkeiten zu durchbrechen, die durch das gegenwärtige System etabliert wurden, müssen wir bereit sein, mutige Wege einzuschlagen, um unsere Gemeinschaften zu befreien. Das gegenwärtige System wurde eingerichtet, um Menschen in einem Zustand der fortwährenden Unfreiheit und Unterdrückung durch jene zu belassen, die die Ressourcen besitzen, die zum Überleben notwendig sind. Durch dieses System sind unsere Regierungen zu Wachhunden dieser industriellen Herrschaft geworden – sie sichern die Bevorteilung einiger weniger auf Kosten der vielen. Am wirksamsten können wir das ändern, indem wir Verantwortung übernehmen und neue Systeme entwickeln, die gerechter sind und deutlicher unsere Werte widerspiegeln.

Zuerst müssen wir uns in diesem Prozess daran erinnern, dass wir zueinander gehören. Um dieses Verständnis mit Bedeutung zu füllen, müssen jedoch entsprechende Handlungen folgen. Das heißt, dass wir wirklich selbstbestimmt werden müssen, um die Kontrolle über die Grundlagen unseres Überlebens zurück zu erlangen.

Wenn wir selbstbestimmte Gesellschaften schaffen wollen, beginnen wir mit den Werten, die uns am meisten am Herzen liegen. Diese Werte müssen die Gestaltung eines jeden Programms oder Gesetzes anleiten, das wir etablieren, um sicherzustellen, dass sie die Menschlichkeit widerspiegeln, die wir fördern möchten, und nicht die Systeme wiederholen, die wir überwinden wollen.

Selbstbestimmung umfasst unseren Einsatz dafür, dass Menschen mehr Kontrolle über die Entscheidungen erlangen, die die größten Auswirkungen auf ihr Leben haben. In unserem Bemühen, unser Denken und unsere Gemeinschaften zu dekolonisieren, gibt es vier grundlegende Bereiche, die die von der Kolonisierung verursachte gesellschaftliche, kulturelle und wirtschaftliche Not deutlich lindern können. In diesen vier grundlegenden Bereichen können wir Strukturen verändern, die bislang noch die Kolonisierung stützen, und dadurch deren schädlichen Einfluss auf unsere Zukunft verringern. Diese grundlegenden Bereiche sind Wasser, Nahrung, Energie und Bildung. Wenn wir in diesen Bereichen Selbstbestimmung durchsetzen können, löst sich ein großer Teil der Macht patriarchaler Strukturen auf. Den Versuchen, in diesen vier grundlegenden Bereichen Selbstbestimmung zu erlangen, wurde und wird mit viel Kraft entgegengewirkt. Täglich werden neue Gesetze verabschiedet, die uns davon abhalten sollen, uns aus dem Gefängnis der Kolonisierung zu befreien: Gesetze gegen Gemeinschafts- und Hinterhofgärten; Gesetze, die die gewerbliche

Nutzung von Regenwasser gestatten; Gesetze, die grüne Energieerzeugung verhindern; und Gesetze, die unsere Bildungsmöglichkeiten einschränken – sie sind alle dazu bestimmt, uns zu beherrschen und abhängig zu halten. Wenn uns weiterhin in all diesen Bereichen unsere Rechte und Freiheiten entzogen werden, dann könnte unser Aktivismus bezüglich dieser Grundlagen zum entscheidendsten Akt des zivilen Ungehorsams werden. Wir können nicht zulassen, dass uns diese Grundlagen genommen werden. Zusätzlich zu unserer Aufgabe, Mutter Erde zu beschützen, sind dies die Bereiche, an deren Schutz wir am beharrlichsten arbeiten müssen. Sie sind die Grundpfeiler unserer Gemeinschaften. Wenn wir sie verlieren, verlieren wir alles.

Hier müssen sich alle engagieren. Kein Mensch kann es sich leisten, diese Situation auszusitzen oder abzuwarten, was wohl passiert. Der Weg ist klar. Ein Weg führt uns zurück zum Leben und der andere führt zum Tod. Wir können uns entweder freien Willens für einen Weg entscheiden oder diese Entscheidung wird für uns gefällt. Es ist kein Platz mehr für Gleichgültigkeit, Bequemlichkeit oder stille Kompliz*innenschaft. Wir alle müssen uns erheben und beginnen, gemeinsam den Rand des Abgrunds zu verlassen. Unser Leben, das Leben unserer Kinder und das Überleben der Erde hängen davon ab.

In seinem Gedicht *Hieroglyphic Stairway* fragt uns Drew Dellinger:

»Was hast du getan, als du davon erfahren hast?
Es ist 3:23 Uhr in der Früh und ich bin wach …
weil meine Ururenkel*innen mich nicht schlafen lassen.
Sie fragen mich im Traum:
Was hast du getan, als der Planet geplündert wurde?
Was hast du getan, als die Erde zusammenbrach?
Gewiss hast du etwas getan? …
Als sich die Jahreszeiten auflösten?
Gewiss hast du etwas getan?
Als all die Säugetiere, Reptilien und Vögel starben?
Gewiss hast du etwas getan?
Hast du die Straßen mit Protest gefüllt, als die Demokratie gestohlen wurde?
Was hast du getan, als du davon erfahren hast?«[21]

21 Drew Dellinger, *Love Letter to the Milky Way: A Book of Poems*, Planetize the Movement Press, 2002, 1.

Wenn uns in zukünftigen Zeiten unsere Kinder und Enkel*innen gegenüber stehen, werden sie uns diese Fragen stellen. Wenn dieser Moment kommt, werden wir so antworten wollen: Wir sind aufgewacht, wir haben uns engagiert, wir haben uns erhoben. Wir haben getan, was wir tun mussten, um unser Existenzrecht zu schützen. Wir haben alles getan, was wir konnten, um die Tiere, das Land und das Wasser zu schützen – und wir haben das Recht von Mutter Erde bewahrt, all ihre intakte biologische Vielfalt zu leben. Wir haben alles getan, was in unserer Macht stand, um sicherzustellen, dass ihr nicht nur überleben würdet, sondern auch wachsen und euch entfalten könnt. Wir haben uns für euch eingesetzt, so wie unsere Vorfahren sich für uns eingesetzt haben.

Wenn wir das Leben für künftige Generationen erhalten möchten – auf eine Weise, die nicht nur ihr Überleben sichert, sondern auch ihre Würde und Sicherheit erhält –, dann müssen wir jetzt handeln, um die Kontinuität des Lebens zu gewährleisten. Das tun wir, indem wir die Kontrolle über grundlegende Bereiche zurückgewinnen, die unser Überleben stützen.

Wassersouveränität

Ich bin mit dem Selbstverständnis groß geworden, das Wasser als Teil meiner Familie zu verstehen und spüre eine tiefe Verwandtschaft und Verbindung zum Wasser des Penawahpskek (Penobscot) River. Ich bin in und um dieses Gewässer herum aufgewachsen und die Geschichte meiner Gesellschaft ist eng mit ihm verbunden.

Mein Leben und das Leben aller, die entlang seiner Ufer leben, sind abhängig von der Gesundheit dieses Wassers. Daher ist es meine Verantwortung, dafür Sorge zu tragen, dass dieser Fluss gesund bleibt und vor Verschmutzung und Zerstörung geschützt wird.

Wasser ist die Grundlage allen Lebens. Unser Überleben beruht darauf. Missbrauch und Zerstörung unseres Wassers ist die größte Herausforderung, mit der wir derzeit konfrontiert sind. Viele menschliche Aktivitäten sind eine Bedrohung für unser Wasser. Am bedrohlichsten sind diese großen, übermächtigen Industriezweige: die Bohrung nach fossilen Brennstoffen, die großflächig-industrielle Landwirtschaft und die kommerzielle Trinkwasserförderung.

Selbstbestimmung in Bezug auf Wasser ist nicht nur eine ökologische Frage. Sie hängt untrennbar mit sozialer Gerechtigkeit zusammen. Das Menschenrecht auf Leben hängt davon ab, sauberes Wasser zur Verfügung zu haben. Somit sind alle Menschenrechte aufs Engste mit der Wasserfrage verknüpft. Wie alle anderen Elemente unseres Überlebens ist Wasser zu einer Konsumware gemacht und in verkäufliche Einheiten aufgeteilt worden. Aktuell ist Wasser das am meisten kommerzialisierte ›Produkt‹ auf dem Planeten. In dem Wissen, dass nur eine endliche Menge Wasser verfügbar ist, können wir ein paar automatische Schlussfolgerungen darüber ziehen, wo uns der kommerzielle Zugriff auf Wasser hinführen wird.

An vielen Orten in der ganzen Welt ist es eine tägliche Herausforderung, an sauberes Wasser zu kommen. Diese Wirklichkeit verursacht weltweit massive Migrations- und Fluchtkrisen. Überall strömen Menschen aus ländlichen Regionen auf der Suche nach Wasser in die Städte, was große gesellschaftliche Dilemmas verursacht, die zu Konflikt und Gewalt führen.

Heute sind weltweit schätzungsweise neunhundert Millionen Menschen mit lebensbedrohlicher Wasserknappheit konfrontiert. Für andere, etwa in Flint (Michigan, USA), hat die Verschmutzung des Wassers zu Krankheiten und gesellschaftlichem Zusammenbruch geführt. Dennoch haben sich unsere industriellen Praktiken nicht geändert. Wir nutzen noch immer enorme Wassermengen, um auf Kosten des Lebens die Gewinne der Industrie zu steigern. Und zum ersten Mal in der Geschichte der Menschheit entziehen wir aktiv Wasser aus dem Grundwasserbestand: durch die höchst zerstörerische industrielle Praxis des Frackings. Sie unterhöhlt weiter unsere Fähigkeit, das Leben auf diesem Planeten zu erhalten. Statt dass der Schutz der Gewässer ausgeweitet wird, erkaufen sich große Industrieunternehmen eine Gesetzgebung, die die bestehenden Wasserschutzmaßnahmen schwächt. Das ist selbstmörderisch. Außerdem reicht die Gesetzeslage nicht weit genug, um den Gewässerschutz durchzusetzen. Statt jene zu inhaftieren, die das Leben auf diesem Planeten bedrohen, werden ihnen von den Behörden bloß Strafzahlungen auferlegt. Diese Gebühren sind kein Hindernis für die Industrie. Sie bezieht diese Zahlungen einfach in ihre Kalkulation ein und verletzt weiterhin willentlich die Schutzmaßnahmen – was ein weiterer Beleg für die mentale und spirituelle Krankheit im Kern des ungehinderten Kapitalismus ist.

Wasser ist heilig. Es durchfließt alles Leben auf diesem Planeten. Auf seiner Grundlage kann überhaupt Leben auf Mutter Erde entstehen. Die meisten Empfehlungen für den Schutz des Wassers richten sich an Privatpersonen: Sie rufen zur richtigen Entsorgung von Chemikalien auf, zu kürzerem Duschen, zur Vermeidung giftiger Dünger. All das sind wichtige Überlegungen, doch damit werden nicht die größeren Probleme beseitigt, die von industriellen Praktiken verursacht werden. Wie können wir also für gegenwärtige und zukünftige Generationen auf wirksame Weise unser lebenswichtiges Wasser schützen? Das tun wir, indem wir mit den Entscheidungsträg*erinnen in der Industrie eine Sprache sprechen, die sie verstehen: Profit. Wir müssen es ihnen immer schwerer machen, aus der Zerstörung der Erde Gewinn zu schlagen. Das heißt, wir müssen diesen Industrien, die unsere Wasserbestände zerstören, unsere Leben und unseren Einsatz so weit wie möglich entziehen.

Die Desinvestitionsbewegung hat in den letzten Jahren beachtlichen Aufschwung erhalten. Menschen wird immer bewusster, dass ihr Geld dafür genutzt wird, der Natur zu schaden – und diesem Prozess entziehen sie ihre Unterstützung. Wir müssen in Erfahrung bringen, welche Personen und Firmen diese Umweltzerstörung betreiben, wie sie finanziert ist und wie wir unseren finanziellen Einfluss für ein Ende dieser Praktiken nutzen können. Martin Luther King Jr. sagte: »Freiheit wird von Unterdrückenden niemals freiwillig gegeben; sie muss von den Unterdrückten eingefordert werden.«[22] Um uns aus dem Würgegriff zu befreien, in dem diese Industrie unser Leben hält, müssen wir Veränderungen fordern. Das tun wir, indem wir Praktiken, die unserem Wasser schaden oder es vernichten, auf allen Ebenen unsere Unter-

---

22 Martin Luther King Jr., »Letter from a Birmingham Jail«, in *Why We Can't Wait*, New American Library, 1964.

stützung entziehen. Wir hören auf, Geld in die Unternehmen zu stecken, die diese zerstörerischen Praktiken finanzieren; wir hören auf, Produkte zu kaufen, die zur Verschmutzung oder Übernutzung von Wasser führen; wir beenden unsere Geschäftsbeziehung mit allen, die die Zerstörung unseres Wasserbestands auf irgendeine Weise unterstützen oder subventionieren. Zum Beispiel kaufen wir kein abgefülltes Wasser mehr; wir kaufen von den am schlimmsten agierenden Firmen keine Öl- und Gasprodukte mehr; wir beschränken oder beenden unseren Konsum industriell produzierter Lebensmittel; und wir schaffen Alternativen, die unsere Abhängigkeit von fossilen Brennstoffen verringern oder beseitigen.

Mit bewussten Bemühungen können wir die Industrie zurück zu verantwortlicheren Praktiken zwingen oder sie aus dem Geschäft drängen. Dieser Prozess verlangt uns viel ab. Er erfordert von uns, dass wir die Bequemlichkeit verlassen. Er wird uns Unannehmlichkeiten bereiten. Er wird uns herausfordern, weil wir dann ein bisschen mehr dafür tun müssen, unsere alltäglichen Bedürfnisse zu erfüllen. Und er wird uns abverlangen, unsere Differenzen beiseite zu legen und uns um diese zentrale Frage herum zu verbünden. Wir werden zusammenarbeiten und uns kollektiv erheben müssen, um die kritische Masse zu erreichen, die erforderlich ist, um etwas zu bewegen. Das klingt zwar nach einer Menge Arbeit, aber die Alternative wäre der katastrophale Verlust des Lebens. Wir haben also gar keine andere Wahl, als mit dieser Arbeit zu beginnen.

Ernährungssouveränität

Selbstbestimmung in Bezug auf Ernährung ist an den Boden geknüpft. Eines unserer Probleme ist, dass unser gegenwärtiger Lebensstil uns von der Erde entfernt. Viele Menschen hatten nie die Gelegenheit, eine Beziehung zu dem Boden aufzubauen, auf dem sie leben. Sie haben nie ihr eigenes Essen angebaut oder sind leise dem Wald begegnet, um zu erkunden, was sie von ihm lernen können. Der moderne Lebensstil hat uns immer weiter von den Quellen unseres Überlebens entfernt und das bringt unser Leben in immer größere Gefahr.

Die moderne Lebensmittelproduktion findet in riesigen industriellen Agrarbetrieben und Anlagen zur Weiterverarbeitung von Pflanzen statt. Die Zeiten sind vorbei, in denen die Mehrheit der Menschen direkt mit Anbau, Ernte und Zubereitung ihrer Nahrung befasst war. Diese Verschiebung ist schon an sich problematisch – auf einer spirituellen und emotionalen Ebene. Und ihre Auswirkungen auf den Planeten und das körperliche Wohl sind katastrophal.

Industrielle Landwirtschaft ist eine der Industrien, die heute die Umwelt am meisten zerstören. Sie bedroht die menschliche Gesundheit, bringt Tiere in Gefahr, destabilisiert kleine ländliche Kommunen und lässt Arbeitsrechtsverletzungen um sich greifen. Außerdem werden in der industriellen Landwirtschaft immer mehr giftige Pestizide gespritzt, Wasserverbrauch, Wasserverschmutzung und Missbrauch von Tieren nehmen zu und Biodiversität wird massenhaft vernichtet.

Auf den Feldern werden Monokulturen gepflanzt – das heißt, die gleiche Nutzpflanzenart wird auf demselben Stück Land Jahr für Jahr wieder angepflanzt, ohne Abwechslung mit anderen Pflanzen – bis der Boden zerstört ist. Es ist eine unnatürliche Anbaumethode, die zahllose schädliche Auswirkungen auf den Boden hat. Sie schwächt seine Struktur und mindert seinen Nährstoffgehalt. Weil der Boden durch diesen Prozess geschwächt und ausgezehrt wird, müssen große Mengen giftigen Düngers genutzt werden, um darauf Pflanzen anzubauen. Betriebe, die nur eine einzige Pflanzenart anbauen, sind gefährdeter, ihre gesamte Ernte an Schädlinge und Insekten zu verlieren, die diese bestimmte Pflanzenart befallen. Daher sind große Mengen Pestizide erforderlich, um die Produktion zu sichern. Die Chemikalien aus diesen Düngemitteln und Pestiziden sammeln sich in unserem Essen und in unserem Boden und sie gelangen auch ins Grundwasser. Da Monokulturen dem Boden seine wesentlichen Nährstoffe entziehen, sind auch die Lebensmittel, die in diesen Umgebungen wachsen, wenig nährstoffreich, so dass auch diejenigen, die sie essen, Nährstoffmangel bekommen. Und da Monokulturen die Fähigkeit des Bodens zerstören, darauf auf gewöhnlichem Wege Pflanzen anzubauen, sind Monokulturbetriebe im Allgemeinen auf gentechnisch verändertes Saatgut angewiesen.

Neben den Schädigungen der Umwelt durch den industriellen Pflanzenanbau gibt es auch massive Auswirkungen durch die Fleischproduktion. Die Fleischindustrie ist wohl die Industrie im landwirtschaftlichen Bereich, die den größten Schaden anrichtet. Sie ist eine zentrale Ursache für die weltweite Entforstung und ihre Auswirkungen zerstören derzeit die Amazonas-Region. Die

Fleischindustrie nutzt beinahe die Hälfte der Landfläche der Erde. Sie verbraucht zwischen 133 und 265 Billionen Liter Wasser im Jahr. Ein Kilo industriell produziertes Rindfleisch herzustellen, erfordert etwa 20.000 Liter Wasser. Menschen wird häufig dazu geraten, individuell Maßnahmen zu ergreifen, um den Wasserverbrauch zu verringern, was grundsätzlich eine gute Idee ist. Doch sind die Auswirkungen dieser kleinen Veränderungen gering im Vergleich zu den Auswirkungen, die durch Veränderungen in der Fleischindustrie zu erreichen wären. Zum Beispiel kann die Verkürzung der täglichen Duschzeit es einer Einzelperson ermöglichen, jede Woche 530 Liter Wasser einzusparen, was viel erscheinen mag. Wenn wir nun aber bedenken, dass die Verringerung des Rindfleischkonsums einer US-amerikanischen Durchschnittsfamilie 40.000 Liter Wasser pro Woche einsparen könnte, erscheint die Verringerung der Duschzeit wie ein Tropfen auf den heißen Stein.

Die Fleischindustrie stellt mit ihrem maßlosen Einsatz von Antibiotika auch eine große Gefahr für die öffentliche Gesundheit dar. Die Fleischindustrie verbraucht annähernd 80% der Antibiotika, die in den USA produziert werden. Die grassierende Anwendung von Antibiotika in unserer Kultur hat eine Reihe von Antibiotika-resistenten Bakterienstämmen und multiresistenten Krankheitserregern hervorgebracht. Interessanterweise haben scheinbar mit der Industrialisierung unserer Lebensmittelproduktion auch Immunerkrankungen in unserer Gesellschaft zugenommen. Wir beobachten also massive gesundheitliche und ökologische Auswirkungen. Doch sie sind nur ein Teil des Problems.

Die Fleischindustrie hat zudem eine der stärksten politischen Lobbys der USA. Schätzungsweise lässt sie nahezu 18 Millionen US-Dollar in Parteispenden und Lobbyarbeit fließen, womit die Fleischindustrie entscheidend zur finanziellen Korruption unserer legislativen Prozesse beiträgt.

Alles zusammengenommen, ist die industrielle Landwirtschaft also zu einer erheblichen Gefahr für unsere Umwelt, unsere Gesundheit und unsere Demokratie geworden. Durch die Kontrolle unserer Nahrung kontrolliert sie auch unser Leben weitreichend. Um uns davon zu befreien, müssen wir Selbstbestimmung über unsere Nahrungsmittelproduktion erlangen und wesentlich weniger oder gar nichts in die industrielle Produktion von Lebensmitteln investieren.

Ernährungssouveränität umfasst das Recht auf gesunde und unseren Kulturen entsprechende Nahrung, die auf nachhaltige und umweltfreundliche Weise angebaut wurde. Sie ermöglicht uns, unsere Lebensmittelproduktion lokal zu gestalten, uns von großflächiger industrieller Landwirtschaft zu entfernen und zu kleinen gemeinschaftlichen Höfen zurückzukehren. Die industrielle Verschiebung weg von solchen kleinen Höfen hat unglaublich schädigende Auswirkungen auf unsere Gemeinschaften und Gesellschaften als Ganzes mit sich gebracht. Sie hat uns von einer weiteren Quelle unseres Überlebens weggeführt und von dem distanziert, was uns gesund und am Leben hält. Eine Rückkehr zu klein angelegter, lokaler Lebensmittelproduktion bietet uns lokale, langfristige Ernährungssicherheit. Ernährungssouveränität gibt uns die Möglichkeit, Nahrungsmittel gerechter aufzuteilen und Ernährungsgerechtigkeit in unserer Region herzustellen, wo dann allen ausreichend Lebensmittel zur Verfügung stehen – unabhängig von Diskriminierungsstrukturen bezüglich Rassifizierung, Klasse, Religion, ethnischer Herkunft, körperlicher Befähigung oder anderen Ausgrenzungen, die sie erleben.

Klein angelegter Landbau schafft Ernährungssicherheit, baut Gemeinschaft auf und stärkt die lokale Wirtschaft, da das Geld in der Gemeinschaft bleiben kann. Er bietet der lokalen Bevölkerung zudem gesunde und nährstoffreiche Lebensmittel, auf die sie vertrauen können. Landwirtschaftliche Kooperativen sind eine weitere Möglichkeit, gemeinschaftliche, nachhaltige und umweltfreundliche Praktiken umzusetzen. In solche lokalen Landbaukooperativen oder -syndikate zu investieren, unterstützt auch, dass die Böden vor der weiteren industriellen Zerstörung geschützt werden. Unsere Investition in gemeinschaftliche, landwirtschaftliche Projekte ermöglicht zudem einen angemessenen Lebensunterhalt für die Menschen, die diese kleinen Höfe bewirtschaften (und unsere Freund*innen und Nachbar*innen sind) .

Schließlich ist der wichtigste Vorteil einer Rückforderung unserer Selbstbestimmung in Bezug auf Ernährung, dass wir unser eigenes Überleben wieder selbst kontrollieren und unsere Abhängigkeit reduzieren können.

Energiesouveränität

Selbstbestimmung in Bezug auf Energie bezeichnet die Rechte von Einzelpersonen, Gemeinschaften und Gesellschaften, selbst über die Rahmenbedingungen von Energieerzeugung, -verteilung und -verbrauch zu bestimmen und sie an ihrer sozialen, ökologischen, kulturellen und wirtschaftlichen Haltung auszurichten, sofern dies keine negativen Auswirkungen für andere hat. Selbstbestimmte Energieversorgung integriert lokales, traditionelles Wissen und strebt danach, in Einklang mit der natürlichen Welt zu funktionieren und möglichst wenig Schaden anzurichten. Sie ermöglicht es jeder Gemeinschaft, ihren Energiebedarf zu bestimmen und einen Weg zu finden, diesen Bedarf auf eine Weise zu decken, von der das gesamte Ökosystem profitiert und nicht nur die darin lebenden Menschen.

Ich spreche hier über eine ganz andere Art der Energiesouveränität als jener, die von der fossilen Brennstoffindustrie und Politiker*innen versprochen wird, für die Energieerzeugung enger an Gewinnabschöpfung als an Bedarf geknüpft ist. Sie findet zudem häufig auf Kosten der Erde und der Menschen statt, die von den hierdurch verursachten Umweltverschmutzungen betroffen sind.

Die meisten Menschen verbringen den Großteil ihres Lebens, ohne viel über Energie nachzudenken: wo sie herkommt, wie sie erzeugt wurde, welche Folgen ihre Erzeugung hat. Doch das wachsende Bewusstsein über die Auswirkungen und Gefahren des Klimawandels und anderer Formen der ökologischen Zerstörung bringen viele dazu, genauer und verantwortlicher über Energie nachzudenken. Klar ist, dass wir die dreckige Energieerzeugung, die mit fossilen Brennstoffen verknüpft ist, aufgeben müssen. Wenn wir darauf hoffen, die Zerstörung unseres Planeten zu verlangsamen und dann umzukehren, muss diese Wende schnell geschehen. Weltweit beginnen Menschen ernsthaft darüber nachzudenken, wie sie ihre Energieerzeugung steuern, deren lokale Auswirkung verringern und insgesamt weniger Umweltschäden verursachen können.

Wir alle wissen, dass die fossile Brennstoffindustrie schwere Umweltzerstörungen verursacht – doch es gibt weitere Kosten, die viele Menschen nicht bedenken, wenn sie die Kosten-Nutzen-Analyse fossiler Energieträger abwägen: Die Folgen für die Kommunen in der Umgebung der Förder- und Produktionsstätten sind enorm. Die Menschen leiden oft an schweren Gesundheitsproblemen wie Asthma, Krebs und anderen Immunerkrankungen. Mit diesen gesundheitlichen Auswirkungen entstehen auch immense Kosten – es werden Steuergelder in Millionenhöhe aufgewendet. Die Steuerzahlenden kommen zudem indirekt für weitere Kosten auf, die sich aus riesigen Steuererleichterungen an diese Unternehmen ergeben. Wenn all diese Kosten zusammengerechnet werden, dann ist der Benzinpreis viel höher, als er erscheint. Der Glaube, dass fossile Brennstoffe eine kostengünstige Energiequelle seien, ist ein völliger Trugschluss. Fossile Brennstoffe erzeugen enorme Kosten und lasten schwer auf Umwelt und Wirtschaft sowie auf der Gesundheit der Bevölkerung. Sich nicht mehr mit fossilen Brennstoffen zu versorgen und sich stattdessen hin zu lokalen erneuerbaren Energiekollektiven zu bewegen, bietet Kommunen die größte Möglichkeit, sich zukünftig selbst zu versorgen. Zuallererst ermöglicht es der lokalen Bevölkerung, die für ihre Region beste Methode der Energieproduktion zu bestimmen und so besser auf das umfassende Wohlbefinden ihrer Gemeinschaft zu achten. Wenn erneuerbare Energien lokal erzeugt werden, werden dadurch mehr Arbeitsplätze geschaffen und bessere wirtschaftliche Erträge erzielt. Obwohl es Vorteile haben mag, durch externe Expertise die erneuerbaren Energieprojekte in einer Region entwickeln zu lassen, weil diese dann auch die anfänglichen Kosten trägt, werden die Vorteile schnell von dem übertroffen, was dabei verloren geht. Wenn die Energieerzeugung ausgelagert wird, verlässt der Großteil des Gewinns die Kommune, die besser bezahlten Stellen befinden sich meist nicht in der Region und die Kontrolle über die langfristige Energieverwaltung bleibt der lokalen Bevölkerung vorenthalten. Durch eine lokal kontrollierte Energieerzeugung kommen all diese Vorteile der Region zugute.

Damit Energieerzeugung wirklich lokal sein kann, muss sie sowohl geographisch lokal sein, als auch bezüglich der Besitzverhältnisse und der Größenordnung lokal gedacht werden. Lokale erneuerbare Energieprojekte nutzen die Geographie und das Klima der jeweiligen Region. Zum Beispiel eignen sich sonnenreiche Landstriche für Solarenergie, höhere Lagen für Windenergie und gewässerreiche Gegenden für nicht-invasive Wasserkraftanlagen. Die Energieerzeugung am Bedarf der Kommune auszurichten, verringert Kosten und Negativfolgen für lokale Ökosysteme und die regionale Entwicklung.

Auch in Bezug auf die Besitzverhältnisse werden die negativen Aspekte der Auslagerung umgekehrt, wenn die Strategien zur Energiegewinnung lokal umgesetzt werden. Durch eine langfristige Energieverwaltung in der Region, bleibt es möglich, Anpassungen in Bezug auf den Bedarf und die verfügbaren Technologien und Ressourcen vorzunehmen. Wenn Anlagen zur Energiegewinnung lokales Eigentum sind, dann bleiben die Arbeitsplätze in der

Region und bieten Anstellungsmöglichkeiten für Menschen mit verschiedenen Fähigkeiten und Expertisen. Auch die Gewinne bleiben vor Ort, die Zahlungen der Energienutzenden unterstützen die Infrastruktur und lokale Initiativen und die Einkommen der Angestellten fließen in die lokale Wirtschaft zurück. Außerdem kann eine lokale Eigentüm*erinnenschaft sowohl gesetzliche Initiativen für erneuerbare Energien voranbringen, als auch erneuerbare Energieerzeugung in anderen Gegenden anregen und ihre positiven Auswirkungen fördern.

Große Energiekonzerne haben gesellschaftliche und politische Macht gebündelt und setzen sie oft schadenbringend ein. Die energiewirtschaftliche Vorherrschaft weniger Großkonzerne hat den Menschen Macht entrissen, indem sie unsere Regierung weitreichend steuert. Eine Reihe von Politik*erinnen hat in Energieunternehmen Geld angelegt, was ihre Entscheidungsfindung im Amt beeinflusst. Diejenigen, die nicht selbst in fossile Brennstoffe investiert haben, erhalten auf andere Art Vorteile: durch überdimensionierte politische Schenkungen, Spenden an entsprechende Organisationen oder Beiträge zu politischen Verhandlungen zu ihren Gunsten. Die Energiekonzerne setzen zudem auf kostenintensive Lobbyarbeit, die unsere demokratischen Prozesse weiter korrumpiert.

Großangelegte, industrielle Energieerzeugung – vor allem durch fossile Brennstoffe – mindert massiv unsere Autonomie. Sie gefährdet lokale Kommunen, hat zerstörerische Konsequenzen für unsere Umwelt, Gesundheit und Wirtschaft. Wir unterstützen diese negativen Auswirkungen, wenn wir in diesen Systemen verhaftet bleiben. Um weiteren Schaden zu verhindern und uns wieder selbst zu versorgen, müssen wir auf regionaler Ebene die dezentrale Kontrolle über Energieerzeugung, -verteilung und -verbrauch wiedererlangen und behalten.

Bildungssouveränität

Unsere Kinder sind unser wertvollstes Geschenk. Sie kommen reinen Herzens zu uns, noch offen für die schöpferische Kraft. In ihrer Unschuld erinnern sie uns an Wahrheiten, die wir vielleicht schon vergessen haben: einfache Wahrheiten wie die bedingungslose Liebe, das einfache Vergeben und den staunenden Blick in die Welt. Unsere Kinder werden von der Schöpfung in unsere Obhut übergeben. Sie sind das Versprechen der Schöpfung, dass es ein Morgen für uns gibt. Die Verantwortung, sie zu versorgen, ist ein heiliges Geschenk. Wir beziehen uns gegenseitig aufeinander. Wir kümmern uns um unsere Kinder und unsere Kinder kümmern sich um unsere Zukunft. Wie und was wir sie lehren, bestimmt also, welche Zukunft wir haben werden.

In unserer kulturellen Tradition verstehen wir Lernen als einen Kreislauf, nicht als linearen Prozess. Jede Person bringt etwas Einzigartiges mit. Jeder Mensch hat andere Augen als alle anderen. Jeder Mensch hat andere Ohren. Jeder Mensch hat ein anderes Herz. Also sehen, hören und fühlen wir alle unterschiedlich. Folglich haben alle eine einzigartige Perspektive, die sie den Menschen um sich herum zeigen können. Egal, wie lange wir gelebt oder wie viele Erfahrungen wir gesammelt haben, werden wir das

Leben niemals aus der Perspektive einer anderen Person wahrnehmen können, wenn wir nicht bereit sind anzuerkennen, dass sie uns etwas Einzigartiges zu bieten hat. Mit dieser Wahrheit begreifen wir Kinder als unsere Lehr*erinnen und erkennen an, dass sie uns genauso viel in der Welt zeigen können, wie wir ihnen. Wie wir unsere Kinder unterrichten, bestimmt nicht nur, zu welchen Menschen sie werden, sondern auch zu welcher Gesellschaft wir werden.

Indigenes Lernen entfaltet sich in konzentrischen Kreisen, die alle Aspekte des kindlichen Wesens berühren: spirituell, individuell, familiär, gemeinschaftlich, global, universell. Im ersten Kreis schaffen die Kinder eine Grundlage für ihr Sein in der Welt. Sie lernen etwas über sich selbst und woher sie kommen, sie lernen ihre Verwandtschaftsnetze und kulturellen Werte kennen. Die Familien sind die ersten Lehrenden des Kindes. Durch die Interaktion mit der Familie beginnen Kinder zu lernen, welche Menschen sie in Bezug zu der Welt um sie herum sind. Erst lernen sie, wie sie in Bezug zur Familie verortet sind, wie zur größeren Gemeinschaft und schließlich zum Raum um sie herum. Sie lernen auch die kulturellen Grundwerte, auf denen die Überzeugungen ihrer Familie basieren. Sie lernen auch, wie sie mit anderen interagieren können und wie sie andere behandeln – und damit wird der Grundstein ihrer sozialen Fähigkeiten gelegt.

Einige dieser Lehren wurden mir zuteil, als ich lernte, mich in meiner Sprache vorzustellen. Wenn ich mich vorstelle, sage ich zuerst meinen Namen, Weh'nɑ Hɑ'mu' Kwasset, woher ich komme, *nejayu Penawahpskek*, und mit welchen Menschen ich verwandt bin, *Awesus nil Penawahpskek naka Kahkakuhs nil Sipiyak*.

Ich sage nie einfach nur meinen Namen; ich verorte mich im Kontext des Landes und der Familie, zu denen ich gehöre. Darauf gründet meine Identität und diese Handlung erinnert mich daran, dass mein Leben an etwas Größeres geknüpft ist als an mich selbst.

Der zweite Kreis umfasst das Wissen, das Kinder mit der Welt jenseits der Familie in Beziehung setzt. Das Kind lernt, sich mit der natürlichen Welt zu verbinden und beginnt, die Verbundenheit und das Mitgefühl für andere Lebewesen zu verstehen. Hier erfährt das Kind auch, wie die eigene Familie in die Gemeinschaft eingebettet ist. Viele dieser Lehren habe ich von meinen Großeltern gelernt. Mein Großvater ging mit mir in den Wald und zeigte und erklärte mir die Pflanzen und Bäume. Er sagte mir, welche Pflanzen ich essen konnte und welche ich meiden sollte. Er brachte mir bei, welches Holz für Körbe benutzt wird und welches zu Kanus verarbeitet wird. Er paddelte mich den Fluss hinauf und hinab, lehrte mich die Strömung lesen und zeigte mir die Tiere, die entlang der Ufer lebten. Er erklärte mir unsere Familienzusammenhänge; wie jeder Familienverbund eine bestimmte Rolle in der Gemeinschaft erfüllte und dass jede ihrer Aufgaben gleichermaßen wichtig war.

Meine Großmutter zeigte mir, wie ich mit ihrer Passamaquoddy-Familie verbunden war, die nah am Meer lebte. Sie erzählte mir von den Lebensmitteln, die sie an der Küste sammelten und wie sie lernten, aus Süßgräsern Körbe zu flechten. Meine Großeltern lehrten mich auch, wie ihre Gesellschaften miteinander verwandt sind und sich in die Konföderation einfügen, aus der sich die Wabanaki zusammensetzen. All diese Informationen zeigten mir meinen Platz in der Welt, indem meine Verbindungen über meine unmittelbare Familie hinaus erweitert wurden. Ich lernte auch, wie ich in Verbundenheit mit der natürlichen Welt leben und meine kulturellen Traditionen in mein tägliches Leben einbinden konnte.

Im dritten Kreis lernen Kinder die Bedeutung unserer kulturellen Traditionen kennen. Auf dieser ersten Stufe der Initiation in die Gesellschaft erfahren wir die Bedeutung unserer Lieder, Tänze und Zeremonien. Diese Information vertieft unser Wissen um unsere kulturellen Traditionen und ermöglicht ein besseres Verständnis der Werte, die in diesen Traditionen enthalten sind. Da unsere Lieder, Tänze und Zeremonien alle Ausdruck einer Verbindung mit verschiedenen Aspekten unseres Lebens sind, helfen sie auch dabei, unser Verständnis von unserer Verbindung zum Leben zu stärken. In diesem Kreis lernen wir Dinge über unseren Ursprung, über unsere Verbindung zur spirituellen Kraft, unsere Verbindung zur Erde und unsere Verbindung miteinander. Und wir lernen, wie unsere Traditionen unserer Tausende von Jahren zurückreichenden Kultur Kontinuität verleihen. So können wir Stolz auf unsere Kultur entwickeln und unsere Abstammung würdigen lernen. Und so wird in uns ein Gefühl der Verpflichtung geweckt, dieser Herkunft eine Zukunft zu bereiten.

Im vierten Kreis beginnen wir zu erkunden, was uns individuell ausmacht. Hier finden traditionelle Übergangsriten statt. Frauen gehen in die Mondhütte und Männer ziehen los auf eine Visionssuche. In der ruhigen Stille lernen wir, allein unseren Ängsten zu begegnen und die Stärken und Begabungen zu entdecken, die wir in uns tragen. Dann beginnen auch die Älteren, unsere Begabungen wahrzunehmen und uns dabei zu unterstützen, sie geschickt weiterzuentwickeln. In dieser Zeit gewinnen wir Vertrauen in uns selbst und in das, womit wir uns einbringen können. Wir wissen um unser Schöpfungslied und fangen an, es Ton für Ton zu erlernen. Damals lernte ich, die Stimme meiner inneren Lehrerin wahrzunehmen und meine eigene Stimme zu entwickeln. Ich teilte zum ersten Mal die Dinge, die ich von der spirituellen Kraft empfing, mit den Älteren und Gleichaltrigen. Als die Älteren mich ermutigten, den Weisungen der spirituellen Kraft zu folgen, machte ich das zu meiner Priorität.

Im fünften Kreis suchen wir nach Möglichkeiten, unsere Gabe in den Dienst der Gemeinschaft zu stellen. Alles, was wir gelernt haben, setzen wir im Alltagsleben in die Praxis um. Wir beginnen, über unsere Rolle innerhalb und jenseits der Gemeinschaft nachzudenken und zu bestimmen, wie wir auf sinnvolle Weise zum großen Plan der Schöpfung beitragen können. Wir singen unser Schöpfungslied in die Welt hinein, bestimmen unseren wahren Lebensweg und beginnen, ihm zielstrebig zu folgen.

Im sechsten Kreis erreichen wir einen Moment der Neueinschätzung. Hier müssen wir alles überdenken, das wir in unserer Familie und in unserer Gemeinschaft gelernt haben und es zu einer globaleren Perspektive ausweiten. Auf dieser Stufe entledigen wir uns aller trennenden Hindernisse und verschmelzen mit dem größeren Ganzen. Für mich war dies die Zeit, in der ich wirklich anfing, meine Wunden der generationenübergreifenden Traumata zu heilen und mein Herz mit dem großen Herz der Menschheit zu verbinden. Ich erlangte die Fähigkeit, meine eigenen Lehren in eine umfassendere Perspektive zu übersetzen und sie mit den Lehren anderer Weisheitstraditionen in Einklang zu bringen.

Im siebten Kreis überwinden wir all unsere vorherigen Erkenntnisse und binden uns wieder ganz in den Geist der Schöpfung ein. Wir gleichen unseren Geist, Körper und unsere spirituelle Kraft aus und bringen die männlichen und weiblichen Aspekte in uns in Einklang. Dies ist die Stufe der erleuchteten Weisheit, die Stufe der wahren spirituellen Älteren.

Der lange Pfad des Lernens führte uns zweckhaft und sinnvoll durch die Stufen unseres Lebens. Jede Lernstufe gründete in einer Struktur, die uns unterstützte und uns die volle Entwicklung eines jeden Aspekts unseres Seins ermöglichte. Leider wurde dieser Weg der persönlichen Entwicklung vom kolonialen Bildungssystem massiv gestört. Dieses Bildungssystem ist linear und hierarchisch strukturiert und zielt darauf ab, uns ins patriarchale Paradigma hereinwachsen zu lassen. Es trägt nicht zur Entwicklung der tieferen Aspekte unseres Seins bei, und auch nicht dazu, dass sich unsere persönlichen Talente voll entfalten können oder unsere Begabungen in ein größeres Ganzes eingebunden werden. Es hält uns in Stücke zerteilt und getrennt und verhindert, dass wir unser volles Potenzial erreichen können.

Ein Schlüssel, um zu wissen, was uns ausmacht, ist zu verstehen, woher wir kommen – nicht nur physisch, sondern auch historisch, kulturell und spirituell. Das koloniale Bildungssystem hielt uns davon ab, dies zu lernen, indem es das dominante Narrativ betonte und zentral setzte. Es verhinderte, unsere Lebensweise, unsere Grundwerte oder kulturelle Relevanz als wichtig wahrzunehmen. Wir wurden in ein Schattendasein verwiesen, und die Gespräche über unsere Existenz wurden an den Rand geschoben. Wir wurden auf einen Eintrag in der Diversity-Liste reduziert, in der nur oberflächlich Unterschiede markiert werden und die grundlegenden ideologischen Differenzen unbeachtet bleiben. So kann kein Raum für eine Diskussion darüber entstehen, wie die breitere Gesellschaft von einem Wissen um diese verschiedenen ideologischen Perspektiven profitieren könnte.

Das koloniale Bildungssystem fördert die Vorstellung, dass die Machthabenden mehr wissen als wir. Es verdrängt alle Gedanken und Ideen, die nicht in seine Erzählung passen, und erstickt jede Selbstwerdung im Keim, die den Status Quo herausfordert. Es verhindert kreatives und unterbindet kritisches Denken. In diesem System wurden wir abgewertet und uns wurde beigebracht, uns selbst abzuwerten. Die Assimilation – also die Anpassung an dominante Normen – wurde als einziger Weg dargestellt, um Armut und Unterdrückung zu entkommen, in die das System uns gebracht hatte. Doch sogar dieser vermeintliche Ausweg war von List durchsetzt, da er uns zwang, zu glauben, dass wir zwischen finanzieller Armut und spiritueller Armut wählen müssten. Die Armut war hierbei von vornherein als selbstverständlich gesetzt. Koloniale Bildung spricht uns die Fülle unserer kulturellen Traditionen ebenso ab wie die Möglichkeit, auf eine Weise zu leben, die mit dem Rest der Schöpfung in Einklang steht. Koloniale Bildung ist voller Kontraste und Kompromisse, die alles entwerten, was für uns von Bedeutung ist. Doch wir wurden gezwungen, sie anzunehmen.

Der Weg aus der vom kolonialen Patriarchat geschaffenen Armut ist Selbstbestimmung im Bereich der Bildung. Sie ermöglicht es uns, uns von der Einschränkung des Denkens durch das koloniale Bildungssystem zu befreien und zu der Lebensweise unserer

Vorfahren zurückzukehren. Sie ermöglicht die Entwicklung aller Aspekte unseres Seins und befähigt uns, unsere Leben ganz in die Schöpfung einzubetten. Sie befreit die kreativen Kräfte unseres Denkens und die Schönheit unserer Herzen.

Unsere Kinder hüten die Zukunft. Um sie auf die Zukunft vorzubereiten, die in ihnen liegt, müssen wir ihnen einen Lernprozess ermöglichen, der ihr inneres Sein bildet, belebt und transformiert. Wir müssen unsere Kinder lehren, ganzheitliche Wesen zu werden, die im Einklang miteinander und mit der Welt um sie herum wirken können. Die richtige Bildungserfahrung öffnet das Herz und den Geist der Kinder für ein lebenslanges Lernen und bietet ihnen das Selbstwissen und das Selbstvertrauen, die sie brauchen, um transformativen Wandel anzuregen. Wenn wir die Welt verändern möchten, müssen wir zuerst eine Umgebung schaffen, in der diese Veränderung stattfinden kann. Durch Bildungssouveränität wird diese Umgebung geschaffen.

18

Leben in Zeiten der Prophezeiung

Überall auf der Welt beschreiben Indigene Gesellschaften, dass wir heute in der Zeit der Prophezeiung leben. Viele Prophezeiungen, die uns seit Generationen begleiten, verwirklichen sich gerade. Dieses abschließende Kapitel zeigt, was es bedeutet, in einer Zeit der Prophezeiung zu leben und welche Verantwortung uns dadurch zukommt.

Eine Prophezeiung der Wabanaki: Die Öffnung des Östlichen Tors

Unsere Ahn*innen erzählen, dass wir uns am Östlichen Tor versammeln werden, um anzufangen, dieses Land zu heilen. Hier im Osten fand die erste Begegnung zwischen den Indigenen Nordamerikas und den Neuankommenden auf dem Kontinent statt.

Hier gab es das erste Blutvergießen und hier begann die lange Geschichte der Gewalt. Auf diesem Boden muss auch die Heilung beginnen.

Die Wabanaki sind die Menschen des ersten Lichts, sie hüten das Östliche Tor. Wir sind die ersten, die jeden Morgen *Kihsus*, die Sonne, begrüßen und jeden Abend *Nipawset*, den Mond. Im Osten berührt die Hitze der Sonne die Erde zuerst; der Osten ist also die Richtung des Feuers. Er ist auch die Richtung der Geburt, der Ort, an dem neues Leben entsteht; und ganz weit im Osten, jenseits von Zeit und Raum, liegt die Kraft der Schöpfung.

Wenn die Menschen der Welt sich erheben, wird das zur großen Heilung führen – so wird es uns erzählt. Damit diese Heilung beginnen kann, müssen die Menschen an den Ort zurückkehren, an dem die anfängliche Verwundung stattgefunden hat und sich dort im Einklang des Herzens und des Geistes zusammenschließen, um die Wunden zu heilen, die sie selbst und die Mutter Erde in sich tragen. Wenn sie das tun, wird sich das Östliche Tor öffnen und die Kraft der Schöpfung wird beginnen, dieses Land zu erneuern. Die Öffnung des Östlichen Tors wird einen neuen Anfang und ein neues Leben für die Menschen der Erde einleiten.

Die Gründung der Vereinigten Staaten von Amerika geschah in Gewalt und sie tragen den Abdruck dieser ausgewachsenen Gewalt in sich. Um diesen gewaltvollen Weg zu verändern, müssen wir uns an den Keim erinnern, der dieses Land geschaffen hat und die Folgen der Verletzung ausheilen.

Als ich etwa vier Jahre alt war, begann ich, von der Saat-Zeremonie zu träumen. In diesem wiederkehrenden Traum gab es ein riesiges Loch im Boden und darin Tunnel, die in alle vier

Himmelsrichtungen führten. Jeden Tag wurden vier Läuf*erinnen in die Tunnel hinab geschickt, um Menschen aus der ganzen Welt zu versammeln. Und jeden Tag kamen mehr und mehr Menschen aus den Tunneln heraus und schlossen sich uns an – auf dem Boden, auf dem wir uns befanden. Eines Tages war ich an der Reihe, in das Loch hinabgelassen zu werden und ich wurde Richtung Osten entsandt. Mein Weg durch den Tunnel brachte mich in einen Raum, in dem eine große Samenkapsel in einem Korb lag. Eine Ältere stand neben dem Samen und sagte mir, ich solle ihn zu den Menschen zurückbringen. Als ich mit dem Korb zurückkehrte, versammelten sich die Menschen darum und die Älteren brachten den Samen zu einem Feuer am Ufer des Flusses. Sie holten mich in ihren Kreis und ließen mich den Samen halten. Der Samen wurde aufgebrochen und gedörrt, aus seinem Kern trat eine schwarze, teer-ähnliche Substanz aus. Während ich den Samen hielt, begannen die Älteren zu beten und dann beteten alle Menschen, die schon versammelt waren, mit ihnen. Als die Menschen beteten, tauchte aus östlicher Richtung ein Lichtstrahl auf. Das Licht traf den Samen und der Samen begann langsam, sich zu verändern. Die schwarze Substanz aus dem Kern begann zu zerfließen und verschwand schließlich ganz. Im Kern des Samens wurde eine Wunde erkennbar, die blutete. Schließlich hörte das Bluten auf und die Wunde begann zu heilen. Dann nahm der Samen langsam all die Farben des Lichtstrahls in sich auf und wurde wieder ganz. Als der Samen vollständig geheilt war, schickten mich die Älteren wieder damit in den Tunnel, wo er in den Boden aufgenommen wurde und sofort zu keimen begann.

Dieser Traum kehrte beinahe zwanzig Jahre lang ohne große Abweichungen wieder. Als ich Mitte zwanzig war, erzählte ich einer Gruppe Älterer von dem Traum und sie sagten mir, dass es sich um eine Vision handelte, die mit der Öffnung des Östlichen Tors verbunden ist. Dann erzählten sie mir jeweils die Geschichten, die sie von ihren Älteren über diese Heilung gehört hatten. Die Erzählungen, die ich von meinen Älteren hörte, ähnelten stark denen, die von Haudenosaunee-Älteren erzählt werden. Mich faszinierten die Ähnlichkeiten zwischen den Geschichten und dem Traum, der mich all diese Jahre begleitet hatte. Und ich war aufgeregt angesichts der möglichen Heilung. Ich fragte sie sofort, wann wir die Zeremonie vollziehen könnten, so dass die Heilung beginnen könnte. Sie sagten mir, sie würden dazu ins Gebet einkehren und mich wissen lassen, wann die Zeremonie stattfinden sollte. Jahre vergingen und ich begann, die Hoffnung zu verlieren, dass die Zeremonie zu meinen Lebzeiten stattfinden würde. Ich wusste, dass solche Dinge ihre Zeit brauchten um sich zu entwickeln, und dass unsere Aufgabe manchmal einzig darin liegt, die Geschichten lebendig zu halten. Etwa zehn Jahre später fragte ich eine andere Gruppe Älterer zu dem Traum und der Möglichkeit, die Zeremonie zu beginnen. Sie sagten, dass die richtige Zeit für die Zeremonie sich selbst offenbaren würde und dass ich Geduld haben sollte. Im vergangenen Jahr erwähnte ich die Träume und die Prophezeiung erneut und die Älteren sagten mir, dass es nun an der Zeit sei für die Zeremonie. Sie wiesen mich an, mit der Planung für das Folgejahr zu beginnen, alle Älteren zusammenzubringen, mit denen ich gearbeitet hatte und Menschen aus allen Ecken der Welt einzuladen. Diese Zeremonie sollte die erste in einem Zyklus von Zeremonien sein, der in alle Himmelsrichtungen wandern würde, um die Menschen, das Land und das Energiefeld zu heilen, das die Erde umgibt.

Zu jener Zeit war klar, dass es eine Menge Arbeit sein würde, der Welt Heilung zu bringen. Während der Vorbereitungen ereigneten sich mehrere Dinge. Zwei Monate, nachdem wir ein Datum für die Zeremonie festgelegt hatten, begann die Blockade am Standing Rock und einige Monate später fand die Präsidentschaftswahl in den USA statt. Beide Ereignisse läuteten bedeutende Veränderungen in den USA ein und führten zu massivem Aufbegehren, das von widerlichen Demonstrationen militarisierter Polizeimacht begleitet wurde. Plötzlich versammelten sich Menschen zu großangelegten Schutzblockaden und lautstarken Protesten. Dann wurde die Gesetzgebung verschärft, um friedlichen Protest zu kriminalisieren und die staatliche Gewalt gegen den Widerstand der eigenen Bevölkerung wurde gesetzlich erlaubt. Innerhalb von sechs Monaten nach Festlegung des Datums für die Zeremonie war sehr deutlich geworden, dass die richtige Zeit sich tatsächlich offenbart hatte und die Heilzeremonie zu einer Zeit beginnen würde, in der sie dringend gebraucht wurde.

Während ich dieses abschließende Kapitel schreibe, arbeite ich weiterhin mit den spirituellen Älteren aus ganz Turtle Island[23] und mit den Menschen hier in Penawahpskek an der Vorbereitung der Eröffnungszeremonie, die im Juli 2017 hier auf dem Gebiet der Wabanaki stattfindet. Vier Runden werden hier im Osten stattfinden, um das Östliche Tor zu öffnen. Dann wird das zeremonielle

---

23 Übersetzerische Anmerkung: Eine Indigene Bezeichnung Nordamerikas ist Turtle Island.

Feuer an die Leute im Süden übergeben, um vier Runden in dieser Himmelsrichtung durchzuführen und das Südliche Tor zu öffnen. Der Süden hat die Medizin für tiefe mentale und emotionale Heilung und ermöglicht, alte Denkweisen freizusetzen und von Unterdrückung zu befreien.

Aus dem Süden wird das Feuer westwärts reisen, um das Westliche Tor zu öffnen. Der Westen hat die Energie der Ruhe. Hier kehren wir in die Höhle ein, um unsere Träume für die Zukunft zu träumen. Die Medizin des Westens wird unseren kollektiven Träumen für eine neue Seinsweise Stärke verleihen. Nach vier Runden im Westen wandert das Feuer nach Norden, um das Nördliche Tor zu öffnen. Der Norden lehrt uns in Geduld und Ausdauer. Es ist die Himmelsrichtung des kalten Winters. Hier lernen wir, wie wir Schwierigkeiten mit Anmut und Würde überwinden können. Im Norden liegt die Energie des weißen Büffels, des weißen Wolfs und des weißen Bärs. Sie geben uns Stärke und Mut. Nach vier Runden im Norden wird das Feuer ins Zentrum des Landes getragen, wo die Energien aus allen Richtungen sich sammeln werden. Es wird für vier Jahre im Zentrum bleiben, bevor es in den Osten zurückkehrt, wo es sich mit den Energien der Schöpfung verbindet und eine neue Seinsweise in der Welt willkommen heißt.

Die Prophezeiungen rund um das Östliche Tor sind uralt. Sie wurden über Jahrhunderte von Generation zu Generation weitergegeben. Wir wissen nie, wann diese Geschichten zum Leben erwachen. Die spirituelle Kraft bewegt sich nach einem eigenen Plan. Wenn wir versuchen, Prozesse zu beschleunigen, stören wir die natürliche Ordnung und beeinflussen das Ergebnis. Als ich vor dreiundvierzig Jahren begann, diese Träume zu haben, kam mir nie in den Sinn, dass die Dinge schließlich so passieren würden. Nachdem ich meinen Älteren von den Träumen erzählt hatte und einfach dazu angewiesen wurde, die Geschichte bewusst aufrechtzuerhalten, glaubte ich, dass dies meine alleinige Aufgabe in dieser Lebenszeit sein würde. Nun nehme ich aktiv an der Entfaltung dieser Geschichte und der Erfüllung der Prophezeiung teil – so wie ihr. Es gibt eine Reihe von Menschen auf der ganzen Welt, die ähnliche Erfahrungen gemacht haben und die nun die Entfaltung von Prophezeiungen während ihrer eigenen Lebenszeit miterleben können und daran teilhaben. Prophezeiungen entfalten sich im Moment überall um uns herum. Wir alle bezeugen sie und wir alle sind an diesem Prozess beteiligt. Obwohl wir nicht jede aufkommende Prophezeiung hier abdecken können, erscheinen mir vier bestimmte Prophezeiungen am relevantesten für die Themen dieses Buches. Sie alle umfassen Erzählungen von Aufbegehren und Verbindung – und sie alle beschreiben Prozesse, die jetzt gerade stattfinden.

Hopi: Die Prophezeiung der Regenbogen-Krieg*erinnen

Die erste dieser Prophezeiungen ist die Hopi-Prophezeiung der Regenbogen-Krieg*erinnen. Ich lernte diese Prophezeiung bei einer Älteren-Versammlung vor mehr als zwanzig Jahren kennen, als der Hopi-Ältere Thomas Banyacya sie vortrug. Er erzählte von einer Zeit, in der die Menschen der Erde sich vereinigen und zu einer Familie zusammenkommen würden. Wenn die Erde verwüstet und das Leben in Gefahr sei, würden sich die Menschen der Erde erheben, um die Mutter zu schützen. Sie kämen aus allen Himmelsrichtungen und Gesellschaften, alle Unterschiedlichkeiten der Erde seien vertreten. Diese Menschen würden Regenbogen-Krieg*erinnen genannt werden. Er sagte, dass der Regenbogen für die Hopi ein heiliges Symbol sei, da er den Zusammenschluss aller Menschen darstelle. Die Aussage dieser Prophezeiung, wie sie heute erzählt wird, lautet so:

> »Wenn die Erde verwüstet ist und die Tiere sterben, dann wird ein neues Menschenvolk – aller Farben, Klassen und Glaubensbekenntnisse – auf die Erde kommen. Durch ihr Handeln und ihre Taten soll die Erde wieder grün werden. Sie werden als die Krieg*erinnen des Regenbogens bekannt sein.«

Heute erheben sich überall in der Welt Menschen, um Mutter Erde zu schützen. Sie schließen sich jenseits aller zuvor konzipierten Grenzen zusammen und finden ihr gemeinsames Ziel in ihrem Aufbegehren: das Leben auf der Erde zu schützen.

Eine Prophezeiung der Cree ist jener der Hopi sehr ähnlich. Ihre Prophezeiung erzählt von einer Zeit, in der jene, die die Lebensweise der Erde bewahrt haben, den Neuankömmlingen beibringen, wie sie ihr Leben wieder an der Erde ausrichten können, um die Menschheit vor ihrer eigenen Zerstörung zu schützen. Diejenigen, die kämen, um von den Menschen der Erde zu lernen, würden dann diese Lehren mit allen anderen in der Welt teilen und die Erde würde in ihren natürlichen Zustand der Gesundheit und Schönheit zurückversetzt. Auch diese Prophezeiung nutzt den Begriff der Regenbogen-Krieg*erinnen, um die unterschiedlichen Menschen aus allen Himmelsrichtungen zu bezeichnen. Diese Prophezeiungen werden seit Jahren Wirklichkeit und sie werden sich in den kommenden Jahren weiter entfalten, wenn immer mehr Menschen erwachen und sich uns im Einsatz für den Schutz des Lebens auf der Erde anschließen.

Mohawk: Die Prophezeiung der Siebten Generation

Die zweite Prophezeiung, die ich hier besprechen möchte, ist die Prophezeiung der Mohawk »Die Siebte Generation«. Diese Prophezeiung wurde mir vom Mohawk-Älteren Tom Porter erzählt. Dieser Prophezeiung zufolge kommt sieben Generationen nach dem ersten Kontakt zwischen den Indigenen und den Europä*erinnen eine Zeit, in der die Erde sterbenskrank ist. Diese Zeit wäre daran zu erkennen, was um uns herum geschieht. Die Ulmen würden von der Krone zur Wurzel sterben, die Tiere würden zu verschwinden beginnen, die Gewässer würden brennen. Wasser würde untrinkbar werden, die Luft werde in den Augen schmerzen, die Erdenmutter werde Fieber bekommen (globale

Erwärmung) und große Monster würden die Erde bedecken und den Boden aufgraben. Wenn diese Zeit käme, würden die *Onkwehonwe* – die wirklichen Menschen – sich erheben und Respekt für ihre Weisheit und Lebensweise fordern. Sie würden fordern, dass das natürliche Sein der Erde und die entsprechende Lebensweise gänzlich wieder hergestellt würde. Diese Siebte Generation werde dann die Interessen der Erde wahren und die *w*eißen Menschen würden zu ihnen kommen und ihre Lehren erlernen, um sie im eigenen Leben in die Praxis umzusetzen. Dann werde die Siebte Generation dieser Ahn*innen die Erde wieder zu guter Gesundheit genesen lassen.

All die Warnungen dieser Prophezeiung sind nun zum Tragen gekommen. Heute suchen viele Menschen nach den Lehren der Indigenen Lebensweise, die der natürlichen Entfaltung der Erde entsprechen. Und die heutige Generation Indigener Menschen teilt diese Lehren. Es bleibt uns also nur, zusammenzuarbeiten, um den Zustand des Gleichgewichts und der guten Gesundheit der Erde wiederherzustellen.

Anishinaabe: Die Prophezeiung der sieben Feuer – das achte Feuer entzünden

Die dritte Prophezeiung, die ich hier anführen möchte, ist die Prophezeiung der Anishinaabe von den sieben Feuern. Die Erzählung ist ziemlich lang, ich werde sie hier in meinen eigenen Worten und nach meinem eigenen Verständnis zusammenfassen. Diese Prophezeiung berichtet von sieben Prophet*innen, die zu den Anishinaabe kamen und ihnen ihren zukünftigen Weg darlegten. Auf ihrer Reise würden sie sieben Feuern begegnen.

Die Prophezeiung des ersten Feuers besagt, dass sie ihre Heimat verlassen und über das Meer nach Westen reisen würden – bis zu einer Insel in Form einer Schildkröte. Diese Insel sei ein Symbol der Reinigung der Erde und es würde ihnen sowohl am Anfang als auch am Ende ihrer Reise begegnen. Auf ihrem Weg würden sie sieben Mal anhalten und Dörfer errichten, aber ihre Reise sei erst vollbracht, wenn sie einen Ort erreichten, wo Nahrung auf dem Wasser wächst (wilder Reis).[24]

Die Prophezeiung des zweiten Feuers besagt, dass sie am Süßwasser lagern würden und dann dort vom Weg abkämen. Doch sie würden von einem kleinen Jungen träumen, der sie wieder auf den richtigen Weg führen würde.

Die dritte Prophezeiung eröffnete ihnen, dass sie den Weg zu dem Gebiet finden würden, der für sie bereitet war und dass sie tatsächlich dahin gelangen würden, wo die Nahrung auf dem Wasser wächst.

Die Prophezeiung des vierten Feuers kam in zwei Teilen, die eigentlich eins waren. Das symbolisierte die zwei Gesichter der *w*eißen Menschen, die kommen würden. Die Anishinaabe würden ihre Zukunft am Gesicht der *w*eißen Menschen ablesen können. Wenn die *w*eißen Menschen ihr Gesicht der wahren Freundschaft zeigten – so der erste Teil der Prophezeiung – dann werde eine Zeit des Staunens und geteilten Wissens anbrechen und ihre

---

24 Wilder Reis wächst auf den Großen Seen im Osten Nordamerikas.

Nationen würden sich mit anderen zusammenschließen und wachsen und alle würden aus dieser Zusammenkunft Nutzen ziehen. Der zweite Teil der Prophezeiung des vierten Feuers berichtet hingegen, dass die *w*eißen Menschen ein anderes Gesicht tragen würden. Es möge zuerst wie ein geschwisterliches Gesicht wirken, doch unter der Oberfläche liege Gier und Täuschung verborgen. Die Anishinaabe wurden gewarnt: Sollten die *w*eißen Menschen mit Waffen kommen und es scheinen, als ob sie litten, dann würde ihr Gesicht das Gesicht des Todes sein und ihre Ankunft würde zur Vergiftung der Gewässer und zum Tod der Tiere führen.

Die fünfte Prophezeiung besagt, dass die *w*eißen Menschen selbst im inneren Konflikt hin- und hergerissen seien und dass sie in einen ständigen Kampf mit der spirituellen Kraft und den mit der Natur verbundenen Gesellschaften der Erde verstrickt sein würden. Diese Prophezeiung warnte sie auch davor, dass einige der *w*eißen Menschen ihnen ein Versprechen mitbringen würden, das in Lächeln und Frohsinn gekleidet sein würde. Dies sei ein Heilsversprechen. Wenn sie dieses Versprechen erhielten, würden die Menschen für viele Generationen die Orientierung verlieren und jene, die es annähmen, würden beinahe zerstört werden.

Die Prophezeiung des sechsten Feuers besagt, dass sich dieses Heilsversprechen in der Zeit des sechsten Feuers als falsch erweisen würde und dass die Menschen die Zerstörung erkennen würden, die es über die Menschen der Erde gebracht hat. Jene, die dieses Versprechen angenommen und sich von ihren traditionellen Lehren und der natürlichen Entfaltung der Erde entfernt hatten, wären verloren und ihre Kinder würden sterbenskrank.

Der Prophet des siebten Feuers war jung und seine Augen leuchteten von innen. Dieser Prophet berichtete, dass eine Zeit kommen würde, in der die Gewässer verschmutzt und alle Pflanzen und Tiere, die von diesem Wasser lebten, krank werden und zu sterben beginnen würden. Die Wälder und Grassteppen würden verschwinden und die Luft werde so verpestet, dass sie alle Lebenskraft verlieren würde. Die Denkweise, die den unterschiedlichen Nationen of Color von der *w*eißen Nation gebracht worden war, werde die ganze Erde in große Gefahr bringen und den Fortbestand allen Lebens bedrohen. Doch während dieser Zeit werde es ein neues Volk geben, das aus dem Nebel der Täuschung erwachen und hervortreten werde. Diese Menschen würden die Schritte zurückverfolgen und die Gaben auffinden, die auf dem Weg für sie hinterlassen worden sind. Die alten Lehren und Erzählungen würden zu ihnen zurückkehren und sie würden sich ihrer ursprünglichen Weisungen erinnern und im Sinne des Kreises wieder erstarken.

Diese neuen Menschen würden die Älteren aufsuchen und um deren Weisung bitten. Weise Ältere würden schwer zu finden sein, da viele schon zu den Sternen zurückgekehrt wären und andere die eigenen Lehren vergessen haben und so nicht mehr helfen könnten. Einige der Älteren würden sie in die falsche Richtung weisen und manche würden schweigen, weil schon zu lange kein Mensch mehr ihre Lehren erhörte. Andere wiederum würden sich aus Angst nicht äußern.

Wenn die neuen Menschen lernten, den Kreisläufen zu vertrauen und sich selbst darin übten, ihre innere Stimme wahrzunehmen, dann würde in wachen und schlafenden Träumen die

Weisheit zu ihnen zurückkehren und das heilige Feuer würde wieder entzündet. Die *w*eißen Menschen würden dann vor die Wahl zwischen zwei Pfaden gestellt werden. Wählten sie den richtigen Weg, würde mit dem siebten Feuer ein achtes Feuer entzündet: ein fortwährendes Feuer der Einigkeit und des Friedens. Wählten sie den falschen Weg und blieben sie in ihrer alten Geisteshaltung gefangen, dann würde die von ihnen angerichtete Zerstörung zurückkehren und sie selbst zerstören – und alle Menschen auf der Erde würden großes Leid und Tod erfahren.

Wir befinden uns nun an der Weggabelung. Es liegt nun an den *w*eißen Menschen, zu entscheiden, welchen Weg sie einschlagen. Werden sie den Pfad der Einigkeit und des Friedens wählen oder werden sie auf ihrem gegenwärtigen Weg verbleiben und sich selbst und unzählige andere mit ihnen zerstören?

Die Indigene Lebensweise ist der Weg, der uns zurück zum Leben und zur Harmonie mit dem Rest der Schöpfung führt. Jetzt wird diese Lebensweise wiederbelebt und auf der ganzen Welt geteilt. Jedes Mal, wenn wir diese Lehren teilen und uns entscheiden, diesem Weg zu folgen, entzünden wir das achte Feuer und bewegen uns in Richtung des Friedens, Einklangs und der Erneuerung der Erde.

Die Prophezeiung von Crazy Horse

Die letzte Prophezeiung, die ich hier nacherzählen möchte, ist die Prophezeiung von Crazy Horse. Sie wurde 1877 überliefert, was ebenfalls etwa sieben Generationen zurückliegt. Diese Prophezeiung wurde durch eine Pfeifenzeremonie mit Sitting Bull überliefert, nicht weit von dem Ort, wo die Wasserschützenden ihre Blockade am Standing Rock errichtet haben. Dies waren die Worte von Crazy Horse:

> »Nachdem ein Leid dem nächsten gefolgt ist, wird die Rote Nation sich wieder erheben und Segen über eine kranke Welt bringen. Eine Welt voller gebrochener Versprechen, Egoismus und Trennungen – eine Welt, die sich nach Licht sehnt. Ich sehe eine Zeit der sieben Generationen, in der alle Farben der Menschen sich unter dem heiligen Baum des Lebens versammeln und die ganze Erde wieder zu einem Kreis wird. An diesem Tag wird es einige Lakota geben, die Wissen und Verständnis um die Einigkeit zwischen allen Lebewesen in sich tragen und die jungen *w*eißen Menschen werden zu meinem Volk kommen und um diese Weisheit bitten. Ich grüße das Licht in euren Augen, denen das ganze Universum innewohnt. Denn wenn du in deiner Mitte bist und ich bin in mir an diesem Ort, dann können wir eins sein.«

Diese Prophezeiung, die Crazy Horse vor sieben Generationen aussprach, hat sich sehr deutlich am Standing Rock verwirklicht. Hier traten Menschen aus der Gesellschaft der Lakota, die um die Einheit aller lebendigen Dinge wissen, für das Fortbestehen des Lebens ein, indem sie unsere heiligen Gewässer – die Quelle des

Lebens – schützten. Und während dieser Blockaden schlossen sich junge *weiße* sowie unzählige weitere Menschen aller Altersgruppen und aus allen Ecken der Welt den Lakota an und folgten ihrer Weisheit.

Unsere Verantwortung

All diese Prophezeiungen handeln von einer Zeit des Erwachens, in der die Menschen auf der Erde sich erheben werden und die heiligen Lehren aufgreifen, die in der Indigenen Lebensweise enthalten sind, um gemeinsam die Gesundheit und die Unversehrtheit der Mutter Erde wieder herzustellen. Sie erklären uns, dass uns in dieser Zeit große Herausforderungen begegnen werden. Doch wir werden erfolgreich sein, wenn wir uns für den Weg entscheiden, den unsere Vorfahren für uns bereitgehalten haben. Unsere Aufgabe ist nicht, einfach nur zu beobachten, dass diese Prophezeiungen sich realisieren – wir müssen aktiv an ihrer Entfaltung mitwirken. Wenn wir uns durch diese herausfordernden Zeiten bewegen, können wir aus dem Wissen Stärke ziehen, dass wir mit allem Lebendigen über alle Zeiten hinweg verbunden sind.

Wir werden von Generationen von Vorfahr*innen geliebt und unterstützt, die diese Botschaften weitergetragen haben, um uns in diesen Zeiten zu leiten. Ihre heilenden Weisungen haben uns eine Karte hinterlassen, die uns zur Menschlichkeit und den heiligen Verbindungen zurückführen kann, die wir unterwegs verloren haben. Nun liegt es in unserer Verantwortung, diesen Weg zu finden und uns wieder mit der herzensbasierten Weisheit zu verbinden, die uns miteinander und mit dem Rest der Schöpfung verbindet – zurück bis an den Anbeginn der Zeiten. Wenn wir die Gabe würdigen, die uns hinterlassen wurde, dann werden wir unseren Weg in die Zukunft erhalten und die Wunden aus unserer gemeinsamen Vergangenheit heilen.

Durch die alten Erzählungen wissen wir, dass wir uns nicht zum ersten Mal in dieser Situation befinden. Den Erzählungen zufolge waren wir schon vier Mal an diesem Punkt. Vier mal sind wir an diese Weggabelung gelangt und vier Mal sind wir nicht den Botschaften gefolgt, die uns gegeben wurden. So mussten viele die Erde verlassen oder wurden in ihr begraben. Dann wurden wir immer wieder an diese Stelle zurückgebracht, um zu versuchen, unseren fehlgeleiteten Kurs zu korrigieren. Jetzt erhalten wir eine weitere Gelegenheit, unsere Richtung zu ändern. Wenn wir erfolgreich sind, werden wir den Prophezeiungen zufolge in die fünfte Welt eintreten, die uns zu Frieden und Einklang mit allem Lebendigen zurückführt. In dieser fünften Welt werden wir das achte Feuer der Einigkeit entzünden und zusammen daran arbeiten, unsere verwundeten Herzen und Seelen zu heilen. Die Entscheidungen, die wir heute treffen, bestimmen, ob wir unversehrt die fünfte Welt erreichen werden oder ob wir diesen Kreislauf erneut wiederholen müssen. Diesem Weg müssen wir vorsichtig folgen und sicherstellen, dass die Bewegungen, für die wir uns entscheiden, am Leben ausgerichtet sind. Und wir müssen immer daran denken, dass wir der mit Leben erfüllte Traum unserer Vorfahr*innen sind, der lebendige Ausdruck der siebten Generation. Wir besetzen nicht einfach nur einen Platz in der Zeit, sondern wir bewahren die Zukunft. Deshalb liegt es in unserer Verantwortung, die nächsten sieben Generationen ins Sein zu erträumen. Dieses Träumen ist unsere Lebensaufgabe, dafür sind wir geboren worden. Um diese Aufgabe zu erfüllen, müssen wir unsere Herzen und unseren Geist im gemeinsamen Gebet miteinander verbinden. Und dann müssen wir einer kollektiven Vision von Frieden, Einklang und Gleichgewicht Leben einhauchen – unsere Hoffnungen und Träume lebendig werden lassen, bis diese Vision Form anzunehmen beginnt und die zukünftigen Generationen wahrhaftig darin leben können.

Über die Autorin

Bild: Michael Sacca

Sherri Mitchell – Weh'nα Hα'mu' Kwasset wurde im Penobscot Indian Reservation geboren und wuchs dort auf. An der University of Maine absolvierte sie ihr erstes Studium und promovierte an der University of Arizona in Jura, wo sie auch ein Diplom in Recht und Politik Indigener Völker vom James E. Rogers College of Law abschloss. Mitchell ist Alumna der beiden Programme American Indian Ambassador und Udall Native American Congressional Internship. 2010 erhielt sie den Mahoney Dunn International Human Rights and Humanitarian Award für ihre Forschung zu Menschenrechtsverletzungen an Indigenen Völkern. 2015 erhielt sie den Spirit of Maine Award für ihr Engagement und ihre besonderen Leistungen im Bereich der internationalen Menschenrechte. 2016 wurde Sherri Mitchell in die renommierte Porträtreihe *Americans Who Tell the Truth* des Künstlers Robert Shetterly aufgenommen.

Sherri Mitchell war langjährige Beraterin des Healing the Future Program am American Indian Institute und berät derzeit das Indigenous Elders and Medicine People's Council of North and South America. Sie ist Gründungsdirektorin der Land Peace Foundation, einer Organisation, die sich dem globalen Schutz Indigener Rechte und der Erhaltung der Indigenen Lebensweise widmet. Zuvor arbeitete Sherri Mitchell als juristische Referendarin im Innenministerium der USA. Sie war Mitarbeiterin der Kanzlei Fredericks, Peebles and Morgan und arbeitete als Referentin für Bürger*innenrechte im Büro des Justizministers von Maine. Sie war auch angestellte Anwältin für die Native-American-Abteilung der Pine Tree Rechtshilfe.

Sherri Mitchell spricht und lehrt weltweit zu Indigenen Rechten, Umweltgerechtigkeit und spirituellem Wandel. Ihre breite Wissensgrundlage ermöglicht es ihr, diese vielen Themen zu einem zusammenhängenden Ganzen zusammenzufassen und die rechtlichen, politischen und spirituellen Aspekte zu verweben, die die vielen komplexen Themen umgeben. Ihre transformative Arbeit wird in einem Dokumentarfilm von New Story Film vorgestellt und fließt in das Radioprogramm *Love (and Revolution) Radio* ein, das herzensbasierten Aktivismus und revolutionären spirituellen Wandel vorstellt.

Nachwort zur Übersetzung

Als ich für die Übersetzung dieses Buches angefragt wurde, wusste ich zwar, dass ich mich mit Mitchell und ihrem Denken und Fühlen verbinden können würde. Mir war zugleich die Verantwortung bewusst, ihren Text in der deutschen Sprache zu repräsentieren, die so rassistisch geprägt ist. Zumal deutsche Literatur wesentlich an der kolonialen Konstruktion von Indigenen Menschen beteiligt war (und ist). Ich habe versucht, übersetzerisch meist sauberere Alternativen zu exotisierenden, abwertenden, rassistischen Konnotationen zu wählen: So gibt es in den Beschreibungen der Indigenen Lebensweisen, auf die Mitchell Bezug nimmt, »Gesellschaften«, »Regierende« und »Familienverbunde« statt der sonst üblichen kolonial geprägten Begriffe. Anstatt als Projektionsfläche rassistischer Fantasien herzuhalten, kann der Text so seine verändernde Kraft erhalten.

Mitchells Spiritualität ist ein wesentlicher Anker ihrer politischen Haltung und Weltsicht. Die Übersetzung will dies weder kulturell übertragen noch überschreiben. Die deutschsprachige Ausgabe möchte Indigenes Wissen vermitteln und für aktivistische Zusammenhänge fruchtbar machen und es gleichzeitig ausdrücklich in seinem Kontext verortet lassen. Zugleich ist unterdrücktes Wissen allgemeingültiger als dominantes Wissen, weil es mehr Perspektiven kennt. Es ist unabdingbar, um den nötigen Wandel weise zu gestalten. Kulturelle Aneignung soll hier aber nicht ermöglicht oder gar befördert werden.

Das, was Mitchell als »heilig« und »göttlich« verortet, bezieht sich nicht auf einen einzigen – oder gar christlichen – Gott, sondern auf die Kraft der Schöpfung und die Macht der Erde, die das Leben und das Universum begründen. Hierin wurzelt auch ein Geschlechterverständnis, das weder in dominanten Diskursen Nordamerikas noch im deutschsprachigen Raum einfach verständlich ist – sondern allzu leicht an das essenzialistische Paradigma der Nähe von (cis-geschlechtlichen) Frauen zur Natur erinnert. Ich verstehe Mitchell anders und übersetze entsprechend: Als männlich und als weiblich konzipierte Energien, Emotionen und Verhalten müssen in uns selbst und in unseren Gesellschaften ausgeglichen und im Zusammenspiel wirksam sein.

Mitchell lehnt die vorherrschende Orientierung aller Menschen an der patriarchal strukturierten, kolonial-kapitalistisch organisierten imperialen Lebensweise ab. Stattdessen plädiert sie für eine radikale Ausrichtung unseres Handelns an Verantwortung, Verbindung und Veränderung. Dieser verbindenden und zugleich öffnenden Haltung folgen meine Übersetzungsentscheidungen.

Jen Theodor

Aktivistisches Lesen und einige Herausforderungen diskriminierungskritischen Über_setzens

Anmerkungen des Verlags

w_orten & meer freut sich sehr, Sherri Mitchell mit dieser Übersetzung einem deutschsprachigen Publikum zu eröffnen. Das Buch erscheint zu einem Zeitpunkt, in der das gesamte Leben auf diesem Planeten vor großen, durch Menschen verursachten Herausforderungen steht. Diese sind zum Beispiel die weiter andauernde und sich fortsetzende kolonialistische Gewalt und alle ihre komplexen Auswirkungen – wie der klimatischen, kapitalistischen und Menschen-zentrierten Zerstörung von Leben auf der Erde. Sherri Mitchell bietet in dieser Situation und Zeit wichtige Impulse für aktivistische Veränderungen aus einer Indigenen Perspektive. Mitchell zeigt auf, wie das heutige Leben auf dem westlichen globalisierten Verständnis von der Getrenntheit von Mensch und Natur und der Überlegenheit der Menschen über alles andere Lebendige basieren. Dies zeigt sich in dem fortdauernden Kolonialismus und der Klimakatastrophe, die von Menschen häufig noch immer ignoriert oder verleugnet wird. Und es zeigt sich darin, dass menschliche Bedürfnisse über alles andere gesetzt werden, alle lebendigen Ressourcen ausgebeutet und die Verteilungskämpfe und Konflikte zwischen Menschen(gruppen) sich immer weiter verschärfen.

In diesen Anmerkungen möchte der Verlag dazu inspirieren, Lesen als eine Form von Sprachhandeln diskriminierungskritisch zu gestalten.
Ideen für aktivistisches Lesen:

1. Offen sein, neue Konzepte zu lesen, die das eigene Weltbild vielleicht grundlegend herausfordern.

Aktivistisch Lesen bedeutet: eigene, vielleicht stille und unreflektierte Vorannahmen lesend bemerken zu können und überdenken zu wollen. Indem beispielsweise andere Konzepte zum Verhältnis von Menschen und Natur in einem Text vorkommen. Aktivistisch lesen bedeutet, sich auf Konzepte einzulassen, die vielleicht schwierig zu übersetzen sind in eine Sprache, die so stark von kolonialistischen Logiken geprägt ist: in der Form, wie sie Grenzen zieht zwischen Subjekt und Objekt, Substantiven und Verben; in der Form, wie sie Kategorien versteht und den Menschen als einzig handelnde Kraft setzt. Das Umdenken, das nötig ist in Bezug auf das menschliche Verhältnis zu Welt, um das Leben auf der Erde neu wahrzunehmen, zu respektieren und lebensfähig zu erhalten, braucht ein neues Sprechen und Schreiben und damit auch neue und vielleicht ungewohnte Übersetzungsentscheidungen – und schafft so auch die Möglichkeit für ein Lesen, welches sich nicht länger an bestimmten Konventionen entlanghangeln und diese unbemerkt bestätigen kann. Ein aktivistisches Handeln, wie Sherri Mitchell es formuliert, beinhaltet Wertschätzen und Sorgen umeinander und um alles Lebendige in einer gleichberechtigten Form. Es ist ein Anliegen des Buches, zu vermitteln, dass Konzepte des

Teilens und der Gemeinschaftlichkeit auch über Menschen hinaus gelebt und umgesetzt werden können. Für Menschen heißt dies, sich in der Verbindung mit Tieren, Pflanzen und allem Lebendigem als Teil und teilhaftig zu verorten. Dies bedeutet auch, neue Ausdrucksformen zu finden, die diese Form der lebendigen Gleichberechtigung ausdrücken. Und es bedeutet, sich lesend darauf einzulassen. Wie Mitchell dies in ihrem Buch entfaltet, hat den Verlag tief berührt und den Wunsch geweckt, diesen wichtigen Text mit so vielen Menschen wie möglich zu teilen. Wir freuen uns, dies mit der vorliegenden Übersetzung des Buches auf deutsch umzusetzen und wünschen dem Buch viele Menschen, die es aktivistisch lesen, diskutieren, teilen und die Ideen miteinander und in Verbindung mit der Welt leben und weitertragen.

2. Sich lesend einlassen auf Versuche diskriminierungskritischen Über_setzens

Die Übertragung eines Textes in einen neuen Kontext, eine Über_setzung ist immer ein großer Balanceakt und das noch mal mehr in einem Kontext, der durch kolonialistische und rassistische Bilder und Zuschreibungen seit Jahrhunderten gezeichnet ist und sich dadurch als sprachliche Normalität in der Gesellschaft herstellt und immer wieder fest_schreibt. Die Wahrnehmung Indigener Perspektiven im deutschsprachigen Raum ist geprägt von romantisiert rassistischen Bildern zu Indigenen Lebensweisen, die durch Kinder- und Jugendbücher, Filme, Spiele und Werbung schon sehr lange und noch immer hergestellt werden. Vorstellungen von Indigenen Personen und ihrem Wissen werden in dieser ungebrochenen Tradition stehend, bis heute im Deutschen vor allem durch rassistische Begriffe benannt. Eine Über_setzung in diesem Kontext steht also vor einer wichtigen Aufgabe mit großen Herausforderungen.

Dem Anliegen einer positionierten Über_setzung konnte der Verlag trotz großer Bemühungen nicht gerecht werden. Das bedauern wir sehr. Mit einer positionierten Über_setzung ist gemeint, dass die übersetzende Person vergleichbar diskriminiert wird wie die Autorin. Für wichtig halten wir Positionierung in Bezug auf Textproduktionen, weil die sensiblen Entscheidungen, die über_setzend getroffen werden müssen, möglichst aus einer informierten Position und einem gleichberechtigten Verhältnis getroffen werden sollten. In einem solchen, durch das gemeinsame Positioniert-Sein gegebenen Verhältnis, würde es zwischen Autorin und übersetzender Person einen geteilten Erfahrungshorizont zur Diskriminierung mit ihren Effekten auf das Einlesen bestimmter Begriffe und weiterer Sprachhandlungen geben. Wie auch bei Textproduktionen insgesamt würde eine Positionierung helfen, möglichst sicherzustellen, dass der über_setzte Text vor allem diskriminiert Positionierte zur primären Zielgruppe hat und diese nicht der Re_produktion diskriminierender Sprachhandlungen ausgesetzt sein müssen. Darüber hinaus ist ein Übersetzungsauftrag immer auch eine finanzielle Anerkennung, die der Verlag, soweit möglich, an eine positionierte Person vergeben möchte. Leider ist es uns ebenfalls nicht gelungen, eine positionierte Beratung zur Übersetzung zu gewinnen. Dass dies so ist, ist vielschichtig und auch in den durch strukturelle rassistische Diskriminierung gesetzten Lebensbedingungen und häufig damit verbundenen individuellpolitischen Entscheidungen Diskriminierter begründet. Da wir als *weiße* Personen das Buch für die heutige Situation so immens wichtig finden und so empowernd und notwendige Veränderungen anregend, haben wir uns dafür entschieden, die Übersetzung trotzdem zu realisieren – und in einer nicht durch rassistische Diskriminierung positionierten Übersetzung umzusetzen. Mit viel Sensibilität und Diskussionen wurden hier nun Übersetzung und Übersetzungslektorat aus in Bezug auf Rassismus privilegierter Positionierung gemacht. Es wurde versucht, rassistische Bilder, Begriffe und Ausdrucksweisen zu vermeiden. Da dies nicht ohne offene Fragen und Brüche sowie große Schwierigkeiten möglich ist, teilen wir als Verlag hier einige Überlegungen zu konkreten Übersetzungsentscheidungen.

»Indigene« ist im vorliegenden Buch die Übersetzung von *Indigenous*, aber auch von *tribal* – mit dieser Übersetzung von *tribal* wird versucht, eine rassistische Übersetzung zu vermeiden. Mit der Großschreibung von »Indigene« folgt die Übersetzung der gewählten Selbstbezeichnung und Schreibweise Sherri Mitchells.

Clan (als Bezeichnung eines größeren, auf Verwandtschaft beruhenden Systems, nach dem die besprochenen Gesellschaften organisiert sind) wurde in der deutschen Übersetzung nicht mit dem in den deutschen Medien ausschließlich rassistisch konnotierten »Klan« übersetzt, sondern eine möglichst präzise, nicht-rassistische Entsprechung gesucht, die je nach Textstelle unterschiedlich ausgefallen ist – meist wurden hier die Begriffe »Familie« und »Familienverbund« gewählt.

Wenn Sherri Mitchell von *Indigenous peoples* schreibt, wurde dafür in der Übersetzung meist der Begriff »Indigene Gesellschaften« gewählt, um den bis heute nationalsozialistisch aufgeladenen, nationalistisch vereinnahmten Begriff »Volk« zu vermeiden.

Im Text wird »*w*eiß«, wenn es die konstruierte rassistische Einordnung in Bezug auf Menschen bezeichnet, durch Kursivsetzung des »w« am Anfang des Wortes markiert. Damit folgt der Verlag der vorgeschlagenen Markierungspraxis von Eggers, Kilomba, Piesche und Arndt (Mythen, Masken und Subjekte, 2009).

Der Verlag macht sich kontinuierlich umfassend Gedanken zu diskriminierungskritischem Sprachhandeln, auch im Über_setzen. Die aktuellen Reflexionen und Entscheidungen sind in einem Stylesheet des Verlags zu finden. Wie alle Sprachveränderungen sind die Beispiele in dem Stylesheet als Versuche zu verstehen. Es sind Momentaufnahmen dazu, was zu einem bestimmten Zeitpunkt als diskriminierungskritisches Sprachhandeln von aktivistisch handelnden Diskriminierten wahrgenommen wird. Das Stylesheet ist folglich ein dynamischer, kontinuierlich zu verändernder Text. Es wird immer wieder neu überarbeitet und angepasst und findet sich in der jeweils aktuellsten Version auf der Homepage des Verlags.

Ein Aspekt darin ist der Wunsch, Geh- und Sehmetaphern möglichst zu vermeiden, da nicht alle Menschen gehen und sehen können. Dies wird aber durch das Verwenden entsprechender Metaphern (»es sieht aus, als ob...«, »das geht«) immer wieder als allgemeinmenschlicher Bezugsrahmen normalisiert. Auch in der vorliegenden Über_setzung wurde versucht, viele Geh- und Sehmetaphern zu ersetzen und so zu vermeiden.

3. Texte als Leseangebote verstehen und eigene Wünsche nach Diskriminierungskritik im Lesen umsetzen.

Der vorliegende Text ist ein Leseangebot. Als exgendernde Personen (also Personen, die Genderlogiken für sich selbst und die Strukturierung von Welt nicht anwenden und diese als diskriminierend wahrnehmen) lesen wir einige Stellen abweichend von konventionellen Lesarten aktivistisch und diskriminierungskritisch. Dazu zwei Beispiele: Zwei- und heterogendernde Bilder lesen wir in Übereinstimmung mit unserer eigenen Lebenswirklichkeit und unseren antigenderistischen Wirklichkeitsvorstellungen weniger festschreibend und essentialisierend. Aus weiblicher und männlicher Energie sind für uns beim Lesen beispielsweise »äußere, ins Handeln bringende Energien« oder »innere, herzensbasierte Energien« geworden. Begriffe wie »Erdenmutter« haben in Indigenen Kontexten eine lange Tradition. Wir lesen es als »die Erde«.

Eine weitere lesende Herausforderung ist es, dass viele von Mitchell benutzte spirituelle Begriffe im deutschsprachigen Kontext mit monotheistischen (an genau einen Gott glaubenden) patriarchal-christlichen Vorstellungen verknüpft sind. Dies kann als eine Vereinnahmung einer größeren oder umfassenderen Spiritualität verstanden werden. In der Über_setzung gibt es hierfür zwei Strategien: zum einen Begriffe wie »göttlich«, »heilig« oder »Schöpfung« weniger als auf vor allem christliche Religion bezogen zu lesen als vielmehr auf eine umfassendere und nicht monotheistische Spiritualität. Dann bezeichnet »göttlich« eine übergeordnete Energie, die nicht an eine feste Figur geknüpft wird, sondern die allem Lebendigen innewohnt. Zum anderen wurde entsprechend Mitchells Argumentation in der vorliegenden Über_setzung eine offenere Lösung gefunden, die ermöglicht, die religiösen Begriffe zu reframen. So wurde beispielsweise »Creator« statt als »Schöpfer« mit »Schöpfung« oder »Schöpfungskraft« übersetzt. Auf diese Weise referiert der Begriff auf eine Kraft, die nicht an eine imaginierte menschengleiche, (und zudem cis-männliche) Person gebunden ist, sondern die energetisch-spirituell an der (kontinuierlichen) Schaffung der Welt beteiligt ist – und auf diese Weise auch enge Gender- und Gottheitsvorstellungen in eine größere Vielfältigkeit hin öffnet.

Wir haben von Sherri Mitchells Weisungen viel gelernt und freuen uns, dass sie durch diese Über_setzung mit einem noch weiteren Publikum geteilt werden. Wir wünschen allen, die dieses Buch lesen und teilen, empowernde und inspirierende aktivistische Leseerfahrungen.